◎ 叶水涛 著

奔跑的校长

惟冀有材 于斯为盛

上海教育出版社
SHANGHAI EDUCATIONAL
PUBLISHING HOUSE

序言

校长是学校的灵魂，校长有怎样的教育理念和管理方式，学校就有怎样的精神风貌和发展态势。衡水二中是一个奇迹，校长秦海地是这一奇迹的创造者和守望者。一所名不见经传的学校，何以能成为享誉全国的著名高中？我带着这一疑问走进衡水二中，和师生们交流，和秦校长漫谈，了解秦校长的办学理念、管理智慧和治校方式，受益匪浅。

教育是最大的民生事业，办人民群众满意的教育，是衡水二中的价值定位。让每个孩子的生命都出彩，是秦海地校长的职业伦理。植根中华民族传统文化的土壤，获取不竭的思想营养和精神动力，是衡水二中不断创新之源泉。不苟安于已有的成就，超越永无止境，这是秦校长的理想、诗意和远方。

言为心声。秦海地校长的学校管理心语，充满着人生的哲理："绝不能把教育当作一种谋生的手段，而应把教育视为一种生活态度、精神信仰。……爱教育爱到痴迷，让教育成为人生的全部。"——这是一位校长的精神境界：正其宜，不谋其利。

"要求别人做到的，自己首先做到；要求别人不能做的，自己坚决不做；要求教师敬业，校长首先要做到勤勉。……要求教师加强学习，校长首先要加强学习。"——这是一位校长的严以律己：学为人师，行为世范。

"教育是一项修炼的事业，修事业以炼人生，修人生以炼事业。让我们的学校成为师生成长的乐园、温馨的港湾、精神的依靠。"——这是一位校长的生命自觉：明德，亲民，止于至善。

"一所学校要成为当地最有文化内涵、最有文化底蕴的地方。文化是教育的基本内核，是学校工作的轴心，更是育人成才和学校发展的根基。"——这是一位校长的文化自信：以文化人，以文育人。

"坚持一项修炼，让管理春风送暖；修养一腔情怀，让管理返璞归真；研习一门学问，让管理举重若轻；抵达一种境界，让管理臻于完美。让管理变成服务，让命令变成感召，让威严变成亲和。"——这是一位校长的人文关怀：感人心者莫先乎情，润物无声。

校长该如何与教师相处？秦海地说："尊重教师，依靠教师，服务教师，成就教师，成了自己时刻牢记在心的'以师为本'十六字诀。"

康德说："人只有靠教育才能成人，人完全是教育的结果。"捷克教育家夸美纽斯也说："假如要去形成一个人，那便必须由教育去形成。"教育的本质是造就人，教育的最高目标是造就个性人格全面和谐发展的人。衡水二中最为难能可贵的是，坚持原生态教育，让不同的孩子得到不同的发展，让家境贫寒的孩子也要受到最好的教育，助力每个孩子成就自己的青春梦想。衡水二中最引人注目的是高考奇迹，但秦海地始终坚持育人本位，警惕对升学率的片面追求。

习近平总书记说："现在，青春是用来奋斗的；将来，青春是用来回忆的。"衡水二中开放办学，引导学生深入生活，感恩父母，珍惜亲情，服务社会，通过各种活动培育学生的家国情怀和责任担当，由此激发学生强烈的精神内驱力，形成好学上进、努力拼搏的作风，使原本低分的学生在高考中有出色的发挥，精神世界更为丰富，人格更为完善。

衡水二中是一所具有中华传统文化特色的学校，校长秦海地对中华传统文化情有独钟。这位校长和这所学校的崛起，是从中华优秀传统文化中获得教益，受到启发。

"天命之谓性，率性之谓道，修道之谓教。"教育是生命的事业，顺乎生命成长的节律，有内在的逻辑自洽。教育，首先满足人生存的需要。人们通过教育提高生存能力。其次，人不能只是如动物般生存。教育，可以让人生有更多的选择，使人的生活更为美好。教育终究是一种教化，始终追问生命的意义，努力成就人生的价值与尊严。生存—生活—生命，逐步由低到高，满足人不同层次的需求。不断从实然世界走向应然世界，提升人生的质量和品位，教育让贫寒子弟看到希望，通过奋斗带来命运的改变。脱离人的基本需求，侈谈最高需求，这样的教育是空泛的；忽视人的应然需求，只谈生存需要，这样的教育是庸俗的。作为校长，既要仰望星空，又要脚踏实地，对此，秦海地有非常清醒的认识，有明确的坚守、执着的践行，回应无数家庭的期盼，佐助孩子们的生命成长。

"没有比人更高的山，没有比脚更长的路；既然选择了远方，便只顾风雨兼程。"为办学生和家长满意的教育，为了一所县中的振兴，一方水土孩子们的更好成长，作为享受国务院特殊津贴的专家、全国优秀教育工作者，秦海地一直忘我地奔走于途。永不自满，永不止步。奔跑是秦海地行走的方式，也是他不断超越的精神象征，永远朝着明亮那方。秦海地，一位教育之途的朝圣者。

目录

县中的崛起：中华传统文化的精神滋养 01

校长与师道：尊德性而道问学

02

制度与文化：致广大而尽精微

03

守正与创新：极高明而道中庸

04

立己与达人：超越永无止境

05

01

县中的崛起
中华传统文化的精神滋养

XIANZHONG DE
JUEQI

县域普通高中建设受到广泛关注。衡水二中作为办好县中的成功典型，其经验具有普适性的借鉴意义。一所原本三流的高中学校成为全国名校，衡水二中的管理范式和成功经验，蕴含着一位校长的教育情结和文化自觉。衡水二中是一所具有中华传统文化特色的学校，校长秦海地的教育理念打上了鲜明的中华传统文化印记。这位校长的成功和这所学校的崛起，深深根植于中华民族优秀传统文化的土壤，并由此获得强劲的思想支撑和不竭的精神滋养。

衡水初识秦海地

　　2021年12月，教育部等九部门联合印发了《"十四五"县域普通高中发展提升行动计划》。县中振兴关系到高质量教育体系建设，关系到以县城为重要载体的城镇化建设，在我国教育和经济社会中具有战略性地位。如何让县中振兴计划落地生根？县中学校有哪些成功经验和典型事例？带着这样的疑问，我关注起县中名校和名校长。

　　秦海地是衡水二中的校长。久闻衡水二中大名，但校长是谁，一直没有留心过，也没有人特意向我介绍。记得多年前，看到过一篇比较长的文章，对衡水二中颇多好评，当时也想着抽个时间去实地看看，但一直没有成行。

　　前两天到衡水，去衡水二中稍稍转了一下。走进校园，第一眼看到的是大片的鲜花，开得非常灿烂，有姹紫嫣红扑面而来的感觉，静谧的校园里呈现一派勃勃的生机。"白马秋风塞上，杏花春雨江南"，衡水地处北方，倒让人有置身江南的感觉。绽放的花朵、茵茵的绿草、青翠的树木，地面如水洗般的洁净，正对学校大门的似为鎏金的一行大字：超越永无止境。我猜想这大概是校训。

　　秦校长因事外出不在学校，王锦旭副校长（现为衡水二中校长）接待了我们，这是一位优雅文静的知识女性。她领我们在校园转了一会儿，一路走，一路看，随意交谈着。学校的布局显得整齐而紧凑，树木、花草、建筑错落有致，到处都干干净净。我说："细微之处见精神，学校如此精致，这正是管理的精心细致。"王校长说："秦校长做事非常认真，处处都要求做到极致。"一路上不时有学生走过，他们或三三两两，或一群群，脚步都比较快，一个个显得很从容且精神饱满。学校的一面墙上有许多学生的照片，这些都是被清华大学、北京大学录取的学生，这所学校2019年有100多位学生考取清华大学、北京大学。

衡水二中的生源并不好，但他们创造了超一流的高考成绩。衡水二中创办于1996年，一所名不见经传的新高中学校，与衡水中学处在同一招生区域，其招生之艰难是可想而知的。王校长告诉我们，2004年，市教育局下达的高中招生指标是1 000人，但衡水二中只招到不足400人。优秀生去了衡中，成绩一般的去了郊县的县中，衡水二中接收最后的一茬。如此尴尬的局面，总要有人来打破，但谁能挽狂澜于既倒呢？原任铁路中学校长的秦海地，被当时的教育局局长李金池一眼看中。2004年，秦海地走马上任主政衡水二中，临危受命——"受任于败军之际，奉命于危难之间"。

"萧瑟秋风今又是，换了人间"，由此开始，衡水二中以崭新的姿态崛起，一年上一个新台阶，一路高歌猛进。王校长告诉我们，《中国教育报》曾以连续的整版报道衡水二中，全国慕名而来的教育同行数不胜数。她说，扬州市教育局的周应华副局长（现为扬州市政协常务委员）每年都来，这是最为认真的一位，听得认真，看得仔细，每次待的时间也长。他每次来都细心寻找，衡水二中与上一年有什么新的变化，有什么新的举措。我说："周局长是教育局局长中的佼佼者，有教育思想，有专业水平，而且非常谦和、勤政。"王校长不无自豪地说："他夸我们学校有一种延安精神，也有一种不断攀登和创新的追求，我们认为他总结得非常好，对我们是极大的鼓励。"

在学校会议室，我问王校长："衡水二中的成就是多方面的，你们取得成就的主要原因是什么？你能简单地归纳一下吗？"王校长想了想，说："首先是有一个好校长，秦校长有一种理想情怀，有永不满足的进取精神，能以身作则、身体力行，他带出了一个好的领导班子，一支好的教师队伍和一个好的校风。"她停了停，攥紧拳头说："我们不会满足的，我们会不断超越，这是衡水二中的学校精神。"她的这番话显然是肺腑之言，让我们听了以后很是感动。

中午一起用餐，秦海地校长从外地赶回来了。秦校长看上去显得很年轻，有一种朝气,但又很内敛。他不肯多谈自己,也不肯多谈自己的学校,这多少让我感到有点意外。然而,他又不是不能说,不但应对从容,而且非常得体,思路缜密,语言流畅。尽管他一再自嘲为笨嘴拙舌,声称"不会作报告",也从不去外校、外地作报告,但我多少还是听出一点意思,在他的理解中,校长的岗位就在自己的学校。每天早晨,老师们于5:30前到校,秦校长必定于5:10之前赶到,他在校门口等候老师们,风雨无阻,雷打不动。在此之前,他已在校运动场跑了20圈,全程8 000多米,18年如一日。校长是学校的灵魂,一个校长如果总在外面游走,校园少见踪影,岂不是荒诞不经? 就此而言,秦海地校长是可贵的,精神可贵!

"衡水中学是我们学习追赶的对象,我们不能充老大。"这是他反复说的话。所以,2016年,20周年的校庆,他怎么也不肯举办。他甚至说了句粗话:"不是老大,充老大,就是王八蛋。"这固然是一种谦恭,却也包含着强烈的自尊,不甘平庸。"苟日新,日日新,又日新",他的话里包含着励精图治的不竭进取。他的想法又是非常朴素的,不炒作自己,不炒作学校,警惕"盛名之下,其实难副"的自欺与自傲,既超越当下,也不断超越自我。知人者智,自知者明,这是一位智慧的校长。

"到了退休年龄,我一天也不会多待,校长就是一任。"这是他反复说的一句话。今日之衡水二中声名鹊起,享誉全省乃至全国,其中包含着这位校长无数的心血。岁月匆匆,18年弹指一挥间,但又是多少个日日夜夜。未来的校长岁月,当然不可能再有一个18年。离开这一位置是迟早的事,所谓"铁打的营盘流水的兵",当然会有诸多不舍。但一切都是过程,一切都在发展、在变化,这就是事物发展的辩证法。教育薪火相传,在其位而谋其政,尽职而尽力,这是为人的本分;不在其位则不谋其政,功成身退,这是人生的智慧。做事倾情投入而有章法,处世识进退而有分寸,这是秦海地给我的第一印象。

奔跑的校长

　　这几天天气很冷。南京气温骤降，今晚最低温度零下9度，这在历史上少见。下雪了，窗外是纷纷扬扬的大雪。忽然想到河北，想到地处北方的衡水市，在手机上查了一下，明晨最低温度零下13度。忽然想起秦海地，他还会凌晨起来奔跑吗？会的，我想。起码不会因为严寒而退缩。这位衡水二中的校长，他的奔跑让我惊讶，也让我感动。人总得有点精神，但这是一种什么样的精神呢？

　　每天凌晨，3:50起床，在学校操场的跑道上奔跑20圈，全程8 000多米。而后，秦海地到校门口等候上班的老师。年复一年，寒来暑往，每天如斯，18年如一日。或问，为什么选择这个时间段呢？回答是，只有这个时间段可以完全自由支配。是的，此时人们普遍还在睡梦中，不会有任何公事或私事需要处理。"奔跑中，你一定很快乐，很享受吧？你在奔跑中会想些什么呢？"总是有人这样问起，也伴随着他们的猜测。秦海地的回答让他们感到意外。他说："跑着跑着，我也会想，今天太累了，明天再跑吧。"对这一回答，我自然也感到意外，再深入想一想，又觉得在情理之中。

　　人毕竟不是机器，受身体机能的限制，况且过了知天命之年的他，体能的衰退是自然的，身体的劳累是必然的。"不用扬鞭自奋蹄"，秦海地的奔跑是自愿的，每天8公里行程是自我约定。然而，他为什么有这样的自愿、这样的自律，又这样一丝不苟地坚持呢？人与人其实有很大的不同，正因为不同，世界才多姿多彩，社会生活才不至于单调、僵化和暮气沉沉。苏格拉底说过，未经审视的生活是不值得过的。自我选择的生活才是值得的生活，无论酸甜苦辣，任由他人评说。然而，秦海地为什么要做这样的选择，是让身体的机能得到锻炼，抑或让自己的精神意志得到磨炼？我个人认为，包含着这两方面的因素，但又不仅是如此。

试想，夜静更深，万籁俱寂，或大夜弥天，处黑暗如磐；或满天星斗，闻金鸡啼晓，一个人率性而快速地奔走在空旷的操场上，这会是一种什么样的感受？会不会油然升起"前不见古人，后不见来者"的孤独感，有没有一种"行乎其当行、止乎其当止"的自由感，或勇于挑战身体机能极限的自豪感？"累，想明天再跑"，秦海地的这一解释，我以为多少带有调侃的成分，包含着他的自信和自嘲。别人的询问多少带有好奇，当然也不无敬意。他的回答显得亲和，"累"是事实，能引发情感的认同，也很有幽默感。据我一厢情愿的揣测，秦海地的奔跑具有很丰富的象征意义，他要通过奔跑来挑战身体机能的限制，他要通过奔跑来突破个人意志的惰性，他要通过奔跑将不可能变为可能，他要通过奔跑来证明人的潜能和创造性。于秦海地而言，每天8公里行程，这需要一种什么样的韧性与坚持，这是一种什么样的精神和意志品质，这包含着怎样的价值追求与愿景？

"咬定青山不放松，立根原在破岩中。"秦海地主政衡水二中18年，这位校长和这所学校一路走来，风雨兼程。郑板桥的这两句诗，或许正是他校长生涯的最好写照。2004年，秦海地出任衡水二中校长，作为一所市直管的高中学校，当年教育局下达的招生指标是1 000名，几经努力只招到不足400名。中考高分的学生去了衡水中学，其他学生优选县区的高中学校。与大名鼎鼎的衡水中学处于同一城区，衡水二中艰难而尴尬的处境可想而知。一所学校招不满学生，岂不意味着濒临倒闭？是坐而待毙，还是积极奔走、迎头赶上，这是秦海地所面临的严峻抉择。秦海地由铁路中学奉调衡水二中，是当时的市教育局局长李金池点的将，带领这所学校从困境中突围，这是他义不容辞的职责。谁说大树底下寸草不生，秦海地就是要用自己的行动证明，衡水二中同样可以在城区立足扎根、拔节生长，赢得自己的尊严与自豪。他制作了一块匾牌，请某书法家题写了这样几个字：超越永无止境。这是他的座右铭，也成了学校的校训。

"有利的情况和主动的恢复，产生于'再坚持一下'的努力之中。"这是毛泽东曾说过的一句话，秦海地的不懈奔跑、衡水二中的跨越式发展，能贴切而形象地证明这一论断的真理性。一位校长以他的行动、他的努力和坚持，影响着每一位老师和学生，建树了一种百折不挠的学校精神。2004 年，衡水二中的高考升学率在全市 12 所重点高中中倒数第一。今天的衡水二中，高考一本升学率接近 99%，被清华大学、北京大学录取的人数直追衡水中学。高考升学率作为衡量学校品质的重要指标，它见证了校长与学校的积极进取，以及这一路走来的艰辛、节节攀升的自豪。奔跑着的不仅仅是秦海地校长，还有他的整个团队，这也为教师群体注入了一种超越精神——不断超越现状，超越自我，不断从实然世界走向应然世界。新一轮课程改革，至今已经走过了 20 多年的历程。什么是课程？课程就是跑道，在跑道中奔跑，同时收获沿途的风光。"超越"是秦海地的座右铭，也是学校精神的写照；"超越"赋予秦海地不竭的奔跑动力，也是衡水二中腾飞的强大精神推动力。

　　窗外，雪还在飘飘洒洒地下着，想来北方的衡水已是银装的世界。

惟冀有材，于斯为盛

　　走进衡水二中，左侧是办公大楼，迎办公大楼而行，抬头忽见八个大字——"惟冀有材，于斯为盛"，精神不禁为之一振。我曾到过湖南岳麓书院，见大门两侧有一副抱联——"惟楚有材，于斯为盛"，字很大，非常夺目。显然，这里的"惟冀有材"是由"惟楚有材"化脱而来。岳麓书院，中国历史上赫赫有名的四大书院之一，坐落于湖南长沙湘江西岸的岳麓山脚下。作为世界上最古老的学府之一，岳麓书院历经千年而弦歌不辍，学脉延绵。"惟楚有材，于斯为盛"，这副对联被高高地挂在岳麓书院的门口，向世人昭示这里人才济济，是无数潇湘子弟的骄傲和荣光。南宋乾道三年（公元1167年）朱熹来岳麓书院与山长张栻会讲，历时两个月，史称"朱张会讲"。这次会讲吸引了大批士子纷纷前来听讲，"方其盛也，学徒千余人""一时舆马之众，饮池水立涸"。

　　由"惟楚"而"惟冀"，一字之易，其中大有深意。冀与楚，地域虽然有别，但民风与精神文化则多有相似之处。楚，今湖南，湖湘文化向以经世致用称著，且民风强悍。所谓"楚虽三户，亡秦必楚"，有一种不屈不挠的精神，能"扎硬寨，打呆仗"，曾国藩因此而名满天下。有人说，一部中国近现代史就是湖南人的历史，这话大致不是无稽之谈。河北者，古冀州，大禹治水分天下为九州，冀州为九州之首。此地有英雄气，所谓"燕赵多慷慨悲歌之士"。"风萧萧兮易水寒，壮士一去兮不复返"，荆轲刺秦皇，义无反顾，风云为之变色，英雄气概由此略见一斑。湖南的谭嗣同，"我自横刀向天笑，去留肝胆两昆仑"，为变法而流血，用鲜血唤醒民众，他身上岂不也有荆轲的精神？地域或可分为南北，但中华文化是同一个根系，英雄主义精神一直滋润着这个民族不屈的灵魂。将"冀"与"楚"相提并论，秦海地显然找到了二者共同的东西，这就是一种倔强的精神，一种不屈的斗志，一种不获全胜决不收兵的英雄气概。

这所高中学校，所招学生的中考成绩大多不甚理想，他们或多或少心里会有一种挫败感。于这所学校而言，首先要扫除的就是这种失败心理，扫除失利阴影笼罩下的自卑感，不仅对于学生，对教师也是如此。需要树立一种信心，这就是自信心，一种发自内心的自我肯定；需要树立一种精神，这就是必胜的信念——完成对历史的超越，超越对自我的限定，不断从胜利走向新的胜利。"惟冀有材"——唯我河北是人才的高地，唯我衡水二中是人才的摇篮。这是一种怎样的自信，这又是何等的乐观！它包含着"舍我其谁也"的英雄气概。"于斯为盛"，意即此地是人才集聚之地，今天是人才辈出之日，从来没有过的鼎盛时期，也将不断走向更为辉煌的明天。"惟冀有材，于斯为盛"，不是盲目的乐观，更不是妄自尊大。学校不是兵戎相见之地，而是文采风流之所在。"于斯为盛"，从岳麓书院借鉴而来，同时附带而来的还有那属于学校教育的斯文与儒雅；"惟冀有材"以"惟楚有材"为参照，所参照与继承的还有中国传统书院的精神。书院的院长，古代称之为山长，一定是社会的贤达、时代的名流、学术的泰斗和道德的楷模。所有这些，首先是对校长和教师群体有更高的要求，有更多的期待。

将学校比附于书院，或许秦海地隐约有承继书院优秀传统的意愿。朱熹访院，与山长张栻"聚处同游岳麓""昼而燕坐，夜而栖宿"，相传二人曾论学三昼夜而不息。现代学校已不是当年的书院，但那道德文章、人格修养、学问切磋，对于今天的校长和教师而言，他们依然需要有一种见贤思齐的自觉和从善如流的自律。秦海地校长、衡水二中，在这些方面达到一种什么样的高度，这不是我所能够妄自揣测和评述的。秦海地办公室那一摞摞的书籍，打眼望去，以哲学等社会科学的居多，更多的是各种版本的古籍经典。他不经意中说到能背老子的《道德经》，每天读书不少于2个小时，有一天他整整读了9个小时。从他的谈吐中，从与他的交流中，我能够感觉到他读书的认真。这是一种直觉，而非逻辑推理，所谓心有灵犀，可会心一笑。秦海地，这是一位奔跑的校长，也是一位读书的校长，无论奔跑或读书，都有一种自觉与自律。奔跑是生命的自觉，见证知行合一；读书是文化的自觉，见识先贤的风采；当校长是职业的自觉，承担着历史的使命。

猜想秦海地

但凡学校的墙上，一般都会题写些字，写些什么，多少能看出一所学校的精神。倒不是说，凡写有"团结"的，这所学校人际关系就和谐，写有"创新"的，这所学校便不断有发明，能与时俱进，但起码它是朝这个方向努力的。学校与人一样，情动于衷而形于言，学校题写的一些词句，或者一些标语，是学校师生的情感表达，折射着一所学校共同的价值追求，或宣示着一所学校的目标，也往往包含着对师生行为的提醒，或者表示着自我勉励。总之，学校的题字是一种文化符号，从中可以看出学校的文化品位，也让人能隐约猜出校长的文化个性、价值偏好与理想抱负。

衡水二中，早些年在衡水市排名第十二。作为一所高中学校，居然连招生指标都招不满，这处境委实有点惨淡。秦海地受命于危难之时，主政这所学校，至今18年。18年风雨兼程，一步一个脚印；18年砥砺前行，一次一次不断超越。衡水二中，毋庸置疑，如今享誉全国。但今天的名满天下，因何而来？翻天覆地的变化，缘何产生？学校是育人的地方，作为广义的文化行为，一所卓尔不凡的名校，特别是由草根逆袭而如日中天的名校，必然有其独到的智慧。"道可道，非常道"，这种智慧很难完全用言语表达，所谓"运用之妙，存乎一心"。但透过某些特定的只言片语，我们又分明可以获得些许深刻的启示。

如果说"惟冀有材，于斯为盛"八个字隐含着学校的文化定位，那么，它带给这所学校的是什么？秦海地又为什么要选择这八个字呢？在我看来，秦海地虽然主政一所现代高中学校，但他的心底却有着中国传统书院的情结，岳麓书院则是他心目中教书育人的理想蓝本。书院都有一位非凡的主持人，当时称为

"山长"，地位类似今天的校长，但又不尽相同。山长的地位并非来自政府的委任，他的权威来自莘莘学子的追随，也来自教师的信任与拥戴。山长是书院精神的象征，也是书院精神高度的标尺。孔子曰："吾道一以贯之。"山长既要有道德与学养，能如春风化雨般教化学子，又要有执着的精神与清醒的头脑，能有效地管好一所书院。衡水二中创下高考的奇迹，赢得交口称赞的口碑，但秦海地的抱负并不在此，起码不局限于此，他更不执着于此。我猜想，他就是要与唯升学率、与应试教育划清界限。宋初大儒胡瑗有一句名言："致天下之治者在人才，成天下之才者在教化。"胡瑗终身从教，不下科场，为范仲淹所敬仰，或许可作为书院精神的代表。

众所周知，书院的教学，不以科举为目标，而以道德教化为旨归。中国古人将知识分为两类，一类是见闻之知，一类是德性之知。"尊德性而道问学"，这是教育的根本宗旨，也是培育人才的必然途径。现代学校制度是西学东渐的产物，它伴随着大工业生产的需要而诞生与发展。知识的集约化，培养人才的规格化，是这种教育制度的主要特点。它的优点在多出人才和快出人才，这里的所谓人才，主要是指适应大工业生产需要的人才，是具有一定知识与能力的劳动者。而中国书院教育的显著特点，重点在学生人格修养的培育，在社会责任感的培养。所谓"大学之道，在明明德，在亲民，在止于至善"，根据《学记》的解释，这里的"大学"教育，是指儿童15岁以后，也即开蒙以后的教育，其起点大体相当于现在的高中教育，它的目标在造就新人，其境界在"至善"，而不是谋生计。在这一方面，传统的书院教育与秦海地心目中的高中教育，有着很高的契合度。我的这一猜想是否有点想当然，或理想化地拔高了秦海地？可能许多人会有这种存疑。

坚定我这一猜想的是，我看到这样一段话，这段话出自《大学》，写在衡水二中一栋大楼的外墙上，而且是以金色的大字写满整整一面墙："古之欲明明德于天下者，先治其国；欲治其国者，先齐其家；欲齐其家者，先修其身；欲修其身者，先正其心；欲正其心者，先诚其意；欲诚其意者，先致其知。致知在格物。"中学校长能解释这段话的大概不少，但能完整背诵这段话的大概不多。至于以大字醒目地、完整地撰写在学校外墙上的，这或许更不多见。高中学校固然没有一定要抄录这段话的义务，衡水二中这样做应该是出自校长的意愿，应该也是学校领导层的价值认同。以金色的大字来醒目地表达这段话，是因为，这段话能铸就衡水二中的学校精神，能潜移默化地陶冶学校师生的道德品质。这段话显然无关于考试，但它紧密契合立德树人的教育宗旨。学校教育有两项最为根本的任务，一是体现国家意志，二是弘扬中华传统文化。弘扬中华优秀传统文化，以文化人，以文育人，为学校教育培元铸魂，衡水二中与秦海地校长有自觉的使命担当。格物、致知、诚意、正心、修身、齐家、治国、平天下，是儒家所主张的人格修养过程的八条目。格物致知，目的不在于获得知识技能，而在于提高内在的道德修养——诚意正心。一个人有了内在的伦理道德修养，就可以从日常事件和现实生活做起，由小到大，最后成就伟大的功业，达到"内圣外王"的境界。

"惟冀有材，于斯为盛"，是衡水二中的文化定位，也是秦海地的文化自信。《大学》中人格修养的八条目，合于衡水二中的育人目标，体现了秦海地的文化个性。教育是薪火相传的事业，需要冯友兰先生所说的"照着说"，更需要他所主张的"接着说"。所谓"照着说"，是指教育的宗旨在立德树人，古今有一致的价值追求；所谓"接着说"，是要与时俱进体现时代特色，其内涵又有根本性的不同。"接着说"，需要有个性化的创造和创新，古为今用，推陈出新，继往开来，这或许是秦海地正在做，并力图不断超越的。

我的猜想是否合于秦海地，合于衡水二中，或在多大程度上合于秦海地，合于衡水二中，这其实并不重要。重要的是，这所学校和这位校长，将不断创造新的辉煌，走向更为灿烂的明天。

衡水二中的文化风景

漫步衡水二中校园，我感受最深的是这所学校浓浓的文化气息，还有这里随处可见中华文化的经典表述。办公大楼的正中题有三个大字——"勤耕楼"。中国古人说："一勤天下无难事。"勤劳是中华民族最为显著的特点，也是中国人立身处世最基本的道德信条。"勤有功，戏无益。""勤"，于中国人而言，是从童蒙开始贯穿终生的教育。"勤耕楼"这三个字，的确让人感慨良多。作为校长，秦海地无疑特别看重"勤"，以"勤"来定义学校文化，以"勤耕"要求学校师生，更要求自己率先垂范，这是他对中华优秀传统文化的自觉传承，也是对学校思想品德教育的独到理解和个性化实践。读《曾国藩家书》，我们可以分明地看到，曾国藩对家庭成员叮嘱最多、要求最细的，一是读书，二是劳动。无论读书或劳动，曾国藩最看重的品质是"勤"，他寄希望于家庭所有的成员，拳拳之心，溢于言表。一个历史悠久的农业社会，耕田是生产劳动的主要形式，耕种作为一种价值文化的象征，它包含着丰富的隐喻。多少年来，"耕读传家"是中国人最为普及的家训，也是最值得自豪的家风。

在校园耕耘，在学生心田播种，是教师最富有诗意的表述，也是最有职业自豪感的表达。教育确实最像农业而不像工业，学生需要勤快而细致的照料，教学要遵循生命成长的节奏。相较于同类学校，衡水二中并不具有其他优势，努力建树一种勤勉和勤奋的学校精神，或许是这所学校必然的也是最为明智的选择。对于衡水二中的师生而言，尤为重要的是必须耕耘不辍，奋发不已。如果说曾国藩对家人的叮嘱，是希望自己的族人能居安思危，保持家族的长泰久安，那么秦海地的期盼则不是一家之私，而是回应着学生和家长的殷切期盼，让每个学生都能得到更好的发展,人生之途有更好更多的选择;让每个教师在成就学生的同时成就自己,成就教师的职业尊严和精神的高贵。中国民间有一句长期流行的话语——"两件事,读书耕田;一种人,忠臣孝子。"抹去历史的灰尘,通过现代化的转换,这两句话所包含的积极意义是不言而喻的。

走进衡水二中的办公大楼,迎面的屏风上又见八个大字,这是出于《尚书·周书》的一句话:"功崇惟志,业广惟勤。"这句话的意思是:功高由于有志,业大由于勤劳。这句话的背景是,周成王灭了淮夷,回到王都丰邑,他和群臣一起总结成就王业的经验,并向群臣说明设官分职用人的准则。他告诫所有的官员,要求他们忠于职守、勤于政务。他言辞恳切地说道:"你们要认真对待你们的职责,不能怠惰疏忽,要知道'功崇惟志,业广惟勤'。""勤耕楼"题在大楼的正中,抬头可见;"功崇惟志,业广惟勤"写于进门迎面的屏风。此情此景,有耳提面命的叮咛,有反复强调的提醒,这既是对教师群体的职业要求,也是秦海地作为校长的自我告诫。教育是理想的事业,功在千秋。校长与教师,只有志存高远,才能创造不朽的业绩。人生之途总会面临不断的选择,滚滚红尘中不免有许多的诱惑。不忘初心,矢志不渝,忠诚于教育,献身于事业,将幸福的人生体验根植于学生的全面发展和健康成长,这是每位教师成就自己事业的根本前提,也是一位校长主政一所学校最为重要的道德素养和职业操守。

远大的理想诚然可贵,但它未必能立即转化为可见的现实。中国民间有句俗语,"埋头耕耘,不问收获",这话看似直白,但包含着深刻的哲理。耕而不勤,只能广种薄收;勤于耕种,一定会有所收获。习近平总书记说"社会主义是干出来的",《中庸》有言"致广大而尽精微",说的是同一个道理,只是角度不同。这两句话其实也呼应着"勤耕楼"的"勤耕",是将勤耕与理想、与成就功业联系起来了,从知行合一的角度来阐释"勤耕"的内涵,以及它历史文化的渊源。从"勤耕楼"到"功崇惟志,业广惟勤",对作为校长的秦海地而言,这包含了他的办学理念,折射出他不凡的志向抱负,也体现了他言传身教、知行合一的人生态度和思想作风。

但我更感兴趣的是,秦海地为什么选择这样的词语,采用这样的话语方式?如果不是对中国传统文化,对中华民族的历史与古代经典有足够的了解,有深入浅出的理解和概括,他怎么能找到这些话语,进而选择这些话语来表达自己的思想和意愿呢?秦海地的学科专业是数学,他是数学特级教师。这起码说明他对中华传统文化情有独钟,说明他读了许多书,有颇为不凡的造诣。从一定程度上说,这是一位兼通文理的校长。陶行知先生说:"校长是学校的灵魂。"由此,我们可以论定:衡水二中是一所有文化追求的学校,一所有丰富中华传统文化内涵的学校,而不仅仅是高考特别出彩的学校。这也证明了李金池的一句话:"素质教育比应试教育更能提高升学率。"从李金池到秦海地,这是一种教育文化的传承。作为衡水二中的校长,秦海地有着充分的文化自觉,有个性化的文化创造,他是在中华民族优秀传统文化的滋润下成长起来的。衡水二中,一所植根于中华传统文化土壤的优秀学校;秦海地,一位浸润于中华优秀传统文化的卓越校长。

衡水二中：奇迹与意义

衡水二中是一个奇迹，它的神奇基于一个基本事实：所招学生都是其他学校没有看上的。然而，这所学校，一本升学率年年提高，几近99％；清华大学、北京大学录取人数年年攀升。众所周知，高中生不同于初中生，更不同于小学生，他们的可塑性比较差。生源之好坏，于高中学校而言生死攸关。好生源意味着高升学率，考进著名高校的学生多，反之则处境艰难。因此，高中学校之间抢生源，这在全国是很普遍的现象。必须承认，人的先天禀赋是有不同的，更为重要的是，优秀学生之所以优秀，与他们良好的学习习惯和学习方式有很大的关系，与他们积极进取的精神、坚持不懈的意志品质有很大的关系。学生基础扎实、悟性高、学习能力强、行为习惯好，这就决定着生源好的名校的难以超越，垄断地位难以撼动。

名校，其教师队伍的配备也是优先的，集中了当地最为优秀的教师，他们教学经验丰富，教育水平高，名气也大。相对而言，名校的教育设备更完善，设施更为先进。"工欲善其事，必先利其器"，这是不可忽视的重要因素。更何况，各种有利因素还能发生叠加作用，进一步拉开与普通学校的距离。一般而言，教育行政部门对名校的关照多，政策上比较倾斜。这是所谓的"马太效应"，多的还要再多给，少的还要再减少。于教育行政部门而言，有限的教育资源总会有选择地重点使用。教育发展的不均衡是常态，力争均衡发展是应然的努力，也是政府的重要责任，但受制于各种原因，高中学校之间一视同仁的均衡，在当前很难做到。于是，这也就造成了普通高中学校办学的艰难，一所名校的崛起，常常意味着邻近同类学校的凋零。这似乎是必然的规律，所谓的"超级中学"，也因此遭到诸多指责与批判。

然而，衡水二中的横空出世一举颠覆了这一所谓"规律"，打破了"生源决定论"，突破了"条件限制论"，打碎了"超级中学"无法超越的神话。大树底下寸草不生吗？请看衡水二中的崛起，就在如日中天的衡水中学近旁，两者形成良性竞争，相互借鉴。秦海地率领一所三流学校突围，如决江河而下百川，浩浩荡荡，势不可当——规模不断扩大，人数不断增加，升学率年年飙升，各类学生竞赛捷报频传。衡水二中的建校，原本为安置一部分城区落榜的学生，让他们依然有读高中的机会。早先或许谁都没有想到，这所唱配角的学校居然唱得名满天下。衡水二中的崛起，再一次证明毛泽东的那段名言——"在共产党领导下，只要有了人，什么人间奇迹也可以造出来。"秦海地和他的团队就是创造奇迹的人，衡水二中就是这样一个奇迹：进高中，是其他学校挑剩的学生；三年后，这些学生有了挑选著名高校的资格。三年，就这短短的三年，孩子们的变化日新月异。不是几个孩子，也不是一群孩子，而是整个学校学生的逆袭。

衡水二中奇迹的意义在于：让三流的学生有了一流的选择，让失望的家长重拾信心，让贫困家庭看到希望，让所有的孩子都找到自尊，让他们的未来有更好的发展。衡水二中的学生，大多来自普通家庭，没有优裕的家庭资源，不具备考试竞争的家庭优势。然而，他们走进衡水二中，得到一视同仁的爱护，经受精神的洗礼，接受文明的教化，感受校园的温馨，获得学业成绩的飞跃。衡水二中的意义，不仅在高考奇迹的创造，还在凸显教育扶贫的力量，阻断贫穷的代际传递，促进社会阶层之间的流动等，在诸多方面发挥着积极作用。一所原本边缘化的学校，能取得这样的成绩，不仅在河北省，而且在全国引起轰动。衡水二中，颠覆了"生源决定论"，破除了生源迷信及"超级中学"迷信，对面广量大的普通高中学校，对中考成绩不甚理想的高中学生，无疑有着良好的示范与激励作用。

教育既要均衡发展，又要高质量发展。以高质量推动教育的均衡发展，而不是等待优质资源均衡以后的高质量，这或许是衡水二中特别的意义之所在。中国是一个幅员辽阔的大国，经济文化发展很不均衡。锦上添花、集中优质资源让一所都市名校光芒四射，这比较容易做到，但这样的典型缺少说服力，也没有多少示范意义。一所边远地区的普通高中，自力更生、奋发图强，创造奇迹而享誉全国，这样的学校与典型经验，是当下最为稀缺的，也是最让人敬佩并值得学习和借鉴的。衡水二中的奋斗历程告诉我们，事在人为，一切奇迹都是人创造的。作为普通高中学校，破除妄自菲薄和无所作为的思想，或许是最为积极而明智的选择。一不等，不等公平从天降临；二不靠，不靠政府特别扶持；三不要，要这要那都不如自己创造。实践证明，有作为才能有地位。毛泽东同志说："我们的方针要放在什么基点上？放在自己力量的基点上，叫做自力更生。"

马克思说："人们自己创造自己的历史，但是他们并不是随心所欲地创造，并不是在他们自己选定的条件下创造，而是在直接碰到的、既定的、从过去承继下来的条件下创造的。"衡水二中的脱颖而出，也使衡水中学免于"原罪"，解除了套在头上的"紧箍咒"。衡水中学，带来的不是教育生态的失衡，而是又一所名校的崛起，一个新的奇迹的彰显。如果说衡水二中从衡水中学获得许多借鉴，那么，今天的衡水二中成为更多学校的示范，与衡水中学一起形成了衡水地区优质学校的群落。作为教育优质均衡发展的示范性窗口，衡水教育以崭新的面貌走向全国。"一枝独秀，必然万花纷谢"，这样的论断完全落空。事物的发展再次显示辩证法的力量，宣告着唯心主义与形而上学的破产。衡水二中与衡水中学，既互相竞争，又相互学习，激活了校长与教师的智慧及创造力，营造出一个地区欣欣向荣的教育氛围，提升了教育质量，放大了优质教育资源，让更多的学生有更好的发展，在更大程度上满足学生和家长对优质教育的期盼。

仰望教育的星空

"仰望教育的星空，我们胸怀教育理想；修养教育的情怀，成为我们毕生的追求；坚守内心的道德律，我们让教育实实在在。"秦海地的这几句话，让我有一种感动。类似的话，的确有许多人说，但出自秦海地之口，我却有着不同的感受。为什么呢？不仅在语言的简练、表述的清晰，更在他的真诚、他的执着。"从喷泉喷出的是水，从血管流出的是血。"相似的话语，有不同的质地，鲁迅先生指出血与水的不同，因为它来自血管，是生命的象征，隐喻着奉献，寄托着理想。衡水二中寄托着秦海地的理想，流淌着秦海地的心血。一次次到衡水二中，一回回迈步校园，目睹莘莘学子的风貌，深深感受到一种独特的精气神；听老师们介绍，尤其是与秦海地交谈时，我深深地受到感动。"理想"，是他所仰望的星空；"情怀"，是他毕生的修养；"道德"，是他内心的坚守。这是一种自律，是实实在在的践行。他怎样说，也就怎样做，不是说说而已。他是这样做的，认为理所当然，通过率先示范，引领全校的师生，逐步形成学校的文化精神。秦海地的这几句话，不是写在纸上的，而是见诸日常的教育行为，弥漫于整个学校的空间，全方位贯穿于学校管理与教育教学的过程。"仰望"，足见其态度之虔诚；"毕生"，显见其矢志不渝；"坚守"，昭示一种义无反顾的执着。

作为秦海地治校为人的核心理念，这三句话是鲜明的价值追求，也是一种自觉的文化境界。我之所以特别感动，更在于从秦海地身上看到中华文化的力量，看到他对中华民族优秀文化的坚守与弘扬。衡水二中曾长期徘徊在低谷，生源、师资、设施，样样都不如意，这块土地上能有什么作为，能创造什么业绩呢？事在人为、责无旁贷、志在必胜，这是秦海地任校长以来，一以贯之的自信与努力。他的这种自信与执着，来自中华传统文化所赋予的力量，所给予的勇气。秦海地读书，读中华传统文化经典，从感悟中获取精神营养，取得精神的支撑，这使他从校长群体中脱颖而出，衡水二中成就了自身的奇迹以及它的辉煌。"天行健，君子以自强不息；地势坤，君子以厚德载物。"在中华文化的语境里，君子并不依赖别人，不指望优厚的外在条件，不在乎外人的好评，而是通过自己的努力，去实现上天赋予的内在潜能，进而获得完全的道德独立。即以天道作为自己的追求，按应然的原则行事，不受权力、压力和他人意见的影响。"仰望教育的星空"，这是秦海地的自我期许，也是他的独立人格和精神境界。

衡水二中挣扎在生存线时如此，衡水二中如日中天时也如此，无论在什么情况下，也无论别人如何评价，秦海地毁誉由人，坦坦荡荡，一切从学生发展的需要出发，从教师的职业尊严出发，从教育的道德伦理出发。"大道之行也，天下为公。""星空"是天道的象征，也是超越的象征，摆脱世俗的平庸，朝着理想的目标，履行教育的正义。"故君子慎其独也"，需要"反身而诚"，用正义这面镜子检视和匡正自己，这是"教育的情怀"的修养，是人生的追求，追求自身的完善。由此，能超越任何道德愧疚，获得不可战胜的道德勇气，不会为任何外力所折服，更不会恐惧任何权势。名满天下往往谤满天下，衡水二中的办学成就，既赢得了巨大的荣誉，也不免受到各种误解和攻击。然而，秦海地从不为所动，如孟子所言："虽千万人，吾往矣。"在我与秦海地的交谈中，他从未有过抱怨，从不抱怨别人的误解以及居心不良的攻击，他显得那样自信满满。他这种自信和淡定来自哪里呢？君子"居天下之广居，立天下之正位，行天下之大道"，秦海地有广阔的胸襟，这胸襟来自中华传统文化的修养，是一种文化的自觉。

理想、情怀和道德，这是人们所常说的，几乎没有人有异议，然而，践行的功夫不同，文化的自觉程度不同。"仰望教育的星空，我们胸怀教育理想；修养教育的情怀，成为我们毕生的追求；坚守内心的道德律，我们让教育实实在在。"秦海地的这些话，让我看到他的文化追求，他的价值坚守，他的知行合一，以及他对教育、对学生的一往情深。因为这番话，唤起我对秦海地的一些联想，想起那堆满书籍的办公室，想起他无意中说的"我能背老子的《道德经》"等。秦海地在衡水二中的种种努力、种种追求、种种坚守，那种实事求是的态度、一丝不苟的作风、严于自律的精神品质，是对中华传统优秀文化的继承与弘扬。我认为，秦海地的教育理想中，包含着对西化和民族虚无主义的抵抗，他用中华优秀传统文化来丰富自己的思想，指导自身的教育实践。正如清末教育家严复所言："必将阔视远想，统新故而视其通，苞中外而计其全。"秦海地不是专业的教育理论研究者，作为一校之长，他的教育理念植根于校园，渗透于学校管理的各个方面，也见诸一篇一篇的教育论文、教育格言。更难能可贵的是，这种理念也潜移默化为学校的文化精神，体现在教师日常的教育行为之中，让学生得到更好的发展和成长。

行走在荀孟之间

蜕变、奇迹，无不让人深深地好奇，一所如此边缘的学校，为何能有这华丽的转身，进而名震河北，享誉全国？或问秦海地有什么秘诀，他的回答其实很简单和直白——"制度管人，文化管心"。衡水二中的传奇，奠基于这两句话。首先是制度，没有规矩，不成方圆。学校为什么需要有制度？人为什么需要有制度来约束呢？战国时代的荀子说过这样一段话："从人之性，顺人之情，必出于争夺，合于犯分乱理，而归于暴。故必将有师法之化，礼义之道，然后出于辞让，合于文理，而归于治。"这段话的意思是：放纵人的本性，依顺人的情欲，就一定会出现争抢掠夺，一定会和违反等级辈分、扰乱礼义法度的行为合流，最终趋向于暴乱。所以一定要有师长和法度的教化、礼义的引导，然后人们才会从推辞谦让出发，遵守礼法，最终趋向于安定太平。秦海地管理衡水二中，其基本的制度设计与荀子的思想多有共同之处：人有自然本性，个体总是从私利出发考虑问题，为了社会的整体和谐稳定，也为每个人更好地生活和发展，就一定要有制度和法纪来抑制人的私欲，有师长的教化和礼义的引导来提升人的精神境界。由此，我们可见秦海地的制度选择，可见这种选择的必要性和合理性。

秦海地在衡水二中的管理实践中，较为刚性的制度管理带来了什么样的效果呢？我们依然可以引用荀子的一段话来印证："刑政平而百姓归之，礼义备而君子归之。故礼及身而行修，义及国而政明；能以礼挟而贵名白，天下愿，令行禁止，王者之事毕矣。"这段话的意思是：刑罚政令公正不阿，老百姓就归聚到他那里；礼制道义完善周备，有道德的君子就归聚到他那里。所以礼制贯彻到自身，品行就美好；道义贯彻到国家，政治就清明；能够把礼制贯彻到所有方面的，那么高贵的名声就会显著,天下的人就会仰慕,发布了命令就能实行,颁布了禁约就能制止,这样,称王天下的大业也就完成了。衡水二中各种制度完善细致,赏罚分明,既令行禁止,又培育出美好的品行和风气。秦海地说:"教师在备课区内不接打手机、不大声商量问题,自觉维护办公秩序成为教师的一种习惯;教师不迟到、不早退、不怠工,爱岗敬业成为教师的一种自觉。"这所学校无论内务整理、列队跑操,还是听课坐姿、书写演算,总会提醒学生"时时要规范,事事要规范"。在此基础上,领导的以身作则,尤能凝聚道德人心,促进事业成功。从荀子的这一段话里,我们隐约可以看到衡水二中的影子;而从秦海地的管理思想中,我们也可以看到中国儒家的人文传统——秦海地自豪地说:"在二中,我们打造文明礼貌校园,让粗俗的言谈举止受到约束;我们营建团结和谐集体,让破坏团结的不良行为得到收敛;我们捍卫公平公正,让歪风邪气无处藏身;我们干事创业、求真务实,让投机钻营落荒而逃……"

与荀子视人性为"恶"不同,孟子视人性为"善"。在孟子看来,人类成为区别于禽兽的万物之灵,每个人都是大写的人;正因在实践伦理学层面倡导"五伦",人们在群体中拥有各自恰如其分的位置,既能成就自我,又能成就他人;正因在王道政治学层面分辨义利,物质的获得感与精神的幸福感相得益彰,人真正成为社会性的存在。成为一个本性善良、呵护良知的人,过上一种充满温情、相互信任的生活,拥有一个崇尚道义、以民为本的社会,这是孟子思想的本质诉求。秦海地始终认为,校园文化存在潜在的规范作用与非强制性的导向作用。鉴于学校的生源实际,学生行为习惯较差,他们将"养成"和"规范"融合为自己的校园文化。这所学校有严格"规范"的一面,也有耐心"养成"的一面。规范需要刚性,刚正不阿;养成需要柔性,润物无声。所谓"文化管理",其实便是以文育人的"人性管理",是使人性永葆善性、真性和美性。教育是成就美好人性的事业,人性也是管理最重要的因素。因此,制度管理并不是人性的最终目标,人性用于管理最终是为了实现人性的美好,进而建树一种真善美的学校精神。衡水二中之所以能取得这样了不起的成就，主要不在于制度设计的严密和管理手段的严格，更主要的是一种价值文化的引领，它建立在人性之善的基础之上；学校文化建设中比规范更为重要的是"养成"，养成学校的一种正气、清风与和谐的氛围。秦海地说："健康的校园文化、积极的精神氛围，会对师生产生潜移默化的影响，使他们在有意与无意中受到启发与感染，从而引起他们的感情共鸣，产生一种完善自我的内在驱动力和约束力，进而自觉形成一种学校规范和软约束的效果。"化外界约束为内心的认同，这是衡水二中在管理上最大的成功。

秦海地的学校管理思想，其核心观念是文化管理，他特别善于借鉴中国的文化传统，对衡水二中的管理，是行走在荀孟之间的一种文化实践。管理是一个从制定决策，到实现决策，到再决策的过程。所谓决策就是寻求一种价值，以此作为改变环境提升价值的一种方案，它的起点和终点之间具有连续性，管理就是一个连续的决策和实践的过程。这一过程，我们可以借用《易传·系辞上》的一段话加以描述："化而裁之谓之变，推而行之谓之通，举而错之天下之民谓之事业。""化而裁之存乎变，推而行之存乎通，神而明之存乎其人。默而成之，不言而信，存乎德行。"在这里，"化而裁之"说的是管理的开始，有一个整体性的决策；这种决策实践起来，就是"推而行之"；决策实践用之于人，就是"举而错之天下之民"；然后我们对自己行为、实践的过程做一个检讨、评估，就是"神而明之"；在此基础上再决策、再实践，取得成功，就是"默而成之"。所以，管理行为应该从"化而裁之"的"变"，到"推而行之"的"通"、"举而错之"的"用"，再到"神而明之"的"明"、"默而成之"的"成"的过程。秦海地对衡水二中的有效管理，不正是这样一个完整的过程吗？

这里的黎明静悄悄

早晨5：25，天还没全亮，我来到衡水二中。校园里静悄悄的，但影影绰绰已经有人在走动，走近看是王锦旭副校长，还有好几位老师。北方的早晨很冷，我戴了帽子，还是觉得冷。然而他们都没有戴帽子，丝毫看不出他们有畏寒的神情，一个个精神抖擞的样子。王校长告诉我，学生是5：30起床，班主任5：20到校，学校领导是5：10到校。秦海地校长比所有人都到得早，到校后就在校园各处查看。"这么冷的天，起这么早，很辛苦的。"我说。王校长笑了笑："习惯了。"她告诉我，她每天三顿饭都在学校吃，免得来回在路上奔波，费时间，也不方便。她说："婆婆起先总打电话给我，说是烧了些菜，让我回家吃饭。后来看我太忙，总回不去，她也就习惯了，不打电话了。"说到这里，她又笑起来了，说："现在是每个月一次，一家人在一起吃顿饭。"

正说着话，学生宿舍大楼灯亮了。我看手表，时间是5：30。过了大概10分钟样子，陆陆续续有学生出来了。他们行走的速度很快，来到集合地点以后，这些学生就自觉列队，掏出本子，举起手，就着光亮，站在那儿，大声念起来。我看了看，有念语文的，也有念英语的。不断有学生冲到路边的架子旁，从架子上拔出一杆旗帜，仔细辨认一番，然后，举着旗帜离开。我想这大概是他们的班旗。旗手都是一路小跑，一副意气风发的样子。5：45，学生开始跑操。跑操以班级为单位，纵横对齐，列为方阵。跑操，是衡水高中学校的一道亮丽的文化风景线，据说以衡水二中的跑操最有气势，中央电视台还专题作了报道。跑操时，旗手高擎着旗帜，跑在队伍最前面，同学间挨得很近，动作协调一致，跑得很有节奏，他们脸上个个洋溢着自信的笑容。学生们一边和着节奏跑着，一边响亮地喊着口号。

口号声、脚步声,打破了早晨的寂静,校园充满着生机与活力,呈现一派蓬蓬勃勃、热气腾腾的景象。校长和老师,与学生们一起跑。"二中加油""二中必胜",这励志的口号,是期许,也是心理暗示,伴随着激情大声呼喊,有一种"金戈铁马,气吞万里如虎"的气势。各个班的口号不同,此起彼伏,相互交错。口号声在校园里回荡,置身其间,你会感到有一种扑面而来的青春气息。

这里是高三学生宿舍区,学生分散在不同的区域里跑操。我所在的这块区域是宿舍楼、教学楼和饭堂之间的一小块空地,因为运动区域小,他们只能绕着圈子跑,班与班的间隔也不大。班主任和学生一起跑,大约跑800米,所以跑的时间不算多。跑操结束后,各个班级在原地停下,听班主任讲话。讲话很简短,是对班级中的学习与生活情况作点评,有表扬,也有提醒,并提出一些注意事项。他们称之为"微班会"。班主任讲完后,学生们三五个人一起,小声说着、笑着。我看到他们都伸出一只手来,大家碰在一起,喊了一声,然后分开,这有点像中国女排在球场上的动作。因为没有听清楚喊的是什么,我就拦住一个学生问他。他笑着说:"我们喊的是'加油'。"各个班解散的时间稍有先后,解散后学生到近旁的教学楼,进各自的教室早读。我接连走进了几个教室,学生各自在读着书,或在背着外语,也有个别学生走出教室,到走廊站着背的。6:30,学生开始吃早餐。从教室楼到饭堂很近,大概50米。饭堂的窗口一字排开,我隔着玻璃看了看,食品比较丰富,品种不少。我问陪同的崔广义主任:"窗口是对外承包的吗?"崔主任说:"不承包,学校自己管理,这样才能保证学生吃好,也吃得便宜和放心。"学生们排着队购早餐,队伍不长,他们显得很从容,吃饭的时候也很悠闲,与跑操的气氛形成鲜明的对比。我问一位正在用餐的女生:"你这顿早餐多少钱?"她看了看我说:"五元钱。""能吃饱吗?"我问。她大声说:"能吃饱。"见她手边还有个食品袋,里面也装有食品,我就问:"这袋多少钱?是准备课间休息时吃的吗?"她笑起来了,说:"不是的,是帮同学带的,她脚扭伤了。这份七块钱。"更多的同学开始走进饭堂,排队、点餐、刷卡,很熟练,有条不紊。排的队伍都很短,吃饭时也随意，没什么急迫紧张，留心看了一下，没有谁狼吞虎咽、草草用餐的。

走出餐厅，天已大亮。可以清晰地看到，迎面教室大楼的两侧，写有一副大字的对联："养天地正气，法古今完人。"这副对联意思很明白，是要培养天地间坚毅不屈的浩然正气，效法古今道德完美的圣贤仁人。这副对联，上联重在"养气"，下联重在"法人"。"养气"与"法人"，宗旨全在"成人"——成己而达人。学校教育的根本目的在立德树人，这副对联从传统文化的视角做了精辟的阐释，它对每位学生和教师都是善意的提醒，也包含着深刻的期待，让他们感受到人生的意义和肩负的责任。"正气"，语出文天祥《正气歌》——"天地有正气""于人曰浩然""时穷节乃见"，由此可追溯到孟子——"我善养吾浩然之气""其为气也，至大至刚"；"法人"者，效法先贤——文天祥的道德文章便是学校师生共同的楷模。"人生自古谁无死，留取丹心照汗青"，这种宁死不屈的爱国主义精神、临难不苟的大丈夫人格，激励着一代一代的中国人，凝聚成宝贵的民族精神。文天祥的慷慨就义，是以生命践行"法古今完人"。他临刑神色自若，留言曰："孔曰成仁，孟曰取义；惟其义尽，所以仁至。读圣贤书，所学何事！而今而后，庶几无愧！"读这样的留言，直让人荡气回肠——读书，不为做官，不为发财，只在取义成仁，成为志士仁人。跨进这座大楼，每一个人，无论教师与学生，天天所见，日日所思，潜移默化、感同身受。什么是素质教育？什么是核心素养？什么是立德树人？从这一副对联中，我们不都可以读出来、悟出来吗？

作为校长，选这副对联，秦海地显然寄托着他的期盼与理想。想当初，一所边缘的学校，一群有挫败感的孩子，无疑需要建树文化的自信，培养出不屈不挠的精神气质。今天的衡水二中，依然需要不忘初心。从中华传统文化中获取精神动力，从先贤身上看到人格的光辉，秦海地为衡水二中打上了生命的底色。马克思说，人们来到这个世界，没有带来镜子，都是从别人身上看到自己。"养天地正气，法古今完人"，于学生而言，是启蒙以达明道，明道以求福祉；于教师而言，是育天下之英才，造就民族之栋梁。"养正气"与"法完人"，终究需要转化为人生的历练。由此,我们可以体悟衡水二中的跑操,那呼啸前行的气势;可以理解衡水二中的教学,师生们的那种奋斗精神。孟子说:"天将降大任于是人也,必先苦其心志,劳其筋骨,饿其体肤,空乏其身,行拂乱其所为,所以动心忍性,曾益其所不能。"这一段人们所熟知的话,在衡水二中不是得到了很好的践行吗?"养正气"与"法完人",或许正是衡水二中腾飞的双翅。

将近7点,我打算回宾馆。旭日初升,晨曦中的校园,笼罩在一片特有的宁静温馨之中。王锦旭副校长伴我走向学校大门。这是一位秀外慧中的知识女性,一位优秀的语文老师,谦和而有书卷气。我第一次到衡水二中时,秦海地校长不在,是这位王校长做的学校介绍,介绍的时间虽然不长,但留下的印象很深刻。王校长在《衡水日报》发表过一篇文章,题目为《涵养儒雅师生,构建儒雅校园》,这儒雅之文,确也文如其人。衡水二中,既有"大江东去"的豪放,也有"杨柳岸,晓风残月"的婉约。文武之道,一张一弛。这是一所有生命节律的学校,也是一所有文化张力的学校。

02

校长与师道
尊德性而道问学

XIAOZHANG YU
SHIDAO

校长是学校的灵魂，有怎样的校长就有怎样
的学校。"师者，所以传道授业解惑也。"有怎
样的教师就有怎样的教育。校长是教师的表
率，更是师道的象征。师道者，"尊德性而道
问学"。德性是源，学问是流。校长应是道德
的楷模，也是问道求学的榜样。

校长的责任伦理

"人生而平等",但"平等"是指人格,而不是现实的处境。人生会有不同的机遇,不同的处境。面对既成的事实,不同的人会有不同的选择,因而也就会有不同的人生风景。秦海地奉调衡水二中出任校长,那时的二中作为市直管的一所高中学校,资历浅,生源差,高考成绩排名倒数第一。如何改变落后的状况,大概谁当校长都会有这样的想法。但后进总有后进的原因,不是痛下决心就能改变的。刚走马上任,秦海地就问老师们:"衡水市12所重点高中,我们一直倒数第一。能不能努力一下,我们挤到中间去?"老师们听了大多笑起来,感到很难。言外之意大概是,现有的基础这样薄弱,受制约的因素这样多,面对强手林立的兄弟学校,全市你追我赶的教育生态,还有那所名声鼎盛的衡水中学,且与衡水中学处在同一市区、近在咫尺,衡水二中凭什么能够赶上,能够反超呢?每一个人都不得不面对客观的现状,离开现实的处境来谈教育的理想,常常会不切实际或流于空想;仅凭古道热肠或浪漫情怀,不可能对问题做出确切的判断,也不太可能会有可行的解决方案。然而,正所谓有志者事竟成,自秦海地主政衡水二中,衡水二中年年有变化,年年有进步;高考排名,一级级台阶,拾级而上。三年后,面貌焕然一新,兄弟学校刮目相看。如今的衡水二中已享誉河北,走向全国。

作为一个奇迹,衡水二中的价值在哪里?作为奇迹的创造者,秦海地作为校长的意义在哪里?因为有衡水二中的示范,有秦海地作为校长的楷模,于是在衡水,在河北,在全国各地,开始出现不少衡水二中式的学校、秦海地式的校长。不少学校的教育质量大幅度提升,原本后进的学生脱颖而出,他们有了更为积极的人生体验,有了更多的发展选择。这样的学校和校长成就了一支优秀的教师队伍,不仅提升了他们的教学专业水平,而且成就了教师的自尊和职业自豪感。座谈会上,我问衡水二中的老师:"你们每天这样,5点到校,10点以后离开。日复一日,年复一年,你们不感到辛苦,不感到累吗?"他们大多只是憨厚地笑笑,几乎都说"习惯了"。"习惯了",只是简单的三个字,非常朴素的回答,却包含着高度的责任感,我为他们的真诚与自律深深感动。柏拉图说幸福是最高的善,人生的目的在于幸福的追求。著名教育家朱永新教授有一句名言:"过一种幸福完整的教育生活。"诚然,教育是一种生活,教育要回归生活,但这是一种幸福而完整的生活,教育过程便是享受这种生活的幸福。我对老师们说:"人都追求人生的幸福,但追求的是他所理解的幸福。尽管不同的人有不同的幸福观,但幸福理应包含德性与正确的价值观。"我认为,教师的人生幸福体验,首先来源于爱,爱教育,爱孩子。一个对世界和别人冷漠的人,他绝不会有幸福感。但这种爱必须转化为一种责任,在履行责任的行为中才能有幸福的体验。一个无所事事的人,一个没有任何成就感的人,同样不会有幸福感。一个有责任感的人,必然会对他人、对他所处的社会,有所感恩。一个自命不凡的人,总觉得社会和他人亏欠了他的人,怎么会有幸福感呢?在我的理解中,秦海地校长是幸福的,衡水二中的老师们是幸福的。人是一种有价值追求的社会动物,他可以承受各种各样的艰难困苦,但不能陷于无聊、空虚、无助和绝望。爱心—责任—感恩,我认为这是构成幸福的逻辑链条,因此评说衡水二中,评说秦海地校长,应该从这条逻辑链延伸开来。

随着市场经济的深入,"物化"逻辑的侵入,带来人际关系的异化。教育以立德树人为根本宗旨,该怎样应对当下这种"价值危机"和"信仰失落"呢?从衡水二中的崛起和秦海地校长身上,我看到一种马克斯·韦伯所提出的"责任伦理",这对于重建教育伦理、重塑师道尊严,对于澄清许多模糊的观念,具有十分重要的启示意义。

"责任伦理"是与"信念伦理"相对的一种价值立场。"信念伦理"认为,伦理价值的根据在于行动者的意图、动机和信念,只要意图、动机和信念是崇高的,那么，行动者有理由拒绝对行动的后果负责。与此不同，"责任伦理"则强调伦理价值的根据在于个人行动的后果，它要求行动者为自己的行动后果义无反顾地承担起责任。前者注重的是行动者主观的"善良意志"，后者注重的是行动后果的价值和意义。什么样的教育是合乎道德的教育，合乎道德的教育其伦理基础是什么？马克斯·韦伯从理论上划出了一条分界线。如张桂梅这样的校长，带着一身的病，耗尽所有的钱，费尽全部的心血，为创办免费女子高中，让一批批山沟沟的女孩走出大山，她燃烧着自己整个的生命。网上却有人对她冷嘲热讽，甚至义正词严地批判她。这些人自诩是"懂教育规律"、坚守"素质教育"的。女子高中的作息、张桂梅的某些言行，他们认为不合"规范"，不合"规律"，而这"规范"与"规律"是他们心目中的神圣信条。至于这些女孩世世代代走不出大山，十四五岁就嫁人生子，无数这样的家庭，无穷的轮回，他们对此熟视无睹，没有任何的同情和怜悯。他们所关心的只是所谓理论的纯洁，很有点"存天理，灭人欲"的意味。同样，批评衡水二中的一干所谓专家，大体也是这种逻辑。秦海地既然担任了衡水二中的校长，就有理想也有责任要把这所学校办好。面对社会的期望，面对无数家庭的期盼，面对自己学生的未来，作为校长的秦海地，不仅要有"善良意志"，更重要的是要有"责任伦理"。

评判学校教育的高质量，重要的标准是升学率，根本的宗旨在立德树人。高质量、升学率、立德树人三者并不矛盾，而是相辅相成的。"信念伦理"并非不负责任，"责任伦理"不等于没有理想，但二者在思想前提上有着重大区别。当前的社会和当下的学校教育，尤要注重责任心的培养，应大力倡导"责任伦理"。像衡水二中这样办教育，像秦海地这样当校长，正是我们的民族与时代所需要的，也是人民群众满意和放心的。

校长的个人魅力

衡水二中是个奇迹,这奇迹是如何造就的呢? 秦海地校长是个谜,他如何能创造这一奇迹? 法国哲学家笛卡尔说:"我思故我在。"主政衡水二中18年,秦海地有怎样的心路历程? 在观念的碰撞和人际的磨合中,闪出怎样的思想光芒? 读秦海地《思绪的痕迹:一位中学校长的管理心语》一书,我们可以走近秦海地,领略他的精神世界。《思绪的痕迹:一位中学校长的管理心语》是秦海地学校管理思想的结晶,字数并不太多,但有思想的深度,有炽热的情感,有自然流畅的文采。

《思绪的痕迹:一位中学校长的管理心语》首篇谈的是"魅力"。诚然,校长要有个人魅力,才能众望所归、令行禁止。秦海地认为,"校长的魅力可以凝聚人心",是"学校快速发展的动力之源"。哈佛大学人类学家查尔斯·林德霍姆曾经这样写道,魅力无论在哪种情况下,都涉及了"一种难以名状的强有力的感情纽带"。他说,魅力作为个人内在固有的东西,在你与他人交往的过程中才显露出来。因此,"魅力首先是一种关系"。林德霍姆接着说:"在这种关系中,领导者和追随者的内在自我,是那样紧紧地相互交织在了一起。"

陶行知先生说,当校长,管理一所学校,是一件大事,决不能把大事做小。然而,校长之所以能成大事,在于能卓然建立起一种联系。换言之,所谓的领导,就是建立能量反馈圈的过程。当校长与教师接触时,能量就发生双向交流,即所谓心心相印。这是一种强有力的双向互动,教师的工作热情会极大地激发起来,创造能量会源源不断地蓄积起来。无论领导者还是追随者、校长或教师,都会感到彼此的悦纳。全校师生紧密团结如一人,就能攻坚克难,义无反顾,齐心协力,勇往直前。毋庸讳言,如日中天的校长威望,是秦海地得心应手治理学校的先决条件,也是衡水二中奇迹创造的决定性因素。校长需要有权威,这权威不仅仅是行政权力,更重要的是个人威望,这是校长魅力的核心要素。

然而,校长魅力是从何而来的呢? 秦海地深有体会地说:"作为校长,需要以自己的人格魅力去影响师生、感染师生。唯有如此,校长的思想才会有辐射力,其道德才会有感召力,其威信才会有穿透力。""辐射力""感召力""穿透力",这一组排比句完整定义了什么是魅力,也从"思想""道德""威信"三个维度概括了校长魅力的内涵,这也是衡水二中的核心竞争力。因而,衡水二中能正气弘扬、三风优良,与时俱进地打造出全国名校。"德之不修,行之不远,"秦海地由衷地说,"当校长十几年来,我深知自己任重道远,为了'不辱使命',我十分注重'修炼'自己的人格魅力,努力让自己做一名有魅力的校长。"

校长是学校的灵魂,校长的人格,决定学校的品格。魅力来自人格,人格是做人的准则,包含独立的意志或志向以及体现人之所以为人的尊严。孔子说:"三军可夺帅也,匹夫不可夺志也。"这句话的意思是:你可以在作战中俘获敌军的主帅,但人的志向是无法夺取的。何晏在《论语集解》引孔安国语:"三军虽众,人心不一,则其将帅可夺而取之;匹夫虽微,苟守其志,不可得而夺也。"孟子说"富贵不能淫,贫贱不能移,威武不能屈",这说的也是人格的尊严。校长有人格的尊严,才能赢得师生的尊重,进而影响并感召着师生人格的形成。

"教育应成为一种精神信仰,一种毕生追求。"这句话是秦海地的自律,也是他作为校长的自我期许。的确,挚爱教育、痴迷教育、醉心教育、献身教育,这是秦海地作为校长的真实写照,也是他主政衡水二中18年的教育人生的全部。教育从爱发端,没有爱就没有教育。秦海地说:"教育是一种事业,教育者要从内心深处挚爱这项事业。只有这种挚爱,才能让我们成为真正的教育者。也只有这种挚爱,才能让我们为教育倾心付出。"爱教育,爱师生,爱学校,这是发自心底的道德情感。校长首先要有教育思想,有对教育的充分认知,有个性化的理论思考。秦海地深深地认识到,校长的办学思想、敬业精神会潜移默化地影响到老师们。但教育是道德的事业，如果没有道德情感的参与，校长就不能形成自己的教育理想，就不能感召教师，引领教师。道德情感以道德认知为基础，没有道德认知就没有道德情感，而道德情感的形成又能提高道德认知程度和水平。道德情感一经形成，就会形成一种强大而稳定的内驱力，推动和激励校长带领教师为教育事业而奋斗。衡水二中的发展伴随着秦海地的道德升华，也伴随着教师群体道德的提升。

教育是一种责任，是一种使命，更是一种情怀。秦海地充满激情地说："教育是阳光，播撒光明；教育是清泉，洗却污垢；教育是春风，涤荡心胸。"这诗化的言语、诗意的表达，是激情的表白、由衷的倾诉。"情动于衷而形于言"，十多年的校长生涯，十多年的创业艰辛，秦海地设身处地体会到教育的不易、教师的使命与辛苦。他说："教育是一份清苦的差事，是一份留有遗憾的艺术，有时甚至是精神的涅槃。"他清醒地看到，教育之途的心血与汗水、思考与寂寞，也难免有彷徨与困惑、躁动与浮躁。正唯如此，他时刻提醒自己和二中团队，"把教育当成一种虔诚的信仰，要矢志不渝地去经营，要用心在教育的世界里不知疲倦地行走"。秦海地号召二中人"修养教育情怀，缔造教育神话"。

通过十多年的不懈努力，今天的衡水二中"成了一处由一群教育圣徒坚守屹立的殿堂圣地"。秦海地自豪地说："这是一个由一群教育圣徒传道授业的精神家园，一座由一群教育圣徒支撑耸起的高山巨峰。"这是一种坚韧的道德意志："既然选择了远方，就只顾风雨兼程"，始终朝着教育的理想目标执着前行；"咬定青山不放松，立根原在破岩中"，虔诚地担起自己的使命，顽强拼搏，奋力进取。这种道德毅力奠基于道德信念，是对教育的道德价值和道德理想的坚定确信，坚信它的崇高、伟大和圣洁，从而成为人生价值选择的坚定坐标。换句话说，这是教师群体对自己道德行为准则的确信，是对校长教育思想正确性的认同，也是对校长人格正义性的深刻而有根据的笃信，以及由此而产生的对履行道德义务的强烈责任感。

其身正，其情感人

任何一所学校，如果说教师是学生的榜样，那么校长则是师生的榜样。作为校长，既拥有学校的最高权力，也承担着学校的最大责任，同时意味着必须作为道德的楷模。"其身正，不令而行；其身不正，虽令不从。"对此，秦海地有着高度的警觉，也有着充分的自觉。他说："校长的威信不在于其权力大小，而在于其是否能做到率先垂范，以身作则。"校长诚然有一定的权力，这是上级部门赋予的。这些权力建树了校长的"威"，是有效管理的制度性保证。但校长要管好一所学校，更为重要的是能得人心，所谓取信于民。校长不仅要有"威"，更要有"信"——教师和学生由衷地信任、信服和拥戴。学高为师，身正为范。校长的风范与人格魅力，不是来源于权力，而是来源于自身修养。"正人必先正己，己不正焉能正人？"校长堂堂正正、坦坦荡荡，学校自然风清气正。校长之管理学校，不仅仅是"管"，更在"教"和"导"。管理也是一种教育，一种教化。校长以自身形象和修养，做全校师生的表率，行不言之教，如春风化雨，润物无声。

"俯下身子"并身先士卒，这是秦海地时时提醒自己的——校长必须处处起到模范带头作用。决不能颐指气使、高高在上，这是秦海地不断告诫自己的——校长要勇于承担责任，和教师们同甘共苦。秦海地说："我给自己定下规矩：要求别人做到的，自己首先做好；要求别人不能做的，自己坚决不做；要求教师敬业，自己首先要做到勤政；要求教师廉洁从教，自己首先要做到廉洁从政；要求教师加强学习，自己要带头学习；要求教师尊重学生，自己首先要尊重教师。"这一番话语很质朴，也很实在，一条一条没有半点含糊。所谓察其言而观其行，一个好校长，不在说得怎么样，而在做得怎么样。"敬业""勤勉""学习""廉洁""尊重"，这每一点都是重要的，无论于学校还是校长或教师。爱岗敬业是教师最为基本的职责，也是校长最为重要的使命。"敬业"必然要求"勤勉"，"一勤天下无难事"。"教学相长"这是为师之道；"为己之学"而非"为人之学"，校长理应成为教师和学生的榜样。"廉洁"是对自身的要求，"公生明，廉生威"；"尊重"是对别人的态度，也是人际交往的基本原则。秦海地威信的建树、人格魅力的形成，很大程度上在身体力行，在言行一致、率先垂范。

高中教师很辛苦，老师们超常付出、自觉忘我工作，衡水二中是怎么做到的呢？秦海地说："十几年来，无论风霜雨雪，晨光熹微中，我一直坚持第一个到校，迎接辛苦的老师们。时间长了，我用切实行动让老师们由衷地感到校长与大家一样付出，老师们心理平衡了，工作动力足了，学校的各项工作也容易开展了。"这意味着校长更辛苦，更多付出，更忘我。秦海地说："德在人前，必受人尊；利在人后，必有人敬。"学会自律，摆好位置，做好师生员工的"贴心人"，当好学校发展的"引路者"，这是秦海地18年校长生涯的职业自觉。

美国教育家杜威说："学校就是社会，教育就是生活。"学校是一个集体，是一群人共同生活的集体，而人是一切社会关系的总和。学校如何形成和谐的氛围，怎样成为一个团结的集体，做到既有统一意志，又人人心情舒畅？这或许是校长最为关心的，也是最为期待的。"人心齐，泰山移""上下同心，其利断金"，学校不仅是一个组织共同体，更应该是一个价值共同体和情感共同体。只有形成价值共同体，教师群体才有共同的目标和愿景；只有形成情感共同体，教师群体才能成为意气风发的战斗集体。因此，"为政之本，莫若得人""感人心者，莫先乎情"。秦海地说："作为一名校长，必须在日常管理中建立一个美好的情感平台，将心比心，多一些情感投入，多一些理解尊重，少一些行使权力的威严。"他经常与教职工进行沟通和交流，时刻不忘关注他们内心的酸甜苦辣，发自内心地体贴教师，用拳拳热忱关心教师。

2017年5月，崔广义主任的母亲去世，他凌晨向秦海地校长告假。早晨7点多一点，崔广义听到院子里有人叫他，走出来一看，他不觉呆在那里了。"是秦校长，秦校长赶过来了。"崔广义告诉我。回想起当时的情境，崔广义的眼睛里噙满了泪水。秦海地是搁下电话就赶过去的，从衡水到崔广义家所在的乡村，距离近100公里，一路上都是坑坑洼洼的土路。所以，他是一路的颠颠簸簸、风尘仆仆。秦校长一到，就握着崔广义的手，劝慰他，安抚他的情绪，里里外外帮助他张罗起来。崔广义前几年父亲去世，现在又是母亲去世，且父母亲去世时年事都不高。"子欲养而亲不待"，这份难过，这种孤独，伴随而来的忙乱和无助，向谁诉说、谁来援手呢？秦校长大清早赶到，突然出现在眼前，崔广义怎能不意外，不激动，不终生铭记呢？秦海地说："我尽可能多地给予教师事业上的鼓励，给予他们生活上的呵护，给予他们心灵上的温暖，使他们在很短的时间里就能融入二中这个大家庭，享受家庭的温馨与幸福。"他是这样说的，也是这样做的。想教师之所想，急教师之所急，不是一种领导方式，而是发自内心的善良，是由衷的关怀，一种设身处地的恻隐之心。

李俊岩是学校副校长，李校长有一次遭遇车祸，受伤比较严重，住院了很长时间。秦海地几乎每天都过问，经常带同事们去看望，让她安心接受治疗和康复训练。秦海地的社会交往很少，他全部心思都在学校，在教师与学生身上。尽管衡水二中名气很大，秦海地声望很高，但他不大与人打交道，更不肯为自己的事麻烦别人。但为了李校长的治疗和康复，秦海地一次次找院长，找主任医生，让他们精心治疗，唯恐有所疏忽与闪失。秦海地自己因病去医院，从不惊动院长，更不找医生打招呼。关心别人比关心自己更重，这样的故事有很多。秦海地威信之所以建立，魅力之所以感人，这大概也是重要原因。秦海地说："'海不择细流，故能成其大；山不拒细壤，方能就其高。'热忱源于尊重，尊重与关爱可以给人巨大的精神鼓励，激发责任感，增强向心力。我对教师的尊重与关爱转变为教师的巨大精神动力，强劲推动二中实现跨越发展。"倾听尊重，以情感人，将心比心，以心换心。换来了温暖，换来了信任，换来了团结，换来了力量，换出了干劲，换出了衡水二中奇迹的创造。

心底无私天地宽

"吏不畏吾严，而畏吾廉；民不服吾能，而服吾公。公则民不敢慢，廉则吏不敢欺。公生明，廉生威。"在陕西西安碑林博物馆中，有这样的36字官箴碑，至今仍对为官者产生影响。现代社会，为"官"者是人民的公仆，与旧社会对立的官民关系不同。校长不是官，但既握有一定的权力，就要有"公"与"廉"的自觉和自律。对此，秦海地校长有着清醒的认识，他说："学校应是一方心灵净土，一处精神特区。"学校是育人的处所、人德性发育的源头，无疑应是净土，是圣地。教育倘若苟且，学校如无正气，便是精神源头的污染，整个社会就很难建树起美序良俗。《学记》曰"建国君民，教学为先"，是指教育担负着化民成俗的重任，是民族和国家的根基之所在。校长事实上是教育的象征，学校精神的人格化，校长的言行举止牵动着每个教师的心，营造着学校的精神风尚。公平公正是校长施行学校管理的人格前提，秦海地认为，衡水二中之所以有凝聚力，关键在于满足了教师的公平感；管理工作的透明度，造就了学校风清气正的良好氛围。

"不患寡而患不均"，这是一种普遍的人性，校长必须积极回应这种公平诉求，但又要与平均主义划清界限。秦海地说："毋庸讳言，一个学校的招生招聘、评优评模、干部任免等工作，在很大程度上体现出一个校长公平公正办学的勇气与魄力。"校长的公平与公正，必须落实在具体的管理实践中，在现实背景下，难也就难在切切实实地落到实处。中国有长期的人情社会的传统，凡事都照章办理、秉公处置，校长常常会面临很大的压力。诸如学校招聘教师，这就是非常敏感的事情。教师的聘任，关乎学校的制度执行，关乎学校的师资水平，关乎学校的发展，也关乎学校的风气，秦海地斩钉截铁地说："在聘任教师这项工作上一定要做到公平、公正，招聘程序要严密有序，不得出现丝毫差错。"衡水二中经过层层选拔，摒除了外界干扰，顶住了种种压力，真正选拔出了优秀人才。在衡水二中，很多大学生刚刚毕业走上工作岗位就可以担任班主任工作，工作三年就可以带高三毕业班并取得优异成绩，有些大学生毕业后工作几年就能走上领导岗位。秦海地说："所有这些缘于我校坚持的公平招聘原则，确保了人才质量。"

衡水二中的评优评模、干部任免、招生等各项工作，同样如此。没有人为因素，没有人情偏颇，没有暗箱操作，没有远近亲疏，没有厚此薄彼。秦海地说："在我们学校，制度面前人人平等，制度高于一切、高于人情、高于权力。"为此，他难免得罪了一些人，但学校要生存、要发展，就必须树正气。秦海地说："作为一校之长，必须毫不动摇地捍卫学校的正气，容不得我计较个人得失。只有这样，我们的学校才有战斗力，我们的发展才有驱动力。"

孔子曾经说过"刚毅木讷，近仁"，意思是接近仁的精神境界的，是刚强、坚毅、质朴、慎言这些人格品质；又说"仁者先难而后获"，意思是有仁德的人吃苦在前，为难在先，但你如果能坚持原则、不懈努力，那么最终能为别人所理解，受到认同与夸奖，收获成功的果实。衡水二中是带有鲜明中华传统文化印记的学校，秦海地明显有着修身成仁的自觉——无论他的言行或个人理想。孔子把各种美德——大到守礼，小到言谈举止的得体，都称之为仁，认为这些美德都是一个君子所应当具备的，或者是应当努力追求的。他说："君子义以为质，礼以行之，孙以出之，信以成之。君子哉！"这句话意思是：君子做人应当以道义为自己的原则，按照礼节去实行它，用谦虚的言语去表达它，以诚信的态度去完成它。同时，君子还要做到"当仁，不让于师"，即遇到应该做的符合仁义道德规范的事情，就必须主动去做，坚持去做。这样做难免会有人误解，甚至得罪一些亲友和师长，但作为校长决不能破坏公平公正的原则。中华传统文化中的"当仁不让"、中国共产党人的"立党为公"，这些品质在秦海地身上体现得很明显，也比较彻底，知行合一地贯穿在学校管理的各个环节。

公平公正是一种巨大的精神力量,衡水二中连续十多年的跨越式发展,充分证明了这一点。在《〈黑格尔法哲学批判〉导言》中,马克思提出:"理论只要说服人,就能掌握群众;而理论只要彻底,就能说服人。"这里的"说服",应该既有言传,也有身教,有以身作则、率先垂范的自觉;这里所说的"彻底",不仅指理论上的自洽,而且指实践中的一丝不苟、持之以恒。教职工的心里都有一杆秤。秦海地说:"如果领导的心里真能装着学校的发展和职工的利益,职工自然会以实际行动来回报领导的苦心和好意,这必将成为一种良性互动,形成风清气正的工作氛围,化成一种难得的'资源'优势,大力促进二中的进一步发展。"有怎样的校长,就能带出怎样的教师队伍。优秀的校长、优秀的教师群体,构成学校良好的教育生态,也促进教师个人的脱颖而出。

校长的人格境界

　　秦海地有魅力，但不以言谈著称。言必信、行必果，率先垂范、一丝不苟，这些是他的特点，也是他的魅力所在。现代社会，能说会道是很大的优点，易获得人们的信任和拥戴。社会学家歇米尔斯说："那些具有演说才能的人在公众心中获得了近乎绝对的优越地位，大众欣赏的首先是演讲者的口才，诸如声音悦耳动听、铿锵有力、才思敏捷而且风趣幽默。"不同的校长有不同的风格，或许与地域文化也有关联，"白马秋风塞上，杏花春雨江南"，秦海地有其厚重与实在的风格。"有什么样的校长，就有什么样的学校。"他牢牢记住这句话，时时提醒自己，鞭策自己，不敢有丝毫懈怠。秦海地说："作为学校的领头人，我时时提醒自己，政府把这么大的学校交给我，学校的发展、师生的成长系于一身，我要担起这副沉甸甸的担子，不能辜负领导的信任，必须竭尽所能，让我们的学校造福一方百姓，让我们的学校成为师生成长的乐园、温馨的港湾、精神的依靠。"这些话很朴素，也很真诚，所谓文如其人，近20年的校长生涯，他是这样说的，也是这样做的。高中教育是基础教育的最高阶段，高中学校的办学理念维系着青春生命的精神发育，一所学校的兴衰成败决定着数以万计学生的命运，牵动着无数家庭的期盼与喜怒哀乐。这是毋庸置疑的现实，而这一切，首先取决于校长的精神境界——教育理想、办学目标以及付出怎样的心血。

　　每个人都在既定的历史下创造历史。在夹缝中求生存、谋发展，是衡水二中不得不面对的现实。但人生的意义、校长的价值，不是于托词中寻找苟且的理由，而在能否于进取中创造一个崭新的世界，能否成就一所高品质的学校，让莘莘学子得到更好的发展、人生之途有更多的选择，从而实现不同的梦想。2004年12

月4日，秦海地到衡水二中任校长，开始这所学校的"二次创业"，他志在交给学生和家长一张满意的答卷。没有文化的积淀，没有现代化的设施，甚至没有固定的生源，处于衡水地区高中名校林立的夹缝中，秦海地说："我们开始了艰难而又充实的跋涉。"跋涉，朝着怎样的目标？创业，有怎样的办学定位？秦海地的核心理念有四点：其一，不迷信生源。相信每个学生都能成才，让每个学生都受到公平而优质的教育，也让不同的孩子得到不同的发展，坚持"原生态教育"的理念。其二，打造品牌。力争"低进优出"，把"平凡的孩子接进来，杰出的人才送出去"；事在人为，创造高考奇迹，让更多的孩子进入理想的学府。其三，课程改革。设置丰富多彩的课程，组建各种学生社团，满足学生的不同需求，促进学生的全面发展；革新课堂教学，提高教育质量，减轻学生负担，增进学生的幸福感和自信心。其四，精神立校。学校以立德树人为宗旨，既要让学生有出色的高考成绩，更要让学生有人之为人的精神品质；学校教育不仅要关注高分，更要关注高分后面的精神支撑——学生的身心健康与人格素养。近20年的砥砺前行，不事张扬，踏实奋进，铸就了衡水二中的文化个性——"一切皆有可能""超越永无止境"。这两句话已深深植入衡水二中每个人的内心深处，成为一种文化自觉和强大的精神动力。以文化人、以文育人，这一校园文化浸润着师生的心灵，成就了衡水二中神话般的奇迹。秦海地说："二中得到了长足的发展，我的个人修养也在锻炼中得到提升。二中依然在前行，二中每天都在发生着新的变化，每天都演绎着新的精彩。"

没有什么夸饰之词，更没有什么名言警句，但这些由衷的话语显示了一位校长朴实的风格，学校的业绩与群众的口碑见证了一位校长的境界。这是一种什么样的境界？秦海地说："有一种境界，叫风雨同舟：每一所学校在发展的过程中都会遇到很多意想不到的困难，但是令人感动的是，每当二中发展遇到困难时，不用谁来动员，大家都能在第一时间聚到一起，共同分担风险，共同面对困难，最终走出低谷。面对挑战，我们不是一个人在战斗，我们有共同的信念在支撑。"衡水二中不仅是一个组织共同体，更是一个价值共同体以及命运共同体。校长与老师心心相印、息息相通、荣辱与共。这种理想教育生态的造就，关键在于校长，取决于校长的精神境界。孔子说："君子不重则不威，学则不固；主忠信，无友不如己者。"这句话的意思是：君子如果不稳重，就没有威严或威信可言；只有勤学好学，才不会固陋浅薄；只要注重忠信，朋友也会向你看齐，积极向上。或许正是秦海地的自重而不苟且、好学而不懈怠、忠信而不游移，形成了巨大的人格感召力，使衡水二中成为人心凝聚、团结奋斗、攻坚克难的战斗集体。

著名作家老舍说，什么是朋友？朋友是能够托付事情的人。秦海地说："有一种境界，叫托付终身：当众多的家长把孩子送到我们面前时，那份信任和托付让我倍感责任重大，三年时间，我们还给了家长一个值得信赖的'美丽结局'。"高中阶段无疑是特别重要的人生阶段。由童年而成人，由中学而大学，高中教育给每个学生打上生命的底色，扣好人生的第一粒扣子。接受什么样的高中教育，在相当程度上决定学生有什么样的未来。秦海地不无自豪地说："二中三年，成就一生。我们把'平凡的孩子接进来，杰出的人才送出去'，二中成了孩子成长的乐园、成才的摇篮，二中学子在这里实现了华美的转身。"学生在这里不仅受到最好的教学，而且受到的是最好的教育，因而是"实现了华美的转身"——由"平凡"而"杰出"，既有高分，更有高素质；既有思想的成长，又有情感的愉悦。三年的高中教育为学生的终身发展奠基。人民群众的信任和口碑，这是一所学校成功的最好的证明。孔子说"君子成人之美，不成人之恶"，于秦海地而言，是要成就学生和家长的美好愿望；孔子又说，君子应当"不器"，即不仅仅局限于某一专长，于学生而言，是成就他们的全面发展，这在衡水二中事实上得到了很理想的实现。

校长的境界是一种胸怀，也是一种格局。秦海地说："境界里面有生产力，境界里面也有领导力。同担重任，精神相依，二中人因此而凝聚，二中人因此而幸福。"现在的衡水二中可谓名满天下，但多数人聚焦于学校的高考奇迹，容易忽视这所学校优良的精神文化，因而会有一些误解和苛求。这就是所谓的"木秀于林风必摧之，行高于人众必非之"。更多的是，很多教育界的同人，不远万里来到二中参观交流，他们在留言簿上称许学校的环境幽雅，风清气正，发展的势头正劲。秦海地说："虽说不乏溢美之词，但至少让我们看到了一点希望。不敢说自己的学校多出色，更不敢说自己多有作为，只是时刻告诫自己，一名校长必须让学校发展，让教育的恩泽惠及更多的家庭，让师生有更大的提升，也唯有如此，校长才可以'忙碌一天，得一夕安寝'。"苏霍姆林斯基说："教育是人与人心灵上最微妙的相互接触。"校长的人格魅力、思想境界是精神的旗帜，永远飘扬在师生们的心头。秦海地以自身的风范和影响带动全体教职工，彼此之间产生情感的共鸣，奏响了学校工作最为美妙动听的乐章。

校长的思想深度

德国古典理性主义哲学创始人康德在《论教育》中说过这样两句话："人只有通过教育才能成为人。""人只有通过人，通过同样是受过教育的人，才能被教育。"这里大体上包含两层意思：第一，教育乃是人之所以成为人，并区别于其他的最为根本的要素。换言之，教育的功能在培育人性，人性并不是天然生长起来的，而是通过教育培育起来的。第二，任何教育都是人的教育，都由人来执行，教育是依靠"人"来塑造"人"的过程。因此，教育者必先受教育，校长尤要成为教育的楷模；而教育的秘密，正在于"已完成的人"与"将完成的人"之间所发生的联系。

康德提出了关于教育的两个基本问题：人的自然构成和人的社会构成。对上述两个问题所持看法的不同，会形成不同的教育观念。人们的社会存在决定人们的意识，一定的教育观念是相应教育实践的产物，也是教育实践与社会生活中思想的结晶。德国哲学家黑格尔曾说"人是靠思想活着的"。秦海地说："同样，教育也需要靠思想活着。"他认为，在这个分享教育家智慧、呼唤教育家办学的时代，作为学校管理者，要想办好学校，就得有教育家的追求。有教育家的追求，首先要用心于教育，追求高远，潜心研究，做一个有思想的校长。

毛泽东同志曾经说过："人的正确思想是从哪里来的？是从天上掉下来的吗？不是。是自己头脑里固有的吗？不是。人的正确思想，只能从社会实践中来……"人的思想形成有一个从实践到认识不断飞跃的过程，也是一个不断从感性认识到理性认识的飞跃过程。"感觉到了的东西，我们不能立刻理解它；只有理解了的东西，才能更深刻地感觉它。"优秀校长一定是具有教育思想的校长，对于教育和学校管理有自己的教育理念。在教育实践和学校管理中,有理性的思考和理论性的把握,这样的校长才能避免盲目性,增加自觉性;才能有高瞻远瞩的教育视野,能行之有效地管理好一所学校,成就不平凡的教育业绩。

教育思想是指什么? 有思想的校长有哪些特征? 秦海地认同这样的说法——"有思想的校长具有三个思想维度,即理念维度、精神维度和智慧维度。具体地说,一个有思想的校长,必然拥有令人信服的教育思想和教育理念,具有令人折服的教育精神,具有令人叹服的教育智慧"。"理念""精神""智慧",秦海地从这三个维度理解和把握"教育思想",也从这三个方面丰富和发展自己的教育思想。"在其位,谋其政。"秦海地说:"在十几年的校长生涯里,我'思'教育的本真,'想'学校的发展,不断实践、探索,不断学习、思考,力争做一个有思想的人。做一名有思想的校长,成为我孜孜以求的奋斗目标。"

作为教育思想之"一维",秦海地是怎样不断提炼自己的教育理念的呢? 他认为,教育需要有点"浪漫",即有理想,有激情,甚至有梦想;不能功利化、物质化,教育气氛不能沉闷。因为学校是生命舒张之所在、精神发育之园地,这里应该有青春的张扬和梦想的放飞,有探索的忘情和发现的惊喜,有审美的陶冶与成长的愉悦……但校长又必须很务实。他说:"我们的工作需要实实在在,来不得半点浮华。教育,是以爱为基础的事业,我们的'原生态教育'理念就是让教育归于本真。""原生态教育",在我的理解中,这首先是生命化的教育、生命成长的教育,也是面向教育实际、优化受教育群体的教育,是构成动态发展的教育系统。回到康德《论教育》的语境里,教育不仅是在"教"与"学"之间所结成的一种人际纽带,而且,教育必是当下发生的,同时属于生活实践的范畴。教育使人成为人,乃是一个社会习得的过程,是人的社会化过程。康德揭示的教育的两个基本问题,秦海地将它转化为"原生态教育"——教育就是生长,或生活就是教育,应相信和善待每个学生;促进并优化学生的社会化进程,让每一个学生都得到更好的发展——在个性化的成长中体现社会化。

教育家怀德海把教育过程表达为浪漫、精确和综合三个阶段，秦海地将教育发展定位于"一体两面"——浪漫与现实。他说："教育需要理想，校长更需要理想。理想是'天'，是目标，是方向；现实是'地'，是基石，是根本。"他认为，没有理想，片面追求高考升学率，那是教育的功利主义；空有理想，没有高考升学率，那是教育的"乌托邦"。在人类所有的事业中，教育是最富有理想的事业，因而捷克教育家夸美纽斯说："教育是太阳底下最光辉的职业。"没有理想就没有生命的丰盈，没有理想就不会有教育的未来，当然也就不会有人类社会更为美好的明天。然而，教育又是最务实的事业，"谦虚谨慎，戒骄戒躁"，是校长应有的思想品质。生命只有一次，成长不可重复，学生不是实验的对象。校长诚然可以浪漫，但教育决策不能有浪漫主义的冲动，不能好高骛远、脱离实际。秦海地深有体会地说："校长既要胸怀远大的教育理想，又要脚踏实地，把自己的教育理想实实在在地播撒在点点滴滴的日常工作中。"

陶行知先生说："千教万教教人求真，千学万学学做真人。"《文心雕龙》中也说："贲象穷白，贵乎反本。"秦海地认为，教育最为重要的是返璞归真。他说："面对各种浮华和喧嚣，教育必须坚守它的实在；教育绝不能摆花架子、做表面文章。"他以柏拉图的故事来说明理想和现实的关系——古希腊伟大的哲学家柏拉图曾经说过："如果你有两块面包，你当用其中一块去换一朵水仙花。"秦海地认为，用"面包"去换"水仙花"，这是物质和精神的双重满足。但前提是你得有两块"面包"；实现精神上的补给，必须先满足物质上的基本需求。我们必须先给学生"面包"，再给学生"水仙花"。恩格斯说到，人们首先要有衣食住行，然后才能有繁茂复杂的意识形态。马克思也曾说，一个饥肠辘辘的穷人，不可能有欣赏自然风光的兴致。秦海地说："人文不是一句空话，教育最该落到实处。社会的要求很实际，要让学生健康地成长；家长的愿望很朴素，要让孩子拥有美好的未来。"社会的需要和家长的期盼，决定着校长的职业定位。让学生茁壮成长，给孩子一个美好的前途，这是教育者的一份沉甸甸的责任。

教育是属于明天的事业,既给予学生当下的幸福,更为学生的终身发展奠基。秦海地清醒地认识到:教育,是以爱为基础的事业,是用生命影响生命的事业,是培育人、发展人、成就人的事业,是传承文明、延续希望的事业。他说:"基于以上思考,我在二中确立'为学生的终身发展奠基'的办学思想。我们不会单纯把办学目标锁定在升学考试上,而是着眼于学生未来的可持续发展。"走进衡水二中,与任何一位教师交谈,他们都会由衷地告诉你:"我们在一心营造优质的教育环境,努力满足家长和社会的期盼。"兑现把"平凡的孩子接进来,杰出的人才送出去"的办学承诺;满足学生未来发展的需求,让学生在二中"学习三年,成就一生"。这是衡水二中办学的两个基本点,已经成为全校教师的共同理想和自觉追求。灿烂的精神之花,结出了丰硕的人生之果,收获师生共同成长的幸福。

不同的土壤适合不同的作物,不同的教育土壤适合不同的教育模式。秦海地说:"在教育教学工作中,我一直在思索,面对学校生源较差的实际,我们要以怎样的理念来指导教育教学行为? 我们不可能照搬别人现成的东西,我们所处的教育环境(生源、师资、学校发展目标、地方教育政策的要求)与别人不同,我们要拥有自己的教育理念,创立自己的教育模式。"通过近二十年的教学实践与探索,秦海地结合自己对教育的研究与思考,与衡水二中教师团队一起,创造出了一种适合二中本土的教育理念,也探索出一套行之有效的教育方式,以及行之有效的管理制度与策略。这主要是"原生态教育"理念,相信每个孩子都能成才,佐助每个学生实现最优化的发展。学校以"青蓝工程"促进教师个性成长,为他们搭建事业成功的舞台;以活力课堂打造激发学生兴趣,锻炼学生学习能力,提升学生综合素质;以"励志+养成"双优德育模式,培养学生良好习惯,助其形成优秀品格……

法国社会学家涂尔干说:所谓教育,就是为孩子们提供"对待生活的各种可能的终极态度"。这里的关键在于,教育并不是原原本本地为孩子们复制社会生活,并不是把原本的社会世界作为模板,加印在每个孩子的身上,相反,教育的最终目的,是为孩子们提供面对这个世界的"各种可能"的"终极态度"。秦海地及衡水二中所做的种种努力,他们竭诚的奉献和扎实的教育研究,使我们看到了教育的一种应然状态,看到了高中教育理想与现实完美结合的一种范式。没有爱就没有教育,没有研究就没有进步,没有全身心的投入就不可能有创造性的突破,支撑起衡水二中神话般教育奇迹的,是先进的教育思想和倾情的教育奉献。

校长的精神高度

　　教育是人类文明的传承与创生的园地,也是人格的教化与养成的园地,因而是每个人放飞梦想的"摇篮"。故此,学校应该成为精神的特区,校长要有文化的自觉和精神的境界。秦海地说:"精神的力量是无穷的,校长需要强劲的精神支撑。为做一名合格的校长,我努力让自己具备超越精神、敬业精神、创新精神、执着精神。"他认为,校长首先要有超越精神,而人与动物最大的差别就是人可以用精神去支撑行动,从而不断地超越自我,创造超越的奇迹。文化的传承和创新,决定人类不仅生活于自然世界之中,而且生活于自己所创造的文化世界和意义世界之中。人作为自然存在物,同其他生物一样生存于自然世界,人作为超越自然的存在,生活于自己所创造的文化世界。人生就意味着不断地超越,然而并不意味着每个人都有超越的自觉。

　　秦海地说:"作为校长,为了'不辱使命',我时刻告诫自己,要超越自我、超越现实,要不停地超越、'无止境'地超越。"将"超越"作为人生的使命,作为校长的职责。"不停"与"无止境",凸显秦海地的文化自觉与精神自律。文化的传承与创新构成的人的精神家园,给予人以人生的信念和生活的目标,给予人价值的选择和审美的愉悦,也给予人行为的根据和实践的能力。学校是校长、教师和学生共同的精神家园,这一精神家园的建设过程,处处体现校长思想的引领,也是校长以实践的智慧丰富和发展自身的过程。教学相长这一原则,不仅适用于教师与学生,也适用于校长与广大师生。秦海地以自身的超越精神,引领着学校的发展,激励着教师群体的积极向上以及每个学生的自我成长。

　　秦海地说:"当校长的十几年,也是我不断超越自己的十几年。完善自己的性格,丰富自己的学识,增长自己的才干,提升自己的水平,成了我当校长的'必修课',超越精神成了我的一种潜在意识。也正是在超越精神的指引下,我们二中团队突破发展瓶颈,在几年时间里实现了学校的跨越发展。"有怎样的校长,就有怎样的学校,凡学校无不打上校长个性化的精神烙印。衡水二中奇迹的创造,很大程度上是因为有一位传奇的校长。校长有永不自满、不断超越的精神,学校就会有无限发展的可能,教师的创造精神也会极大地激发起来,共同成就学生生命成长的奇迹。"成绩面前,我们不会止步,相信在超越精神的引领下,二中还会创造出更大的奇迹。"这是秦海地的由衷之言,显示了衡水二中坚定的文化自信,这也是学校师生共同的心声。

秦海地的敬业精神,体现在忘我的工作中、与师生的和谐相处中。他说:"'教育不是牺牲,而是享受。'我认为,与此相同,校长敬业不只是一味地加班加点,更应该是一种精神享受的体验。"加班在别人看来或许是苦不堪言,然而,在秦海地看来、在衡水二中老师们的感受中,却是乐在其中、其乐无穷。幸福在最宽泛的意义上,总离不开人的生理和心理需要的满足。人有高于其他动物的多种追求。人并不满足直接的生理需要,而是能创造出多彩的生活世界。美好生活的创造和意义世界的形成,需要汗水和心血的浇灌,人在这创造的过程中,证明着自己的能力,体现生命存在的价值。秦海地校长带领老师们,以辛勤劳动的汗水和心血,精心栽培一棵棵生命之树,给更多的家庭带来希望和美好的未来。

生活两点一线(从家到学校,从学校到家),每天早出晚归工作十几个小时,与师生一同成长,这是秦海地作为校长日复一日的常态。局外人或以为单调和枯燥,秦海地却沉浸在自己的幸福感受中。"在用心灵构筑的教育世界里不知疲倦地奔走,把对教育的热爱、对师生的关怀浸润在自己的行动中,用自己的切实行动践行着一个教育者的责任,体会着一个教育者的酸甜苦辣,成为我回味无穷的精神享受。"这是一位校长深情的自我告白。我们看到了这样一位优秀校长,他怎样把对学生的爱,化为一种高度的责任感,成为一种生命的自觉行为。看不到成果的劳动总是痛苦的,但真正的幸福感受并不全在对成果的享用,劳动与奋斗的过程本身便包含着幸福,因为这是有理想、有期待的自觉行为。幸福就在把理想变为现实的追求中。追求幸福生活的过程,是需要层次的不断跃迁。人在理想追求中,体验到自身生命价值之所在。

"我始终认为,校长的敬业精神是一个学校产生凝聚力的又一精神支柱。与副校长、主任乃至全校师生一起早出晚归、同甘共苦,让我们有了无声的默契、共同的追求。'我是二中人,为二中崛起而奋斗!'这源于心灵的呐喊,让我们形成了强大的凝聚力,推动着学校的发展。"办好一所学校绝非个人行为,归根到底是群体性的共同努力。但校长是引领者和示范者,是学校群体的灵魂。

每天的太阳都是新的。我们正处于一个日新月异的创新时代,创新是一个民族不竭的精神动力,也是一所学校不断进步和发展的强大内驱力。学校是否有创新精神,是学校能否不断超越的前提,也意味着一所学校有着怎样的今天和明天,以及他们的学生将来走得多远,飞得多高。秦海地说:"现代教育呼唤校长创新。虽不敢说自己能够高瞻远瞩,具有战略目光,但我时刻不忘提醒自己,为让学校有长足发展,必须拓展思路,创新工作。"教育是形成未来的最重要因素。它激发个体的求知欲望,拓宽个体的生活视野,撞击个体的理论思维,催化个体的生命体验,升华个体的人生境界。教育激励每一个个体变革既定的世界图景、思维方式、价值观念和审美意识,从而创建人的新的生存状态。教育的这一性质与要求,首先要转化为校长的自觉行为,落实在校长具体的办学实践中。

毛泽东曾说过:"不解决桥和船的问题,过河就是一句空话。"对于衡水二中而言,理念先行。"原生态教育"理念让教育回归本真;打造品牌,"低进优出",把"平凡的孩子接进来,杰出的人才送出去"。这是他们最为根本的指导思想,也是校长和全校教师的共识,他们把这看作是基本的职业伦理,也是实实在在的奋斗目标。他们的具体策略有:双级部扁平化管理,"双轨运行"激活教师个体潜能;改革课程,打造活力课堂、高效课堂;分层管理、分类教学,让不同层次的学生都能学有所成、学有所长；"快乐高考"，临考策略独具特色，让一届届二中学子远离紧张、压抑，步入理想大学殿堂；精神立校，让"一切皆有可能""超越永无止境"植入二中人内心深处；文化育人，校园文化滋养师生心灵。秦海地说："教育创新是一个永恒的课题，教育活动不停止，教育创新也无止境。"

秦海地的个性特征，或许在信仰的坚定与精神的执着。"捧着一颗心来，不带半根草去"，这是陶行知先生的名言，也是秦海地的座右铭。他说："校长非常平凡，教育无比神圣。教育是信仰，这种信仰越是坚定，就越有力量；教育是追求，这种追求越是执着，就越有成果。作为一校之长，我时刻提醒自己执着教育，守望梦想。"中国古人说，知人者智，自知者明。秦海地很能自我审视与反思，这一直伴随着他进行理想性的创造。任何一所优秀的学校，都有坚定正确的政治方向，可以培育出艰苦奋斗的作风、创造出不凡的业绩。"带好一所学校，成功全校师生，造福一方百姓"的信念，在任何情况下，他都没有丝毫的动摇，没有任何的改变。秦海地作为校长，总在激发着人们的自信心和创造力，身体力行地冲击着生活的惯性和心理的定式，不断打破人们思维中的惰性、保守性和凝固性。这让人们看到一个永远生机蓬勃的衡水二中，一群精神灿烂的教师和学生，他们不断开拓创新和呼啸前进。"衣带渐宽终不悔，为伊消得人憔悴"，这是秦海地的自我激励，也是他校长生涯的真实写照。

校长的人生智慧

衡水二中是个奇迹，校长秦海地是位智者。"法古今之完人"，是他的自我期许；"为而不持""大音希声"，是他的独特个性。作为校长，秦海地不显山不露水，从容而淡定，然而学校管理极有章法。高瞻远瞩、举重若轻，这是一位有独到智慧的校长。秦海地说："用心做教育，用智慧经营教育，让自己具备领导智慧、管理智慧、教育智慧，成为我的一种不懈追求。"秦海地喜欢读书，多年浸润于中华文化经典，能背诵老子的《道德经》等，这在校长群体中殊为少见。他的管理思想有着鲜明的传统文化的印记，很能体现中华文化的独特智慧，他本人有一种儒道交融的个人风范。

校长应该成为卓越的领导者，领导智慧是校长智慧的核心之所在。校长应该具备战略的眼光，善于对学校发展做出前瞻性、长远性、全局性的思考。秦海地说："校长应该成为学校发展的舵手，成为学校工作的决策者，成为学校前景的设计师。""舵手"维系着学校的生死存亡，"决策者"关乎着学校的成败荣辱，"设计师"决定着学校的发展前景。这是清醒的自我认知，作为校长，他明白职责之所在、职责之重大。学校是个小社会，麻雀虽小，五脏俱全。学校是师生共同生活的集体，如何让每个人都能彰显个性，又能形成学校令行禁止的统一意志，这考验着校长的智慧。

校长的智慧体现在哪里？秦海地说："适时走在师生前方，做其思想的引导者；适时伴在师生左右，做其行动的护航者；适时留在师生的身后，做其心灵的守护者。我用质朴的教育情怀和自己对教育的观察与思考，感染每一位教工，使他们都有寻梦的力量，都有为事业拼搏的热情，都有自觉成长、成功的方法与舞台。"这里显然有中国道家的智慧：海纳百川，有容乃大；和光同尘，万物归宗。校长有特殊的使命，又是学校的一员。时时有我，个体俯仰终究在己；处处无我，才情行藏莫非道变。重视自我的此在，更召唤他人的共在。这是老子思想的圆通，从群体性中看到了个体的差异。秦海地给予个性足够的尊严，辅佐每位师生的成长，成就每位师生的发展，带领师生实现对形而下的超越。在学校群体的共同愿景中，校长成就着每个人生命的精彩。校长具有大智慧，学校就有大发展。校长具有战略家的魄力和智慧，学校就有超常规跨越发展的速度。

衡水二中的学校管理，不是西方泰勒式的科学管理；秦海地的管理智慧，有着中国儒家人文关怀的特点。孔子说："毋意，毋必，毋固，毋我。"警惕自我中心，决不偏激固执、一意孤行，孔子的这一思想智慧，在衡水二中、在秦海地身上体现得非常明显与彻底。秦海地是开放的、融通的，但又是有事业心和强烈责任感的。他很少指令，但言传身教、启发引导，吸引着更多人的自觉追随，也容纳各种个性，学校因而有无限发展的可能性。秦海地说："教育是爱的事业，教育工作者面向的是充满个性和活力的学生。学校工作要从人出发，教育工作要具有人本情怀。"他在二中确立的是"以人为本，制度治校"的管理思想，在制度治校的基础上，让师生成为制度的受益者。秦海地说："学校管理从约束人向激励人转变，从规范化向科学化转变，从而改变了以往'以管人为中心'的管理方式，代之以'以人为中心'的管理，更有利于师生把遵规守纪内化为自我约束，外化为自觉行为。"

校长的智慧还体现在人文关切的管理思想上。颜回曾感叹说："夫子循循然善诱人，博我以文，约我以礼，欲罢不能。既竭吾才，如有所立卓尔。虽欲从之，末由也已。"可见，教师的境界不在让学生知道"是什么"，禁止什么，还必须引导学生自愿做什么，追求什么，从而将人带入无限发展的可能性之中。"形而上者谓之道，形而下者谓之器"，管理思想和智慧，必须见诸卓有成效的章则制度。衡水二中的制度设计，主要在简政放权、各司其职。中层干部是学校工作的中流砥柱，是学校战略实施的先锋干将。秦海地通过"真正放权—适当督导—定期验收"

的管理模式,用充分信任为中层干部及全体教工搭建起了火热创业的激情舞台。三位副校长分管教学、德育、后勤三方面的工作,均分到人,他们各司其职,各尽其责。主管副校长放权给各处室、级部主任,处室、级部主任放权给主管干事、备课组长。在权力下放的过程中,一项重大的任务被分解成诸多小任务,每一环节都有专人督导,每一任务都有专人负责。这样责任到人,办事效率大大提高。

教育需要智慧,智慧创造教育。秦海地说:"教育需要智慧之心,教育者需要智慧之灵。校长作为教育者的代表,作为教育者中特殊的教育者,更需要教育的智慧。教育的过程就是发掘人的天性、潜能以及潜在价值的过程。教育的根本目标是教会孩子做人,是培养具备健康人格的现代人。"

秦海地经常对老师们强调,教育是一门艺术,艺术的生命力在于创新,创新需要智慧。在教育实践中,对待不同的学生要采取不同的教育和管理方式,同一个学生在不同的阶段也需要采用不同的教育和管理方法。他认为,只有融入智慧的教育才能充分发掘学生的潜能,让学生全面发展。科学与人文、传统与现代,在秦海地这里得到了高度的统一。"路漫漫其修远兮,吾将上下而求索。"这是一位努力奔跑的校长,有一种"大智慧"和"大境界"。按照中国传统哲学的看法,就是"究天人之际,通古今之变""判天地之美,析万物之理""为天地立心,为生民立命"。

尊师为先，以师为本

　　"国将兴，必贵师而重傅"。尊重教师是重视教育的必然要求，也是社会文明进步的重要标志。学校教育的高质量，终究需要教师队伍的高水平做支撑。一所学校有怎样的教师群体，教师以怎样的热情投入教育，决定着这所学校的业绩、形象与前景。教师是否得到充分尊重，决定着他们的努力程度以及是否有主动的创造精神。库姆斯在《教师的专业教育》一书中提出，一个好的教师首先是一个人，是一个有独特人格的人，是一个知道运用"自我"作为有效的工具进行教学的人。然而，教育变革中教师自我的迷失，"使他们对教育变革的参与成为一种听从命令而不是自主自觉的行为，成为一种循规蹈矩的操作而不是积极的创新"。在学校管理中强调教师专业身份的重要性，就是为了凸显积极真实的教师自我，使教育本身充满丰富多彩的"意义"，成为一种自我实现的生命期待。

　　秦海地在他的一篇文章里说道："教育是心灵与心灵的沟通，是灵魂与灵魂的交融，是人格与人格的对话。教师从事的是传播人类文明、开发人类智慧、塑造人类灵魂、影响人类未来的崇高事业，肩负着教书育人的神圣职责。学生的成长与进步，非一朝一夕之功，需要教师长期不懈地艰苦努力。随着教育事业的发展，教育竞争也日趋激烈，教师的工作压力、心理压力和精神负担也随之加重。尤其是青年教师正处在事业和家庭双重打拼的困难时期，身心更加疲惫。同时，作为知识分子，教师又是进取心、自尊心较强的群体，也是最需要价值感和尊重感的群体。在现代社会，许多需求都易得到满足，唯有尊重感和价值感难以实现。我理解教师最大的渴望和追求，就是得到尊重与关爱。"

　　一所学校，500多名教师，校长能记住每个教师，并熟悉每位教师，这样的校长大概不多见。秦海地就是这种不多见的校长。他知道每个教师的个性特长、家庭状况等信息，与教师相遇笑脸相迎、老远就招呼。看上去这似乎是小事，但站在教师的立场上，会由衷感到校长对他的器重，感到很受尊重。在学校这样一个规模很大的集体里，教师不能仅是符号化的存在，或完成指定任务的工作器械。教师是鲜活的个体生命，有丰富的内心世界，有独立的个性与尊严。他们渴望自己的工作受到重视，自己的人格受到尊重，自己的个性得到理解；他们渴望校园有温馨的情感，有人际之间的关爱和理解，尤其有来自校长的尊重。秦海地说："作为一名校长，我时刻注意让自己'向生命处用心'，对教师的管理充满人文关怀。"

　教师作为单独的个体，每个人都有自己"内在的"自我。但是，任何单独的个体也都存在于同他人的关系之中，每个教师都是作为学校的一分子而存在的。校长的责任就在于，尊重和保护每个教师的个性，引导他们从内在自我走向人际融合，并在人际互动中构建和完善自己社会化的独立人格，成为真正意义上的"人"。"人者，仁也"，中国儒家以"仁"来定义"人"。"仁"，强调"二人"之间的关系，打破人的孤立状态。每个人都能成"仁"。但什么是"仁"呢？孔子的定义是"仁者爱人"。在秦海地的理解中，学校生活须处处体现爱，校长尤其需有一种大爱的情怀，体贴入微地关爱每个教师。有人说："当教师需要温暖的时候，校长就应该是一盆燃烧的火；当教师需要呵护的时候，校长就应该是一堵挡风的墙；当教师需要理解的时候，校长还应该是一座连心的桥；当教师消沉迷惘的时候，校长更应该是一盏引路的灯。"秦海地认为，这些话语流露出教师们对"理想校长"的要求和对校长人文情怀的渴望。做校长很难尽如每一位教师之意，但他时刻严格要求自己，尽最大努力提升教师幸福指数，给教师搭建成就事业的广阔舞台。"尊重教师、依靠教师、服务教师、成就教师"，是秦海地时刻牢记在心的"以师为本"十六字诀。

　"为政之本，莫若得人""感人心者，莫先乎情"。秦海地说："作为一名校长，必须对老师'动之以情',多一些情感投入,多一些换位思考,少一些行使权力的威严。教师的劳动异常辛苦,我让自己静心欣赏教师的劳动,由衷地赞美教师的劳动成果。"作为校长,他了解每位教师的性格、业务以及家庭存在的困难等各方面的情况;见到教师喊出他的名字并主动和他打招呼,还会根据教师身上的"闪光点"及最近一段时间的工作表现对教师予以表扬、鼓励、指导,让每一位教师由衷地感到受器重、得赏识;教师有了困难,自己必须第一时间把学校的温暖送给他们,让他们真切地感受到学校就是他们避风的温馨港湾,校长只是这个大家庭中普通的一员。《中庸》说:"诚者,天之道也;诚之者,人之道也。""诚之者,择善而固执之者也。"校长待人以至诚,教师就会有一种知遇之恩,学校就能有人人尽心尽力的风气,所谓"可以赞天地之化育"。学校能众志成城,就没有克服不了的困难,没有不能完成的使命。

弟子问"仁"。孔子回答说:"出门如见大宾,使民如承大祭,己所不欲,勿施于人。"这是发自内心的对人尊重,一种非常有庄严感的尊重。秦海地说:"一个暖意的眼神、一个会心的微笑、一句浓情的问候、一句真诚的鼓励,对教师的尊重与关爱像缕缕春风,驱散了教师心中的不快;如沥沥细雨,滋润了教师的心田;似束束阳光,照亮了教师的平凡生活。教师成功时的由衷赞美,教师受挫时的真诚鼓励,教师有困难时的真心相助,教师有事到办公室找我时的'站迎远送',每天在学校大门口的'恭候迎接',一份来自心灵的尊重与关爱,让教师们都意识到:他们是学校'重要的人',每个人都不可或缺。"这番话语真诚而富有诗意。在儒家看来,人之所以有尊严,是因为他生来具备人类所特有的内在德性。教师之所以特别受到尊重,是因为他担负着道德教化的重任。尊重每一个教师,是对"人"的尊重,对人类神圣事业的尊重,包含着对教师职业神圣感的期待。

一个不热爱科学的人,就不会有对科学探索的热情;一个没有形成勤劳刻苦勇敢等品质的人,绝不会以坚韧不拔的精神在认识的道路上攀登高峰;一个缺乏理想的人绝不会迸发出创造性的火花。这样的人如果当教师,当教师的人如果是这样的境界，那么，学生会受到什么样的教育？又会接受到什么样的人格陶冶？以己昏昏，如何使人昭昭？因此，教育者必先受教育，尊重学生的前提是尊重教师，以学生为本的前提是以教师为本，办好学校的前提是激发教师的自尊心和创造热情。"学然后知不足，教然后知困"，教学相长、人格互塑，这才有高质量的学校和人民满意的教育。"学高为师，身正为范"，作为衡水二中的校长，秦海地以爱、尊重与责任带出了一支高素质的教师队伍。

"千金不能得死士，一言可以酬知己。"秦海地认为，对教师真正的尊重和关爱，给了他们巨大的精神鼓励，激发了他们的责任感，增强了学校的向心力。这种尊重是对教师人格自重的期待与召唤，是对他们内心道德发展与完善的促进，内在地与教师的精神需要相一致。人有各种精神需要，追求至上至美、追求自身品格完善与发展是最高精神需要。马斯洛说："高级需要的满足能引起更合意的主观效果，即更深刻的幸福感、宁静感以及内心生活的丰富感。"秦海地对教师的尊重与关爱转变为教师的巨大精神动力，强劲推动衡水二中实现跨越发展，不断创造着新的奇迹，使立德树人的教育宗旨更好地得到贯彻并落到实处。

让教师成为学校真正的主人

　　办好一所学校，依靠什么？毫无疑问，应该依靠教师。这似乎是常识，然而事实并不尽然。"所谓大学者，非谓有大楼之谓也，有大师之谓也。"清华大学原校长梅贻琦的这句话，之所以被不断地引用，说明当年的认识误区今天依然存在。重物轻人，大学有此误区，中小学也有此偏颇。重视建楼房和添置现代化设施，期望通过改进教学手段以提高教学质量，并以此建树学校的形象，显示学校的气派，而对教师队伍的建设和教师主体地位的确立不怎么在心，这样的校长并不在少数。说到底，这是对物的崇拜与迷信以及对人的忽略与轻视，更是对教师地位和价值的低估，不能不说这是一种颠倒，是管理者在理念上的严重的错位。

　　"工欲善其事，必先利其器。"完备而先进的设施、现代化的手段是重要的，但人的教化不是器具的生产，教师于学生有认知的引领、情感的熏陶和人格的影响，这是任何先进设备和手段都无法替代的。秦海地坚定地认为，"教师是学校真正的主人，依靠教师是学校管理的基础"。对秦海地而言，学校教育的核心要素是教师，学校发展的第一要素也是教师，激发教师的内驱力、发挥教师的主人翁精神，这是办好一所学校的根本保证。紧紧依靠教师办学，他是这样说的，也是这样做的；是这样积极实践的，也是这样努力坚持的。秦海地说："教育教学是学校工作的核心，教学目标靠教师实现，教育任务靠教师完成，学生智能靠教师培养。正由于此，办好学校重在依靠教师。"

　　2000多年前，中国的教育经典《学记》有这样一段话："君子知至学之难易，而知其美恶，然后能博喻；能博喻，然后能为师；能为师，然后能为长；能为长，然后能为君。故师也者，所以学为君也。是故择师不可不慎也。《学记》曰：'三王

四代唯其师',其此之谓乎!"大体意思是:教师懂得道德修养培育的难度,也知道
教育教学方法有优劣,所以能多方诱导学生;只有善于多方诱导学生的人,才能
充当教师;能充当教师,就能充当一地之长;能充当一地之长,就能充当一国之君。
这说明,教师本身也在学习和教人如何管理国家。所以,选择教师不可不慎重。
古书上说:"夏、商、周三个朝代和颛顼、帝喾、尧、舜四个帝王都重视教师的作用,
说的就是这个意思吧!"《韩诗外传》说这些帝王"未遭此师,则功业不能著乎天
下,名号不能传乎后世者也",充分强调了教师对这些帝王的教化作用。今天,衡
水二中之所以能够创造这样的奇迹,这所学校的学生之所以能有充分而和谐的
发展,学校之所以洋溢着一种蓬勃向上的生机,关键在于学校教师群体有自主的
热情、忘我的投入以及不断超越的精神。

依靠教师办学,是校长对教师人格的尊重,也是对教师职业伦理的坚信。教
师之所以为教师,在于他们有一种独特的精神面貌;人们充满深情地礼赞教师,
并不在于他们有教师的称谓,而是他们代表着职业的神圣。有这样一首诗——《老
师就是一棵太阳树》:

世上,
唯有太阳是自明的。
老师,
就是那自明的太阳,
是自明太阳升腾起的一棵树。

这株神奇的太阳树,
用无数个四季,
不断吮吸宇宙的灵气,
和人类的精华,

生长她的每一片永不言败的金叶。

然后，

用她的每一片金叶，

去照亮他人的心灵，

去生长，

心灵的想象。

用她的花籽，

去培育新的太阳。

　　教育是当下的责任，也是明天的事业。教师是人格伟岸的大树，也是辛勤劳作的园丁。他们如同园艺师，以精心的浇灌与呵护，迎来满园的姹紫嫣红；他们也是植树人，将小小的树苗培育成参天的大树。作为校长，秦海地所看到并坚信的是学校的进步与发展凝聚着教师的汗水与智慧；他所思考并努力践行的是让教师的每一份付出都能得到回报，这才能真正体现教师的主人翁地位。作为育人的场所，学校的特殊性在哪里？作为一所名校，教师的尊严和作为在哪里？秦海地说："学校应是一方心灵净土、一处精神特区，我们通过完善一系列评价机制，竭力打造公平校园、和谐校园，教师付出了劳动，就能收获尊重，收获感动。在二中，学校俨然就是一处精神特区、教育圣土。"

　　秦海地执着的理想追求是，把衡水二中建成一处"精神资源保护区"，让教师们的拼搏与奋斗变得自然而纯净。校长依靠教师，不是把教师仅作为劳动力使用，而是要让教师有尊严感、安全感和对校长的信任感。教师无须谨小慎微，不用阿谀逢迎，只要愿努力，只要肯付出，教师就受尊重，就得赏识。秦海地说："没有'费力不讨好'，不会'无用武之地'，在二中，教师忙碌并快乐着。"这使我们联想到俄国大教育家乌申斯基说过的一段话："一个教师如果不落后于现代教育的进程，他就会感到自己是克服人类无知和恶习的大机构中的一个活跃而积极的成员，是过去历史上所有高尚而伟大的人物跟新一代之间的中介人，是那些争取真理和幸福的人的神圣遗训的保存者。他感到自己是过去和未来之间一个活的环节。"

　　作为一名普通人，教师在现实的世界里有衣食住行的操劳，有养家糊口的责任，有喜怒哀乐的情绪波动，也会有各种琐事的困扰。关心教师的生活，稳定教师的情绪，发挥教师的长处，维护教师的尊严，公平地对待每一位教师，诚心诚意地帮助每一位教师，这是秦海地一以贯之的自觉追求。想老师们之所想，急老师们之所急，他以务实高效的作风、严于律己的精神赢得老师们的信任。作为校长，秦海地始终有一种文化的自觉——不断追求创新与超越，不断激发与满足教师的职业意愿和成就感。正因为坚定地依靠教师，诚心诚意地服务于教师，通过近20年的努力，秦海地在衡水二中造就了一个充满理想色彩的价值共同体，教师真正成为学校的主人，对学校大事知情、参与、监督，教师与校长相互理解、相互信任、相互合作，尽心尽力为共同的教育使命而努力奋斗。

领导就是服务

教育就是服务，校长的职责在协调、沟通和服务。秦海地说："学校就是为社会服务，领导就是为教师服务，教师就是为学生服务。"作为一种服务性的职业，教师助力学生的生命成长——增进他们的知识，发展他们的智慧，提升他们的德性。教育又是一种精神文化的薪火相传，教师有"得天下英才而教育之"的快乐，他们从学生的成长中体验到职业的尊严和自身的价值。秦海地说："教育也是一种经营，只有用心经营，才能实现教育'用心灵沟通心灵，用灵魂交融灵魂，用人格对话人格，用生命影响生命'的崇高价值。"

著名哲学家冯友兰先生说过这样一段话："人与其他动物不同，在于当他做什么事时，他知道自己在做的是什么事，并且自己意识到，是在做这件事。正是这种理解和自我意识使人感到他正在做的事情的意义。人的各种行动带来了人生的各种意义；这些意义的总体构成了我所称的'人生境界'。"做教师或当校长，都是在做着某件事，但自觉去做还是被动去做，二者有很大的不同。泛泛地说教育就是服务，是否有发自内心的由衷确认，有着天壤之别。秦海地从"心灵""灵魂""人格"的视角着眼，将校长工作定义为"沟通""交融""对话"，真诚地看作是"用生命影响生命"的事业，这便是一种对职业和人生的"觉解"。他的校长工作具有一种文化的自觉，因而有着强烈的责任感和服务意识。

500多名教师，各有不同的个性，从事不同学科的教学，有过不同的生命历程，但他们的心连在一起，团结在一个共同的集体之中；他们与这个集体息息相关，同事之间风雨同舟。衡水二中、校长和教师，共同的愿景，使彼此的命运相遇、交会并互相成全，一起谱写出动人的生命之歌。校长无疑应有自己的理想，学校发展必须有自己的愿景，然而，校长在追求自己的理想和愿景的同时，需要细心倾听教师的心声。校长的使命感化作学校发展的愿景，须成为教师群体共同的追求。对于校长而言，不再是"我的愿景"，而是变成一种召唤，是对教师主人翁精神的召唤，也是对他们创造热情的召唤。用爱尔兰剧作家萧伯纳的话来说，"这是生命中真正的喜悦，被一个你认为伟大的使命所驱策……那是一种自然的力量，而不是一种狂热，它使自私、积郁、怨天尤人一扫而空"。

黎巴嫩诗人纪伯伦认为，领导者对自己的愿景有无比的责任感、但又不占有的那种感觉，他将此比拟为父母对子女的情愫：

> 你的孩子并不是你的。
> 他们是对生命本身充满渴望的儿女。
> 他们是经由你来到这个世界，但不是出自你。
> 虽然他们和你在一起，但他们并不属于你。
> 你可以给他们你的爱，但不是你的思想，因为他们有自己的思想。
> 他们的身体居住在你的屋子里，但是他们的灵魂却不是。
> 因为他们的灵魂居住在明日之屋，甚至在梦中你也无法前去那儿探访。
> 你可以尽力使自己变得像他们，但是尽力不要使他们像你。
> 因为生命不会倒流，也不会驻足在昨日。
> 你是弓，经由你射出子女的生命之箭。

作为校长，在校教师都与你有千丝万缕的联系：或许这些年轻有为的教学新秀，当年是你从诸多应聘的大学生中挑中了他们；或许这些事业有成的著名教师，当年是你言传身教、一步步把他们带出来的；或许……然而今天，他们既是你的下属，也是你的同事。作为校长，你依然要帮助他们，指导他们，要以崇高的使命召唤他们，同时又要充分尊重他们，成就他们，尤要尊重他们的学术尊严和独特个性。不因自己的好恶而分亲疏远近，让每位教师成就他最好的自己，成为拥有自己个性风采的优秀教师，校长首先在这一意义上成为教师的服务者。校长是为教师服务的，校长不能很好地服务教师，教师就不能很好地服务学生，于是学校就不可能办好。秦海地对此有着充分的自觉，校长与教师心灵的相通，基于校长对教师人格的尊重，这是衡水二中取得辉煌业绩最为深沉的内在原因。

秦海地说："在学校管理中，我体会最深的是：作为校长，必须强化服务意识，坚持以人为本，把服务管理理念渗透到工作的各个环节，最大限度地提升教师幸福指数，充分调动教师工作的积极性，使教育资源得到最优配置，进而获得最佳的管理效益。"从某种意义上讲，教师如果没有生活的安定与情感的保障，他们就不可能心无旁骛地投入教学工作，最佳的教学效果就不可能产生。教育上的彻底转变都始于教师的自尊——自我形象的树立。教师在教学活动中所获得的满足感和幸福感是其自尊感的源泉，自尊感是一个人个性的精神核心。教师的自信和自尊，来源于别人的信任和尊重，尤其是校长的关心、体贴与共情性的理解。

秦海地说："从一定意义上讲，需求是教师工作的动力之源，教师的工作动力首先受其需求引导。教师繁重的教学工作具有难以言表的长期性、复杂性与艰巨性。我时刻提醒自己去努力关注每一位教师的生活与工作需要，及时了解他们在工作中遇到的实际困难并予以解决，努力创设良好的工作环境，满足教师在评优、晋级和生活等方面的正当需求，以解除他们的后顾之忧，激发他们的工作动力。让教师的物质需求和精神需求最大限度地得到合理满足，使我校教师时刻充满工作的热情与活力。"

不管人们承认与否，教师的确存在着某种程度的孤独感：这不仅因为教师所从事的是一种个体劳动，而且也因为人们对教育工作寄予了太多和太高的期望，由此学校与教师往往会受到不公正的批评。教师非常在乎自己的尊严，由衷希望得到理解与尊重。教师职业决定着他们是学生的表率，他们也非常重视自己在学生心目中的形象。教师又是有专业造诣的知识分子，珍视自己社会形象的同时，特别在乎自己的学术形象，因此对来自外界的评价特别敏感，特别是来自校长的评价以及校长对待自己的态度。学生的爱戴、家长的信任、校长的关心与爱护，会让教师产生发自内心的愉悦。这种愉悦是无法用言语形容的，也不是用金钱能够折算的，它可以转化为巨大的工作热情。

"再苦不苦教师，再难不难教师。"秦海地说，"尽学校最大努力给教师提供真诚周到的服务，是我'以师为本'最基本的原则。"衡水二中兴建教工宿舍周转楼，解决教师住房问题；购进"金龙"客车，为路途远的教职工提供方便；利用优质的环保材料装修教师办公区；教工食堂每天为教师们供应新鲜的蔬菜，提供味美可口的三餐；教师生病住院，学校领导亲自探望；教师生活上遇到麻烦，领导们跑前跑后……秦海地说："我们用实际行动，让教师真正感到'领导在服务'。"校长为教师服务需要落到实处，从对教师切身利益的关怀入手。"革命者，应乎天，顺乎民，乃以永世。"应天顺人的革命才能成功，这里的革命包含改革的意思。孟子说："得民心者得天下。"秦海地之所以在教师中有崇高威望，重要的一条是得人心，因而学校的各项改革能顺利展开，教师能全身心投入教学工作。

没有爱就没有教育，但一切爱的情感都是在特殊的情境之中产生，一切情感也都是按照特殊的方式呈现出来。任何脱离特殊的情境或人性的条件的爱或恨的情感是不可能存在的。正是由于特定的条件或原因的爱或恨的情感，人的道德行为必须有所依附，需要在生活情境中真实表达，而仪式是人类所特有的一种文化现象，它让每一个参与者都油然而生一种庄严感。让教师成为每个节日里最为幸福的人，让他们尽享节日的温馨与快乐，这成为秦海地服务教师的一项重要传统。节日来临之前，学校便精心策划、多方准备，让节日祝福活动"有创意、最温馨"。秦海地在他的一篇文章里说道：教师节前一天，学校后勤人员利用一整晚的时间给教师"制造"惊喜——将教师办公区装扮"一"新，给教师办公桌上放上"一"束玫瑰、"一"盆绿萝、"一"个精美小礼品、"一"封热情洋溢的慰问信。教师节当天，学校中层以上所有领导迎接教师上班，给教师送上"一"句暖心的问候，学校电子屏播放"一"段祝福视频，向教师致以节日真诚的问候和崇高的敬意。秦海地动情地说："涓涓细流汇成幸福的江海，无微不至的服务与关爱，荡起了教师心中幸福的涟漪，奏响了和谐的'二中奋进曲'。"

所有这些固然是一种别出心裁的创意，但从根本上来说它是一种浓浓的心意。在自然界，人相对于其他动物群体来说，欲望、需要与实现欲望、需要的能力之间的矛盾最为尖锐，只有借助于社会的整体功能才能弥补人自身的缺陷与弱点。英国哲学家休谟认为，人在社会状态下，人的相互协作、行业分工和在困难或灾难面前的相互帮助可以增强人的生存力量、能力和安全。在这个意义上，社会的相互协作分工或互助缓解了人的自然欲望、需要与人自身的缺陷、弱点之间的紧张关系。马克思也说，人就其本质而言是一切社会关系的总和。社会状态相对于自然状态更有利于人的生存和发展，在学校集体生活中校长对教师由衷的关切，教职工群体之间的相互爱护和帮助，可以使校园成为和谐生活的乐园，也可以使全校师生凝聚为共同奋斗的集体。

让管理成为一种服务，勤勤恳恳干工作，扎扎实实抓教育，全心全意为师生服务，成了秦海地工作的座右铭。他时刻提醒自己与教职工在思想上坦诚相见，工作上诚实相待，情感上诚挚相融，生活上诚心相助；用事业的追求激励人，用宽松民主的氛围凝聚人；倾听教师心声，维护教师权益；让"管理"变成"服务"，让"命令"变成"感召"，让"威严"变成"亲和"。秦海地以真诚的服务激励教师，把自己和老师们的满腔热忱，化作一种无形的驱动力，推动教师精神境界的提升和学校的高质量发展。

成就教师的幸福人生

　　校长要让教师有职业的幸福感，教育要让学生有成长的幸福感，学校要成为师生共同的幸福家园，这是秦海地主政衡水二中坚定不移的宗旨，也是他锲而不舍地追求和完善的目标。幸福与教育有着怎样的关联？空想社会主义思想家欧文说过："人类的一切努力的目的在于获得幸福。"秦海地对此高度认同。办学生和家长满意的教育，为学生和家长谋幸福，这是学校校长职责之所在。衡水二中之所以获得家长的认同与支持，秦海地之所以得到学校师生的拥戴与追随，正因为这所学校和这个校长能不断满足他们对幸福的期盼，能给他们带来希望与更好的未来。

　　幸福是什么？幸福并非只是对物质的占有和声名的显赫。科威特著名女作家穆尼尔·纳素夫说："真正的幸福只有当你真实地认识到人生的价值时，才能体会到。"幸福不仅是一种个人感受，也有丰富的社会内涵，因此它必然地含有德性，有其价值意向。秦海地认为，"人生的最高追求是获得幸福，而幸福的源泉在于个人价值与成就的实现"。从这个意义上说，教师是通过成就学生而成就自己，在助力学生生命成长的过程中，教师获得自己心灵的充实和精神的愉悦。

　　什么是幸福？幸福是对人的需求的回应，是人的需求获得某种满足的感受。丰裕的物质生活，充实的精神生活，和谐的社会生活，这三个方面相辅相成，构成幸福的基本内涵。物质生活没保障，终日奔波劳碌；精神生活很苍白，内心空虚无聊；社会生活不和谐，人际紧张无助……这怎么会有幸福的感受呢？美国人本主义心理学家马斯洛提出"需要层次论"，他把人的需要分为五类：基本生理需要、安全需要、爱与归属的需要、自尊的需要、自我实现的需要。同时他认为人的需要是变化的，某一层次的需要得到满足，后一层次的需要强度即会提高。

秦海地主政衡水二中，在管理学校的日常工作中，有意识地学习和借鉴马斯洛的需要层次论，一方面充分满足师生的基本需要，另一方面又不断地引导师生，引领这种需要的发展与升华。他认为，校长如果对教师的需要只有迎合，没有引领，那么这种需要就只能在物质和生理层面徘徊。反之，人的高层次的需要如果得不到满足的话，那么人只能停留在低层次需要上，因此有效的学校管理必须着眼于师生境界的提升，致力于学校品牌的建树和学校精神文化的营造。学校文化建设的重要内容，就是不断满足教师愿望的提升，从物质世界走向精神世界，走向道德和审美的境界。

教师是知识分子群体中最关注自我形象、对自身成就最有期待的人，尤其是高中学校的教师，他们明白肩上沉甸甸的责任。面对这些充满着期待的学子以及站在他们身后充满着渴望的父母，他们唯恐有什么闪失，所以也承受着很大的精神压力。这一群体更需要不断地得到肯定、引领和鼓舞，需要显示自己的才干，实现自己的理想。秦海地说："具有较高文化素养的教师更追求'人的自我实现'，激活和满足教师成就感就是满足教师自尊和自我价值实现的需要。"

他觉得，给教师"发放"的最大"福利"就是给他们提供一个有效的成功平台，或者说给他们搭建一架攀上成功之巅的爬梯，给教师提供一切专业发展、展示才能的机会，为教师提供提升自己、成就自己的巨大空间。

教师的才干是在教学实践中增长的，教师的精神家园是在学习的过程中建造的。学习是精神家园的源泉，而学习又必须结合实践，才能转化为教学的实际能力。学校要有完善的制度建设，促进和方便教师的学习与研究，让学习和研究成为自己最基本的生活需求，成为自己最为健康的职业生活方式。衡水二中坚持"请进来，走出去"，不定期邀请专家学者到校传授先进理念，组织教师外出学习"探秘取经"，让教师在学习中快速成长；集体备课、集体教研，教育教学"传、帮、带",资源与智慧共同分享,让教师在合作中得以提升;竞聘上岗,能者上,庸者下,干事创业,净化工作环境,让教师在竞争中得到历练;名校打造名师,"青蓝工程""名师工程",让教师在二中成名成家。一群年轻的教师在这所年轻的学校迅速成长,毕业三四年的教师就能成为学校的业务骨干,有的带毕业班成绩非常出色,有的被提拔为中层领导,成为"中流砥柱"。

成就每一位教师,不让教师的才能遭到冷落。秦海地善于发现每一位教师的"闪光点",让每一位教师在二中都能实现自己的价值。没有人为操作,没有厚此薄彼,公平公正,珍惜教师的每一份辛劳,捍卫教师的每一份成果,让多做贡献的教师在二中"扬眉吐气"。"公生明,廉生威",经过秦海地的倾心打造,衡水二中成了广大教职工的"英雄用武之地"。"心有多大,舞台就有多大。"秦海地说,"老师的才能有多大,学校就给老师搭建多大的舞台,让他们尽情去挥洒自己的才情,成就自己的事业。"

当然,以人为本不是"乡愿",不能毫无原则的"一团和气",不能成为是非不分的"好人主义"。"以人为本,制度治校",是秦海地最为基本的管理思想。他认为,"制度治校"与"以人为本"二者应相辅相成、相得益彰。秦海地说:"制度是严格的规范,是铁的纪律,是冷冰冰的不可逾越的围墙。但是,如果制度是从'被约束对象'的共同目标、切身利益出发,并且能深入其内心,为他们所接受。那么,制度便由最初的条条框框上升为一种制度文化,由显性的纪律内化为每名教职工的生命需求,这个制度就成了保护他们权益最为有力的工具,成了维护这个团队最高利益最为灵验的'法宝'。此时,它也就变得和蔼可亲起来。"

秦海地说:"人文关怀是真诚的尊重,是公平的捍卫,是热忱的服务,是对成长的呵护,是柔情脉脉的温馨,而这所有的美好,必须有一个前提,那就是'以人为本',必须是以广大教师的根本利益和学校的快速发展为本。"他认为没有了这个根本,"以人为本"就成了无源之水、无本之木;失去价值指向的人本是"伪人本",是扼杀教师利益和学校发展的"残酷的温柔"。德国哲学家黑格尔认为,任性的自由是奴隶的自由。"以人为本"与"制度治校"二者刚柔相济,仿佛张开的双翼,助力衡水二中迅速腾飞。秦海地认为,正是处理好了二者的关系,全体教师才享受到了真正的人文关怀,学校才实现了超常规跨越发展。他说:"对老师的尊重、理解与关爱,换来了学校的蓬勃生机、盎然春意。作为一校之长,让学校的教师管理工作充满人文关怀,是一种使命,更是一种幸福……"

03

制度与文化
致广大而尽精微

学校不可无制度,师生不可无纪律,这是最为基本的教育常识。学校无小事,事事都育人,这是学校应有的基本共识。"制度是严格的规范,是铁的纪律,是不可逾越的围墙。"制度严密、运行精细、执行刚性,是衡水二中崛起和腾飞的重要基石。秦海地认为"制度管人,文化管心",二者的有机融合是学校管理的理想境界。

向生命处用心

秦海地说:"作为一名校长,我时刻注意让自己的管理'向生命处用心',一切为了学生,高度尊重学生,真正关爱学生。""向生命处用心",就其出发点而言,是"一切为了学生"。"一切为了学生",这是学校治理坚定不移的方向,也是教育教学的基本伦理。"向生命处用心",就其过程和原则而言,是"高度尊重学生"。一所学校,如果没有对学生的尊重,则意味着对生命没有敬畏,同时也就意味着教师自身尊严的缺失。对学生尊重的程度,可以衡量教师职业境界的标高,折射出一所学校文化品位的高低。"向生命处用心",就其教育情怀而言,是对学生的"真正关爱"。没有爱就没有教育,爱学生是教师职业的基本要求。教育之爱是一种关怀和爱护,教师之爱是一种仁心之爱。"向生命处用心",是秦海地对自己的不断提醒,也是他治理学校的根本宗旨。"生生之谓大德",中华优秀传统文化中的人文关怀,是秦海地治理学校的根本宗旨,也是他作为校长严于律己的自觉要求。

秦海地认为,无论学校的管理还是教育,都是一种人文化成。他引用孔子的话说"天地之性,人为贵"。对于校长而言,师生为贵;对于教师而言,学生为贵。儒家经典无不以人为贵,而《管子》也说:"夫霸王之所始也,以人为本。本治则国固,本乱则国危。"秦海地认为,这就是中国古代圣贤的"民本"思想,是中国古人安邦治世的思想源泉。他由此感悟到:"当代教育人,尤其是学校管理者,应该从这里出发,继承这些传承久远、历久弥新的精神基因,秉承'生本'理念,努力改进学生管理方式。"衡水二中之所以校风正、教风清、学风纯、师生关系和谐,与"以生为本"的价值导向密切相关。本该高度紧张的高中学校生活中,学生却有生命的舒张，有精神的归属感，这无疑得益于教师对学生的尊重和关爱，这所学校的校园里洋溢着人文关怀的氛围。

素质教育提倡以人为本，"以人为本"之"本"，在中国传统主流文化的诠释中称之为"善"——人性本善。教育就是顺从人的善端，精心呵护和培育，使之能发扬光大，进而"止于至善"。在中华传统文化的语境里，"善"的观念植根于"生"的观念，是求"生"的意识，或求"生"意志的产物。善的根本目的是"生"，学生之"生"，或许天然含有生命、生长、生活的意思。因此，"善"不但包含求生的实用目的，而且包含求生的实际手段，这就是协调人际关系，以社会求生存、以整体求生存、以合作求生存。

美国哲学家、教育家杜威说："教育即生长。"然而，"皮之不存，毛将焉附？"生长的前提，是生命的存在。法国哲学家萨特认为存在先于本质；鲁迅先生则将人生归结为生存、温饱和发展。秦海地认为，这是一个竞争日趋激烈、到处充满挑战的时代。"惟救死而恐不赡，奚暇治礼义哉！"养不成健全的性格，就没有茁壮的成长；不能到理想的学府继续深造，学不到必需的知识与能力，"学生的终身发展"就变得遥不可及。他说："使学生具备在竞争激烈的社会中求得生存、发展的本领，这是最切实际的教育，也是最为首要的教育任务；让孩子们具备良好的抗挫能力、适应能力，这就是教育'苛酷的柔情'。"

老师对学生的尊重、关爱和教化，就其本质而言，是人的一种至善的活动，即传统的所谓"与人为善"和"成人之美"，这是教师主体德性的对象化和外化的活动。通过这种活动，旨在创造构建一个更完善和美的外部世界，教师也从这个由他参与创造的外部世界中获得职业的幸福。德国思想家、政治学家、哲学家马克思在其《青年在选择职业时的考虑》文中说："那些为大多数人带来幸福的人，是最幸福的人。"古希腊著名思想家亚里士多德说："幸福即是灵魂合于德性的现实活动，品质的现实活动是必要行动。幸福生活本身是令人快乐的。幸福须以外在的善为补充。"让学生获得更好的生存与发展的机会、在人生之途具有更多的选择权,这对于特定的高中学生而言,最为重要的是接受优质的高等教育。

衡水二中给更多的家庭带来更好的期盼,通过教育切断贫困的代际传递,促进社会阶层的流动和变迁。秦海地把这些视为学校教育的基本职责,也是教师事业成功的重要标志。由此,我们是否可以得出这样的结论:一个没有德性的人,不能造福于他人的人,是根本不懂得何谓幸福的人。一些曲解和贬低衡水二中的人,大多不能体验到帮助和成就别人的幸福感;一些认知偏差、情感冷漠、责任感淡化的人,大致都是一些缺乏同情和怜悯之心的人,他们普遍缺乏对具体真实的人生境遇的体贴与关爱。

衡水二中的发展实践证明,无论什么基础的学生,他们身上都蕴藏着无限的潜能,只要给孩子们"把好脉""对症下药",孩子们都能锻造成钢、打造成才。把"平凡的孩子接进来,优秀的人才送出去",秦海地说:"这是我们最成功的教育,也是我们对万千孩子最大的人文关怀。""向孩子们生命处用心"——关爱孩子身心健康,磨炼孩子坚强意志,塑造孩子美好心灵,养成孩子良好习惯,树立孩子必胜信念,我们让学生管理工作时刻"以生为本"。如德国哲学家石里克所言:"将他人的快乐视为自己行动目的的人,一旦这些目的得以实现,他也可以享受到由此而来的快乐。""向孩子们生命处用心"——使秦海地获得一种超越自我、忘却自我、人我一体的境界,他和他的教师团队从中获得一种幸福的终极体验。

关爱孩子的身心健康

秦海地说："人生的最高追求是获得幸福，而幸福的源泉在于个人价值与成就的实现。"基础教育是为学生的终身发展和未来幸福奠基的教育，作为基础教育最高阶段的高中教育，既为学生成长打下精神生命的底色，也为他们实现自身的理想和抱负、获得现实的幸福人生提供全面的教育、奠定坚实的基础。

古希腊哲学家亚里士多德认为，对人而言，幸福是最高的善，是人的终极追求和行为的目的。那么，什么样的生活才是幸福的？他认为，人有三种生活方式：享乐生活、政治生活和思辨的生活。在这三种生活中，只有思辨的生活才能够带给人完满的幸福。因为，思辨活动是最强大的，它持续得最久，比任何行为都更能持续不断，它以其纯洁和经久而具有惊人的快乐。同时，也是更为主要的，思辨活动是自足的，也是自在的。秦海地无疑是一位有思想的校长，他在生活和教育实践中思考，不断将实践经验上升为理论，逐步形成和完善自己的教育思想。"只有智慧的人靠他自己就能够进行思辨，而且越是这样他的智慧就越高。"亚里士多德如是说。

读秦海地的文章，我越来越感受到他的思想智慧以及他因自己的思想和实践而享有的幸福。一个有智慧的校长才能与别人共享智慧，一个有幸福体验的校长才会想到师生的幸福需求，才能明白幸福生活实现的途径和构成的基础。人天生是政治动物，需要过共同的生活，通过服务集体和他人，证明自身存在的价值；在成就别人的同时，获得自身幸福的体验。另外，作为一个人，无论思想与实践，总要求外部的条件，即"外在的善"。用马克思的话说，人首先是一个肉体存在物，它要求身体的健康、食物以及物品的供给。因而，校长与教师自然得关爱学生。秦海地说："让孩子健康地成长，给孩子一个健康的身心，是我们一直都关注并研究的教育课题。"

教育首先要保障学生的身心健康。"皮之不存,毛将焉附?"没有身体的存在,就谈不上生命的意义;没有身心的健康,就谈不上人生的幸福;没有中小学阶段的身心奠基和充分准备,学生未来发展的天地就会很狭窄,成就自身幸福的可能性就很小。中国古人将身体视为载道德之车,秦海地则说它是"革命的本钱"。如何让学生拥有健康的身心?秦海地认为主要有三条:首先,身体素质是基础;其次,运动锻炼是要素;最后,心理健康是核心。如何为学生的身体素质打好基础呢?所谓"民以食为天",秦海地高度重视学生餐厅的管理,他自觉做好孩子健康的"后勤部长"。为了给学生们增加营养,学校通过增加饭菜品种、调整饭菜口味,做到粗粮细粮科学搭配、蔬菜水果合理配比,提供孩子们成长所需的营养,为他们的身体健康夯实物质基础。

运动量不足、身体机能差、缺乏体育运动的习惯,这是高中学生中普遍存在的问题。秦海地将体育运动视为学生发展的核心要素,引导学生养成体能锻炼和运动健身的习惯,学校因时因地安排各种体育活动,在时间、场地、活动形式等多方面统筹兼顾。每日两次跑操运动,每周两节体育课,这在衡水二中是雷打不动的刚性规定。学校还安排各种体育运动项目,如各种趣味运动、打篮球、踢足球、跳绳、踢毽子、做体操等。学生自觉锻炼身体、自主参与各种体育活动,这在衡水二中的校园里已蔚然成风。秦海地认为这"既增强了孩子们的体质,又提升了孩子们的协调能力、反应能力"。

心理健康教育、生活与学科德育以及学校精神文化建设,衡水二中有意识地将这三个方面有机地结合起来。学校以主题班会为主阵地,通过宣讲伟人事迹、制作视频、编排情景剧等丰富的形式,对孩子开展心理健康教育。为了及时解决孩子的心理问题,学校设立了心理咨询室,接受学生的咨询,让学生远离阴暗、沐浴阳光。秦海地认为,关注学生的心理健康、满足学生的心理需求,不仅在于防范和扫除学生的心理障碍,更在引导学生升华成就动机,不断提升学生的精神境界。如美国社会心理学家马斯洛所言,人对存在价值的追求是人之为人的最高需求,"成长是持续地、或多或少地、平稳地向上或向前发展"。

磨炼孩子的坚强意志

　　衡水二中是一个奇迹,不仅有神奇的升学率,还有一些出人意表的举措,诸如"跑操"。衡水二中跑操的场面上过中央电视台,那蔚为壮观的场面、呼啸而行的气势,充满着蓬勃的生机与阳刚的气息。正所谓名满天下,也就谤随名至。衡水二中的这一举措,也经常受到质疑,甚至遭遇误解和攻击。那么,秦海地是怎样想的? 衡水二中为什么这样做?

　　在秦海地看来,现在的青少年是"生活在蜜罐里的一代",也是散发着"娇骄二气的一代"。毛泽东当年也曾批判过"娇骄二气",主张青少年一代到大风大浪中去锻炼。一代人有一代人的特点,随着社会经济的发展和生活水平的提高,更可能是独生子女的缘故,现在的学生经受的苦难相对少,参与各种劳动的机会少,因此,体能得到锻炼和意志接受磨炼的机会也少,他们对社会人生缺乏体验,对自我成长普遍缺乏自律。而未来的他们,要挑起民族强盛的重任,完成开拓创新的使命。这就存在着很大的落差,自身素质和社会期待之间很不匹配。

　　秦海地说:"要担当重任,现在的青少年有必要经受大熔炉的历练,有必要经受搏击风雨的洗礼。正缘于此,我们特别注重磨炼学生的坚强意志。其中,'跑操'就是我们给学生的一堂必修课。"质疑衡水二中跑操的人,最主要的理由是学生太辛苦。其实,高中学校学生的"苦",主要在心之负担,而非身之劳累。身体机能开始活动、受累,恰恰能使心理负担得到消解,大脑获得休息。更为重要的是让学生得到意志品质的培养,培养他们摆脱慵懒、战胜困难的意志,养成积极运动的习惯和高度自律的精神。

　　法国思想家、哲学家卢梭说:"人们只想到怎样保护他们的孩子,这是不够的。应该教他成人后怎样保护他自己，教他经受得住命运的打击，教他不要把豪华和贫困看在眼里，教他在必要的时候，在冰岛的冰天雪地或者马耳他岛的灼热的岩石上也能够生活。"作为自然主义的教育家，卢梭不仅关心儿童的自然成长，也关心他们的自觉锻炼，注重培养儿童的意志品质，以期接受社会生活和自然境遇中的各种考验。秦海地说："我们组织学生每天早晨5:45准时跑操，日复一日地坚持，让学生在看似简单的跑操中去经受磨炼。"在磨炼学生意志这一点上，秦海地无疑对卢梭有高度的认同，衡水二中的这一举措、秦海地的这一教育思想，在中外教育史上都能找到坚实的理论支撑。

秦海地说："我们还在每天上午大课间组织学生跑操。上操，必须准点守时；站立，必须笔直挺拔；动作，必须干净利落；步伐，必须协调一致；口号，必须撼天动地。看似轻而易举，却是很难做到；看似枯燥乏味，却是博大精深；看似没有个性，实则锤炼品质。"学生的学习过程以及他们的精神成长过程，无不交织融合着认知、情感与意志。在秦海地的理解中，学校教育所引导学生的，不仅是符号知识的学习，更有情感价值的认同以及意志品质的培养。尤其是高中学生的意志品质，必须通过各种方式和途径加以锤炼。没有规矩不成方圆。孔子说"克己复礼为仁"，对学生意志品质培养的同时，跑操很好地培育了学生的自我意识和集体主义精神。

中国人也讲竞争，但主要是与自己竞争。《老子》曰："胜人者有力，自胜者强。"竞争中胜了别人，说明力量大。能够胜自己，才称得上强大。秦海地说："这样的跑操，我们让学生学会了慵懒中的奋起、风雨中的坚强、集体中的适应。每一次跑操都是对学生心灵的一次震撼、一次洗礼，三年的跑操锻造了学生们坚韧顽强的品质、迎难而上的勇气、坚持到底的毅力，送给了学生们一笔终生受用不尽的精神财富。"孔子讲"学者为己"，学习是为了提高自己的思想水平和文化素质，跑操是为了提高自己的身体机能和意志品质，课堂学习与室外跑操都是为了成就学生的和谐发展。

"天行健,君子以自强不息。"如天之运行不息,人应该奋斗不止。"自强不息"已成为历代有志之士的自勉名言。衡水二中通过高规格、严要求的跑操,培养了学生自强不息的进取精神,因此,衡水二中毕业生纷纷在学校网站留言板中写道:感谢母校让我们变得坚强,让我们得以成长。

塑造孩子的美好心灵

    走进衡水二中，你会感受到一种浓郁的文化气息扑面而来。与秦海地交谈，你会感觉到这位校长的谦和、儒雅、博识。秦海地读了许多书，特别是中华传统文化的经典。如果说一所学校会打上学校校长的个人印记，那么衡水二中确确实实打有中华优秀传统文化的烙印，秦海地很自觉地以中华优秀传统文化的理念指导学校教育与管理。

    "近朱者赤，近墨者黑。""蓬生麻中，不扶而直。"中国人的这些古训，包含着丰富的教育哲理。秦海地清楚地看到自然环境和人文环境对人的影响，他坚定地认为，优美典雅的教育教学环境、启迪心智的励志标语、健康融洽的师生关系，能创造出一种积极向上的学习氛围，培育"超越永无止境"的二中精神，使学校成为激情燃烧的成长乐园。人的成长是遗传、环境和教育共同作用的结果，优化的教育环境蕴含着校园文化的育人功能，时时处处以一种"润物细无声"的方式潜移默化地影响着学生的成长。秦海地说："为此，我们让花木含情、墙壁说话，让每一条道路、每一栋楼宇和每一个文化区、文化板块都给学生以启迪，净化着学生的心灵，塑造着学生的灵魂。"

    "君子有九思"（《论语》），"九思路"要学生"视思明，听思聪，色思温，貌思恭，言思忠，事思敬，疑思问，忿思难，见得思义"；"普施明法，经纬天下，永为仪则"（《史记》），"经纬路"要学生"经纬天下，经邦纬国，经文纬武"；"高山仰止，景行行止"（《诗经》），"景行路"要学生"见贤思齐，尊崇高德"；"小德川流，大德敦化"（《中庸》），"敦化路"要学生"修身养德，以德树人"。

    "九思路""经纬路""景行路""敦化路"，这些都是校园里面道路的名字。

道路，在中国文化语境里带有某种神圣性。孔子说："吾道一以贯之。"老子说："道可道，非常道。"鲁迅先生有句名言："地上本没有路，走的人多了，也便成了路。"虽说是校园里的小路，但同样具有丰富的象征意义，走什么路，意味着成为什么人。遥远漫长的人生之路，其起步总是在学校，学生从这儿出发，走向社会，走向未来。因此，给校内道路的命名，不是无足轻重的小事。所谓名正则言顺，衡水二中校园内道路的命名，依据中华文化传统的典籍，它包含的文化意蕴和价值内涵，时时处处对学生起着启发和引导的作用。这些道路的命名，寄托着学校的价值追求和美学意蕴，也足见秦海地对中华文化经典的熟悉与喜爱。

"士不可以不弘毅，任重而道远"（《论语》），"弘毅楼"要学生"抱负远大，坚强刚毅"；"致知在格物，物格而后知至"（《礼记》），"格致楼"要学生"追求和皈依'科学精神'"；"学也者，知之盛者也"（《吕氏春秋》），高三"知盛楼"要高三学子对自己的"知识与能力高标准高要求"；"知行合一"（王守仁），"知行楼"要学生"理论、实践相结合"；"知远之近，知风之自，知微之显"（《中庸》），"知远楼"要学生"由近知远，由风知源，由微知显"；"勤耕楼"，领导办公"勤耕不辍"，学生更应如此；"思源堂"，要学生"饮水思源""一粥一饭，当思来之不易；半丝半缕，恒念物力维艰"；"铭园"，要学生"铭心立报，永矢无贰"、立志成才；"宜园"，"学习休息两相宜"，要学生"张弛有度、劳逸结合"；"名校林"，国家重点大学的学校名称及其校训，激励学生成一流人才，树一等品格。

"弘毅楼""格致楼""知盛楼""知行楼""知远楼""勤耕楼""思源堂""铭园""宜园""名校林"，这一连串的学校楼房的命名，形成一个系统的文化群落，一定程度上也是对学校文化的集约化解读。道路是脚踏实地行走的，楼房则是抬头仰望之所见。道路的命名，富有哲理性和象征性，内蕴的含义启发学生思考与联想。楼房的命名，所引的典籍丰富而多样，有不同的时代和不同的角度，但语义明白而寓意显豁，直指学生的人格修养和人生态度。

教育以立德树人为宗旨，这在中华文化传统里尤为得到鲜明的体现。"大学之道，在明明德""君子有成人之美"：学校的要旨在德性教化，教育的目的在"成人之美"。但何为德性，何以成人？韩愈曰："凡吾所谓道德云者，合仁与义言之也，天下之公言也。"道德之"仁"，从个人自身推论出来，"为仁"由己，"己欲立而立人，己欲达而达人"，体现"仁者，爱人"。秦海地对学校楼房的命名，包含着他对教育的理解、对理想教育的追求以及对中华优秀传统文化的自觉传承。秦海地注重以文化人和以文育人，培养师生的内心直觉，唤醒人之为人的良知；在处理人与事、人与人之间关系时倡导知行合一，注重师生在具体教学活动中的文化自觉以及于日常生活中的认真践行。

"墙壁文化""廊道文化""专题文化"，人文气息与自然风光浑然一体，科学精神与育人氛围相得益彰。秦海地自豪地说："置身二中校园，自然熏陶，人文感染。这样的环境使人心情舒畅、心旷神怡，使人乐观奋进、昂扬向上。人文化成，润物无声。精神立校，文化育人。校园文化透露性情，体现精神。学校有了文化，就有了精神、有了灵魂。""唯先必争""一切皆有可能""超越永无止境"，这些文化精神已经植入二中人内心深处，并转化为强大的精神力量，促使教师更自觉、更认真，学生更成功、更优秀。衡水二中的学校精神植根于中华优秀传统文化的土壤，携带着中华优秀传统文化的精神基因，因而，这所学校能成为拒绝平庸与庸俗的精神高地，创造出令人感叹的教育奇迹。秦海地借用诗人柳亚子的诗句说"此是桃源仙境界，已同浊世隔尘埃"，校长与诗人在脱俗的境界方面心心相印。

养成孩子的良好习惯

　　基础教育是一种养成教育，重在培养学生的良好习惯和品德，好习惯本身便是一种好品德。叶圣陶先生曾经说过："什么是教育？简单一句话，就是要养成良好的习惯。"秦海地认为，人的发展受制于木桶定律，即一只木桶盛水的多少，取决于它最短的那块木板，而人的发展同样如此，人生的失败往往由自己的某种坏习惯所致。因而，他主政衡水二中坚持两手抓，一手抓中华优秀传统美德的正面引导，一手抓半军事化模式的规范管理，前者是思想教育与文化熏陶，后者是制度约束与行为训练。学校管理的一柔一刚、刚柔相济，目的全在学生良好习惯的养成。秦海地说："培养学生良好习惯的养成教育，是学校工作最为基本的要素。"既锲而不舍，又细致入微，全方位抓学生习惯的养成，形成衡水二中雷厉风行的作风，也使校园洋溢着温馨的人文气息。

　　英国教育家洛克的名著《教育漫话》中有这样一段话："请你记住，儿童不是用规则可以教得好的，规则总是会被他们忘掉的。你觉得他们有什么必须做的事，你便应该利用一切机会，甚至在可能的时候创造机会，给他们一种不可缺少的练习，使它们在他们身上固定起来。这就可以使他们养成一种习惯，这种习惯一旦培养成功之后，便用不着借助记忆，很容易自然地就能发生作用了。"记住一些规则，不等于能形成习惯；耳提面命的教导和叮咛，对于习惯养成的作用微乎其微。习惯不是一种认知，而是一种行为，不在说得头头是道，而在做得中规中矩。学生良好习惯的养成，需要不断地训练，以各种形式和多样的方法进行训练。《论语》开首便说："学而时习之，不亦说乎？"这里的"习"，有专家考证出是"习礼"。良好的学习习惯、"克己复礼"的修为，孔子认为需要反复练习才能获得。

衡水二中为了抓好学生养成教育，下了实实在在的硬功夫、真功夫——每一次升旗仪式、每一期专题活动、每一个"值得回忆的日子"，让学生"热爱祖国，报效祖国"；每次放假做一次家务、给父母写一封信，家长会上给父母献上一束鲜花，让学生"感恩父母，珍惜亲情"；上课前打扫干净的讲台、讲桌乃至黑板下沿，认真仔细完成作业，让学生用实际行动"感恩老师，珍惜老师的劳动"；同学遇到困难时的一句鼓励，朋友取得成功时的一次喝彩，共同分享成功途中的点点滴滴，让学生体会友情的可贵。衡水二中的养成教育，既有专题性的精心安排，又贯穿于学校日常的教学活动之中，渗透在亲情、友情与师生情感的交往活动之中。"一屋不扫，何以扫天下？"衡水二中的习惯养成教育重在做，由细微处入手。《中庸》有句话"致广大而尽精微"，这一辩证思维与精细作风，在衡水二中的养成教育中得到充分体现。秦海地说："认真抹平的床铺、跑操到位的动作、认真书写的每一个符号，让学生规范严谨；课堂上坐姿端正、思考积极、回答响亮，让学生专注高效；每一次失败后的爬起，每一次困惑后的坚定，让学生学会战胜自己、超越自己。"

这些要求看似细微，甚至琐碎，但它却关乎学生良好习惯的养成，也关乎意志品质的培育。高中教育是基础教育最高阶段的教育，许多本该在小学和初中养成的良好习惯，如果在高中阶段再不能严格养成，那就意味着学生将终身与一些坏习惯相伴。英国思想家洛克说："我们应当知道儿童缺乏的是什么，那些缺乏的东西他们是不是能够通过努力去获得，由练习去巩固，并且值不值得去努力。因为在许多情形之下，我们所能做的或者所该做的，乃在尽量利用自然的给予，在于阻止这种禀赋所最易产生的邪恶与过失，并且对于它所能够产生的好处，大力给以帮助，人人的天生才智都应该尽此得到发展。"秦海地说："扎实进行的养成教育，使我校最终形成了'低进优出'的教育特色，兑现了'平凡的孩子接进来，杰出的人才送出去'的教育承诺，使二中学子的综合素质获得最大限度增值发展，让学生收获学业成功的同时，实现了精神、性格的华美转身。"

对于衡水二中的严格管理、细致入微的行为训练,也有一些教育专家甚为不满,认为有违教育规律,甚至有违人性。对此,我们可以引洛克的一段话来回答——"这种由导师监视,教儿童反复练习某项行为,以期养成习惯,做得很好,而不要他们去死记规则的办法,无论从哪方面观察,都是很有好处的,可是它竟这样被人忽视,我真有点觉得奇怪。"在德国哲学家康德看来,习惯的养成是一个漫长的、渐进的过程。因为人的天赋不可能自行发展,要发展人的天赋就需要教育,而好的教育一定是基于具体的个人和场景进行的。教育以立德树人为宗旨,但德行是需要训练的。康德认为"训练是为了将儿童的动物性变成人性",训练的实质是为了约束儿童无法无天的行为。人的理性不是与生俱来的,要通过成人的教化慢慢发展而来。衡水二中奇迹的创造,有力证明了秦海地养成教育思想的正确性,同时证明了持久、经常、严格培养学生习惯的重要,也与人类教育思想史上的大教育家的论断相一致。

攻坚克难，志在必胜

　　每个人都在既定的历史下创造历史，不在于你手里拿到的是一副什么样的牌，而在于你怎样才能把这副牌打好。由于学校生源质量的限制，衡水二中学生起点不高、自信心普遍不足。学生没有自信，就没有积极上进的动力，也就不会有攻坚克难的勇气。因此，想方设法培养学生的自信心，努力激发学生自尊与自强的奋斗精神，是衡水二中的必然选择。学生自信心的培育由哪儿切入呢？秦海地从美国社会学习心理学的创始人班杜拉的理论中获得启发，班杜拉认为，任何人的成长过程中都需要找到自己的榜样，当你尊敬的人强烈认为你有能力成功地应付某一情境时，你的自我效能感就会大大提高。秦海地说："教师是学生最信服的人，他对学生的学业评价最具效力。教师是学生最亲密的朋友，教师的激励会让学生迸发出无穷的创造力。所以，我校要求教师在各方面给予学生积极的心理暗示——'你能行'。"

　　叶圣陶先生指出，教育工作者的全部工作就是为人师表。在教育教学实践中，教师不仅通过"言传"来传授知识，进行品德教育，同时也以"身教"，即教师的行为影响学生，用自己的灵魂"传授"品格。19世纪德国教育家第斯多惠指出："教师除了要有丰富的学识、引人入胜的教学技巧，更重要的是要有正直刚毅的精神状态和性格力量，主动地意识到自己是学生最直接的直观对象和生动的榜样，学生缺什么，他就要从你这里汲取什么。"衡水二中奇迹的诞生，其创造的主体是教师群体。秦海地对衡水二中的重大贡献之一，是带出了一支优秀的教师队伍，每个教师以自己的智慧、爱心和忘我的奉献精神影响着学生。这种集真善美于一身的教师风范，对于学生的精神成长，是任何东西都不能代替的雨露阳光，是任何教科书、任何道德箴言、任何强化手段都不能替代的一种教化和影响力量。

秦海地说:"我们以激励教育为核心,确定激励四环节,即精神激励、环境激励、榜样激励、活动激励。让'超越永无止境''一切皆有可能''相信我们可以创造奇迹'的学校精神根植学生的内心深处,激发他们不断超越、不断进步,成为'化平凡为神奇'的精神力量。"精神激励、环境激励、榜样激励、活动激励,所要唤起的是每个学生的切身体验,激发出不断进步和超越的精神力量。这使我们很容易联想到人本主义的教育思想:引发学习者的真实体验;激发新的思考、行动和感情;学习者从体验中了解其意义;促使此体验与学习者的价值、目的、行为及与他人的关系之间产生关联;经由实际的练习以建立新的思考、行动与情感;使之内在化而改变学习者的行为。衡水二中的激励教育与学习者的生长过程有机联系,旨在促进学生作为整体的人的成长和潜能的实现,这正是一种以生为本的人本主义教育思想。

"文化长廊""楼体文化""三大文化区"是富于成长激情的文化景观,置身其间,徜徉学海,二中学子醍醐灌顶,三年求学生涯更是一次心灵之旅;名人志士、"平凡中的伟大"、身边学星、成长故事,无穷的榜样力量让二中学子张开飞翔的翅膀,在成长的天地中自由翱翔;演讲比赛、艺术节活动、体育运动会、学科竞赛、十八岁成人礼,层出不穷的学校活动,给学生搭建了放飞梦想的舞台,让青春的生命在二中怒放。激励教育如何在衡水二中具体展开? 秦海地充满激情地向我们做了生动的描述。无论是文化景观,还是名人事迹,抑或同伴的成长故事,都从不同角度给每个学生以心灵的洗礼。环境的作用是巨大的,榜样的力量是无穷的,各种各样的活动,都是梦想的放飞和生命的歌唱。秦海地说:"四环节激励教育帮助学生们重拾信心、树立自信,让他们充分发掘自身潜能,在通往成功的道路上昂首向前!"

马克思说:"最先朝气蓬勃地投入新生活的人,他们的命运是令人羡慕的。"衡水二中的激励教育造就了学生的新生活,也带给了他们令人羡慕的命运。德国哲学家费希特在《人的使命》中有一段话，似乎就是对衡水二中激励教育、对这种新生活的深情礼赞。他说："日月星辰，周而复始，天体的一切都在一如既往地跳着圆舞曲，但它们无论是谁，每次回到起点时，其状态与前述的状态绝不可完全重合，毕竟是生命，生命的机理就在于进化过程与成长过程。它们作为独立的角色，所带给世界的每一个时刻，包括每一个早晨和每一个黄昏，都会以全新的面目降临在世界上。新的生命和新的爱就像云里雾中的水珠一样，不定期地从天而降，它就像浓重的云雾笼罩在大地那样，笼罩着大自然。……眼睛所能关照到的地方，都会连续不断地、一点一滴地流入一种现实社会的滚滚洪流中，这生命会从宇宙的每一个角落，以不同的方式，向我提示我身上所潜在的各种能量，充分说明生命是一种激励自由与自主的东西。"

高考前夕，每位学生心理压力都比较大，心理比较脆弱，衡水二中精心推出的"高考七天乐"活动，让高考像过节一样快乐，帮助学生在心理上营造宽松的应考氛围，使他们信心百倍地走上考场。秦海地告诉我们，教师用彩纸制作成精美图案，寓意学生是腾飞蛟龙、破茧彩蝶、翱翔雄鹰、威猛虎狮；为学生佩戴成功丝带、自信笑脸、成功班徽，让他们在寓意高考成功的巨型榜上印下指印；跑操时为学生竖起"高考必胜"标语……他说："通过种种做法，时时处处激励学生，加强他们的必胜信念。老师们用大爱感动着每一位学生，用实际行动激励着每一位学生。"

在这里，我依然要引用一段费希特《人的使命》中的话："刚才我还感到惊奇的一个世界，现在在我的眼前突然变样子了。现在我看到的这个世界中有丰富多彩的生命，有完美的秩序与繁荣，但更大的深义却远不止这些，它向我掩盖着一个无限的、更绝妙的世界的帷幕，帷幕的后面，是极具有潜质的未来种子。令我不得不对此帷幕肃然起敬。"衡水二中的激励教育造就了一个令人惊奇的世界，原本蹒跚而行的边缘、后进学校，今天自豪地翱翔于蓝天白云之间。秦海地和衡水二中的老师们，成就了无数青春生命的丰富多彩，为他们的心灵播下未来发展的种子。

　　"教育,是以爱为基础的事业,是用生命影响生命的事业。教育应使人文精神薪火相传,对学生的管理应该以生为本,尊重学生、关爱学生,对学生的要求应宽严有度,刚柔并济,把素质教育落到实处。"秦海地的这段话掷地有声,折射出一位校长的良知与境界。他深有体悟地说:"社会的要求很实际,要让学生健康地成长;家长的愿望很朴素,要让孩子拥有美好的未来。让学生茁壮成长,给孩子一个美好的明天,这是最大的'生本',也是我时刻牢记在心的一份沉甸甸的责任。"这是一位校长的肺腑之言,他是这样说的,也是这样做的。

规矩方圆，刚中有柔

秦海地是一位富有诗意的校长，或者说是一位诗人本色的校长。他的文章有诗的色彩，又有理性的深度，是理论话语的形象表达。作为校长，他的文章说理充分，又有美的感染力，这很难得，也很少见。秦海地论学校制度有一段话——"滔滔江河，碧波荡漾，流动不居，堤岸看似桎梏，实则对他们更有'爱的呵护'。制度亦然。'非规矩不能定方圆，非准绳不能正曲直'，制度看似羁绊，实是维系一个集体存在与发展的最为基本的要素。大到一个国家——犹如东流之江河，小到一个学校——犹如潺潺之溪流，要腾起浪花、滚滚向前，都需要以'制度为岸'。"

"语言是思想的家"，而"语言的本质，必须通过诗的本质来理解"。德国哲学家海德格尔说："诗并不是随便任何的一种言说，而是特殊的言说，这种言说第一次将我们日常语言所讨论的和与之打交道的一切带入敞开，因此，诗绝非把语言当作手边备用的原始材料，毋宁说，正是诗第一次使语言成为可能。""没有规矩，不成方圆"，这似乎是谁都懂的道理，然而，字面上的理解，与对它深刻含义的把握，这是完全不同的两回事。借助形象的比喻，以抒情化的语言，秦海地把学校制度的重要性表达得淋漓尽致，而又入情入理。校长固然要有思想，但校长也要有情趣，把思想表达得很有情趣，这就是艺术，更能够打动人。

水能载舟也能覆舟，既有碧波万顷的宁静，也有奔腾咆哮的冲动。堤岸是对水的限制，也是对水的爱护，让它给人们带来福祉而非祸害。学校的制度犹如堤岸，又如成方圆的规矩，或正曲直的准绳，它是对人的限制，但又是对人性的成全。秦海地把这道理说得很透，但又不给人生硬的感觉，传递的是一种温馨的情感，能让人心悦诚服。"形而上者谓之道,行而下者谓之器",校长固然要有思想,但校长更要善于把思想化为制度设计,使"道"落实于"器"。学校教育固然要有价值指向,但学校的价值追求要通过制度体现出来,也只有通过制度的实施,才能使价值追求成为美好的现实。如马克思所言,思想的意义不在解释世界,而在于改变世界。

著名西方管理学理论"热炉法则"告诉我们,各项规章制度应当成为一座烧红的"热炉"。制度"热炉"具有四个原则:一是警告性原则。"热炉"外观火红,不用去摸,也可知道炉子热得足以将人灼伤,有事先警告的作用。二是一致性原则。"热炉"绝不会留情面,只要你一碰到它,毫无疑问肯定会把你灼伤。是真的烫人,绝不是唬人的摆设,它非常坚决和严肃,说一不二。三是即时性原则。当你碰到火红的"热炉"时,立即就会被灼伤,没有时间差,也不会拖泥带水,及时快速有效。四是公平性原则。"热炉"不管贵贱尊卑,不分男女老少,不论任何时候,谁碰到火红的"热炉",都会被灼伤,"热炉"面前人人平等。正因为制度拥有"热炉"四原则,它才能够具有不可撼动的权威性与约束力,才能在管理工作中发挥不可替代的保障作用。

以上这段话是秦海地管理理念的阐述,他以"热炉法则"说明规章制度的特点。制度"热炉"的四个原则,也是学校制度实施的基本原则。一所学校不能没有制度,制度是管理的基石。谈到现代学校制度,人们常常会追溯到古希腊,说起柏拉图的阿卡德米学园。然而,中国战国时期齐国的稷下学宫,无论规模、体制和兴盛程度都超过阿卡德米学园,特别是教育制度的设计。稷下学宫有《弟子职》,对学生的生活、修养和学习提出了全面要求。首先,强调尊师。从听讲受业到侍奉食息,通篇规定如何尊师。其次,规定修养要求。从饮食起居、受业诵读的行为习惯,到衣冠服饰、言行举止的仪表风度,再到谦虚谨慎、就德向善的思想品德,一一论列。最后,规定学业要求。这一切又以著名学者的讲学著述活动为中心展开,体现了管理的目的性、计划性和组织性。秦海地重视学校制度设计,从制度入手加强学校管理,在很大程度上是对中华优秀传统文化的继承与借鉴。

什么是制度?根据美国制度经济学家诺思的定义,制度是"人类设计的人类互动的限制"。制度总是由两个部分组成,一方面是规则部分,另一方面是执法和制裁部分。制度可以被定义为众所周知的规则,借助于它不断重复的互动行为得以机构化,它带有实施机制,在违反规则的情况下可以实施制裁或威胁制裁。秦海地说:"每一个集体和团队都有自己的'天条',即各项规章制度,制度明确规定了职工该做什么,不该做什么,就好像是标明了在哪里有'热炉',一旦碰到它,就一定会受到惩罚。只有这样,才能做到令行禁止、不徇私情,真正实现管理上的'热炉法则'。"规则有两种不同的类型:(1)准许,特定的行为或一系列被允许的行为的规定;(2)禁令,禁止一个或多个具体的行为。秦海地在这里特别强调禁令,所谓铁的纪律。他深有体会地说:"真正高效的学校管理,必然要靠制度来运行。"

秦海地以海尔集团的严格、奥克斯集团的细密为例,说明"制度是保障学校良性发展的生命线",而制度作为一种刚性规定,必须严格执行,否则便流于空谈。《韩非子·定法》说"宪令著于官府",即"法"不是个人的意志的体现,而是代表了国家的利益和集体的意志,学校制度同样是集体意志的体现,而不是出于校长的好恶。韩非子还说道,法必须公布于众,让大家都知晓,"必于民心"——必须让民众牢记在心,即由国家意志转化为民众意志。学校制度也是如此,必须让每个人都知晓,从而严格自觉地执行。法对所有人一视同仁,它的实施包括赏与罚两个方面,学校制度的实施也是如此。秦海地说:"制度治校铸就了二中的'钢铁团队',使我校驶入了发展的快车道。"

通过制度化的实施,并严格执行制度条例,从而把学校办好,这或许是校长的共同愿望,许多校长也是朝着这个方向努力的,然而效果却不怎么明显,起码不能造就像衡水二中这样的奇迹。这是为什么呢?原因固然是多方面的,所谓"运用之妙,存乎一心",所有的经验都可以借鉴,但个人的智慧却不能复制。制度有其刚性的一面，但也有其柔性的一面。制度文化的基础在秩序，制度文化的价值在自由，如何把握好秩序与自由的分寸，形成有效的张力？对秦海地而言，制度不是简单地制定，然后坚定而刚性地执行，而是制度规范行为，行为形成习惯，习惯培育传统，传统积淀文化，文化塑造灵魂。这是一条行为逻辑的链条，也是精神境界不断攀升的过程。"依规矩，定方圆；建制度，聚人心；促发展，更和谐"，这是秦海地对学校制度的文化诠释，由此，他站得更高，看得更远，学校的制度建设更完善、更有效，助力学校的发展与腾飞。

制度捍卫公平

衡水二中是一个团结和谐的集体，也是一个有着统一意志和强大战斗力的集体。这样一个集体是怎样形成的呢？秦海地说："公平与正义是实现和谐的前提条件。"公平与正义在学校集体生活中发挥着什么样的作用呢？秦海地说："公平和公正是不断修正管理方向的'罗盘'，是有利于克服管理顽疾的'良药'，也是强化团队精神的'凝胶'。"他担任校长近20年，始终坚持用"公平"捍卫"公平"，坚信"公平公正"的制度便是对"公平公正"最为有力的捍卫。

众所周知，"公平""正义"这两个概念由来已久，在古代文化的语境中就已经形成，比如，古希腊哲学家柏拉图在《理想国》中就提出并讨论了"正义"问题。与古代观念不同的是，启蒙运动以来，公平和正义这两个概念不但被置于普遍人权、独立人格，以及人与人之间的平等关系的基础上，也被置于民主政治体制的框架中。因此，在学校管理中用制度捍卫"公平公正"，这是民主政治的体现，也是学校教育和管理的基本原则。

秦海地说："让制度捍卫公平公正，首先要保证各项制度公平公正。"保证制度自身的公正性，这恰如一条河流的源头不能被污染，否则绝无公平和公正可言。所谓学校无小事，事事处处都育人。秦海地主政衡水二中，十分重视学校各项规章制度建设：从教师的一日常规管理，到备课、说课、听评课，再到作业布置、考试流程、成绩考核等，事无巨细，面面俱到，事事"有法可依"，面面"有章可循"。"不给管理留死角，不让制度有缺陷"，这是他作为校长的个人自律，也是不断提醒自己的座右铭。秦海地说："我们必须充分考虑广大教职工的根本利益和学校发展大局，逐步建立健全各种规章管理制度。制度一旦制定，它便'铁面无私'，甚至'冷酷无情'。"

众所周知,中国传统社会是天理、国法、人情的统一,彻底"无私"与"无情"很难做到。当冲突与矛盾发生时,到底哪个更重要,哪个优先呢?美国当代政治哲学家罗尔斯在《正义论》一书中,提出了著名的"作为公平的正义"的新观念。这个新观念也可以被简称为"公平正义",即把"公平"和"正义"的内涵综合起来,并用"公平"来限制"正义"。秦海地的制度化"公平公正",与罗尔斯的"公平正义",显然非常相近。当代中国社会中,公平正义的观念要得到人们的普遍理解、接受和认同,就要先行培植与其相应的文化土壤。学校是一个社会的精神高地,或可称之为精神特区,在公平公正方面要成为全社会的表率和楷模。秦海地说:"在二中,制度说了算,对事不对人。不管是谁,触碰了制度这条'高压线',就要接受相应的惩罚。制度成为捍卫公平公正的'铁面包拯',成为我校打造公平和谐校园不可撼动的'保护神'。"

秦海地的"铁面无私",所代表的是一种"法权人格",与之相对应的是所谓"自然人"。"自然人",意味着只是凭着自己的本能、欲望和好恶行动,很少顾及法律和社会规范对自己的约束。德国哲学家黑格尔在《法哲学原理》一书中指出:"法的命令是:'成为一个人,并尊重他人为人'。"他所说的"成为一个人",也就是从缺乏法律意识的人转变为具有自觉的法律观念的人。因此,强调法律和制度,严格执行法律和制度,这是对一个人的尊重,旨在使他成为真正意义上的人。秦海地引用明代张居正的话说:"法之不行也,人不力也。"他认为,要让学校始终保持跨越发展的高速度,永远充满旺盛的发展活力和强劲的竞争力,创造出更多的"二中奇迹",就必须通过"制度治校"实行强而有力的管理。有了公平公正的规章制度,就有了"热炉"里可供燃烧的燃料,而组建一支敢于管理、善于管理的管理队伍,便是向这台熊熊燃烧的"热炉"里面添加一把助燃剂,使得这台"热炉"火焰更烈、火势更猛。

《荀子·王制》说:"故公平者,职之衡也;中和者,听之绳也。其有法者以法行，无法者以类举，听之尽也。"这段话意思是说：公正，是处理政事的准则；宽严适中，是处理政事的准绳。那些有法律依据的就按照法律来办理，没有法律条文可遵循的就按照类推的办法来办理，这是处理政事的彻底措施。秦海地说："我告诉二中每一位职工，更告诫自己，学校规章制度是我们共同的行为规范，是我们取得成功的根本保障。作为二中的一名员工，遵守学校的规章制度，是天经地义的事情，没有什么可抱怨的。"他时时提醒自己和学校的管理者：必须横下一条心，把这台"热炉"真正地烧热烧旺，永不降温，确保学校的任何环节都必须按照规范运作，用"钢铁般的制度治校"，用我们的正气捍卫学校的正气。学校犹如一台精密的机器，必须颗颗螺丝拧紧，各个部件得力。学习和做事都像逆水行舟，如董必武所言"一篙松劲退千寻"。正因为秦海地有坚定不移的制度意识，又有一种如临深渊、如履薄冰的危机意识，所以衡水二中的各项制度都能充分体现公平公正，又能够以制度保障学校的公平和公正。

在中层人员例会上，秦海地多次明确表态："希望各位领导和全体教职工监督我，同时也希望全体教职工监督各主管校长、各中层领导，也希望各位教职工之间相互监督，让我们共同打造二中这片净土、这片蓝天。"打铁先得自身硬，校长自身成为严格执行制度的榜样，才能相应地要求教师和学生。谁都不能例外，学校的每一项规章制度适用于每一个二中人，尤其适用于衡水二中的管理者。所谓制度面前人人平等。《商君书》云："法者，君臣之所共操也。"商君认为，法是君主、臣子以及普通百姓所要共同遵守的东西，这样，全国上下才能有统一的行为规范。所谓令行禁止，秦海地多次强调，只要是利于学校发展、利于广大教职工利益的制度，我们就必须严格遵守，不打折扣地去执行。他说："当然，执行严格的规章制度，难免会带来一些不愉快，自己可能也会得罪一些人。作为一校之长，容不得我计较个人得失，唯有毫不动摇地捍卫学校的正气，遵规守纪的正气才能形成，各项工作才能正常开展，才能换来学校的长远发展。"

制度聚拢人心

有效的学校管理、成功的制度设置,需要主客观因素的有机融合。领导者的权威、公平公正的个人品质以及言出必行、依法办事的工作作风,这些都是主观因素;严谨的规范制度,层次分明、功能明确的学校组织,这些都是客观因素。主客观因素的相辅相成,人情和法治的双管齐下,才能造就一所充满朝气和生机的学校。而学校制度的执行情况,处处体现校长的思想境界与个人特点。公而无私、赏罚分明、公正不阿、知人善任,作为校长的这些个人特点,秦海地必须依靠良好的制度才能发挥。同样,良好的学校制度,也必须合乎人性的需要,因时制宜,合情合理,"润物细无声",如此才能协助学校目标的有效达成。

秦海地说:"管理无情,制度无情。制度是严格的规范,是铁的纪律,是冷冰冰的不可逾越的围墙。严格的管理往往使人望而生畏,如果不能顾及成员们的情感与心理需求,组织内部就很可能弥漫消极态度甚至是抵触情绪。"他认为长此以往,就会严重削弱集体的凝聚力与战斗力,这样"严"反倒成了一种"害"。正所谓"文武之道,一张一弛",良好的学校管理需要有一种弹性和张力,有效的学校管理既要讲"法",又要有"道"。法是冷峻的制度,道是温馨的人情;法是学校生存的依靠,道是教育运行的常规。

战国时期的韩非子说,治理一个国家,在"以法为本"的前面,必须冠以"以道为常"。他告诉人们,无论怎样强调"法",都要以"道"为基准。"法"的目的不是要束缚人们的手脚,而是要大家更好地有"道"可走。"安国之法,若饥而食,寒而衣,不令而自然也"(《韩非子·安危》)。这里说的"道",像人饥了要吃饭、寒了要穿衣一样,是自然而然的。"号令者,国之舟车也。"法律号令是国家的舟车，"舟"通水道，"车"通陆道，有了"法"，就有了"道"的畅通。秦海地说："在二中，我们用制度聚拢人心。学校主动寻求制度管理之美，渗透'天地之性，人为贵'的理念，完善各项规章制度，以全校师生的利益和需求作为最根本的出发点和落脚点。我们努力做到'制'而有'度'，以使制度聚焦出最大的'热能'，聚拢起最大的'人气'。"

制度是学校的命脉，维持着学校的正常运行；制度是刚性的规定，要求每个人无例外地执行。学校制度绝不是校长的个人意愿，作为集体的共识，制度要求人人都认同并接受约束。因此，学校制度的制订、出台和执行，一定要有一个群众广泛参与、酝酿和讨论、接受的过程。战国时代的荀子说："故法而不议，则法之所不至者必废。职而不通，则职之所不及者必队。故法而议，职而通，无隐谋，无遗善，而百事无过，非君子莫能。"他的意思是，制定了法律而不再依靠臣下讨论研究，那么法律没有涉及的事情就一定会被废弃不管。规定了各级官吏的职权范围而不能彼此沟通，那么职权范围没有涉及的地方就必然会落空。所以，制定了法律而又依靠臣下讨论研究，规定了各级官吏的职权范围而又彼此沟通，那就不会有隐藏的图谋，不会有没发现的善行，各种工作也就不会有失误了，这些不是君子是不能做到的。同样的道理，学校的制度建设其实也是一种民主建设，秦海地说："我们让每一条制度都成为集思广益后的民主集中，成为严谨条文下的公正合理，成为可操作的具体做法。"

在衡水二中，制度不是挂在墙上、镶在镜框里的"死规定"，而是印在教工内心、镶在教工脑海里的"活镜子"。如何才能做到让"死规定"成为"活镜子"？外在的条文怎么化为教职工内心的自觉？秦海地说："奖与惩，得与失，付出与回报，效率与公平，理解与尊重，都可以到制度那里去衡量。渐渐地，制度的约束在二中归于无形，遵守制度成了二中每一位教工的一种习惯、一种自觉。"这席话充分体现了校长的领导艺术以及渗透在学校管理活动中的辩证思维。既强调学校制度的权威性，在管理中不可通融的约束作用，又寄希望于校长与教师之间的沟通,动之以情,晓之以理,争取群众信任,以利目标的达成。秦海地身上有鲜明的中华优秀传统文化印记,学校管理思想中交织着儒法两种文化,一方面发挥法家不苟且、不任用私人、赏罚分明的廉政精神,同时又发挥儒家关怀亲切、悲天悯人的仁爱精神,培育教师的爱心与职业自尊。

例如,"提前三分钟候课",起初是为实现课堂无缝隙交接、强化教学管理而出台的一项规定,如今已成为二中教师大有作为的又一"舞台",被注入更多的内容、更多的精彩。秦海地说:"教师提前三分钟来到教室,或察言观色,了解学生情绪变化;或释难解疑,发现学生能力增长点;或营造情境,提前预热课堂……渐渐地,'提前三分钟候课'已不再是为了遵守学校的规定而不得不做的事,不再是一种约束与羁绊,而成了一种自然而然的习惯,成了一种美丽的期待……"中国传统法制以秩序为最基本的价值取向,如果没有中国传统法制秩序,就没有国家的完整和中华民族的统一,也很难设想中华民族会有如此强大的凝聚力和向心力。从这个意义上说,中国传统法制秩序功不可没。一所学校也是如此,制度的"凝聚力和向心力"都指向于人,造成人心之所向,充分发挥着聚拢人心、化育人性的作用。衡水二中的制度如春风拂面,让学校教职员工心平气和,从而愉悦地投入工作之中;像细雨润肤,让二中人心悦诚服,从而"忘我"地投入工作之中。

制度形成力量

制度构成一所学校的基本组织框架，也体现一所学校所追求的目标与品位，形成一所学校的基本运行模式与行为规范。秦海地主政衡水二中以来，他所进行的教育改革主要集中在两个方面，其一是精神立校，其二是制度设计。精神立校使"超越永无止境"的观念成为全体教师的共识，促进他们不断提高自己的专业水平和思想境界。制度设计则保证了学校的正常运行与高水平发展，使学校所有行为都有章可依和有法可据。制度与精神的有机结合塑造了一种稳定和谐的学校秩序，激发了广大教师的工作热情与创造精神，极大地提高了学校的工作效率和教育质量。对学校的原有制度进行改革与再建构，是秦海地担任校长以后的重要举措。

美国著名经济学家保罗·大卫说："制度具有分配功能，如果某些群体在创造国内生产总值上的作用日益增加，并且能够克服集体行为的困境，那么他们迟早会要求对现有制度进行变革，以求更好地符合自身的利益。"衡水二中长期处于后进状态，是一种非常尴尬的边缘化生存状态，改变这样一种现有的状况，不仅是上级主管部门的期望，也是学校广大教职员工的强烈愿望，同时也是一位新校长对学生和家长期盼的积极回应。一切从有利于衡水二中的发展出发，从广大教师与学生的共同利益出发，这是秦海地学校制度设计和改革的初衷，也是他坚定不移的根本原则。

"制度是一种公共品，它之所以能够发挥影响是因为它同时适用于不同的行为主体，制度变革并非仅为了让某一个人从中受惠，而是为了同时惠及大量有着相同或相近利益要求的人群。制度变革代价高昂，因此也就不难理解，还有各种诉求的行为主体，普遍倾向于一种投机心理，即希望其他人也有与自己相同的诉求,这样他们便可以轻而易举地'搭便车'了。'搭便车'者指的是不承担任何成本而消费或使用公共品的行为主体。"德国著名经济学家斯蒂芬在他的《制度经济学》中有以上这样一段话,大意是说制度保障并施惠于每个人,但作为特定个体常常会"搭便车",即从制度中获益而不受约束或不付出相应的代价。因此执行制度必须严格而公平,否则就会有不断的违规,愈来愈多的"搭便车",直至制度失灵甚至成为一纸空文。成都华西希望集团将"严厉和宽容"作为管理方略,秦海地对此赞许有加。执行各项规章制度不允许搞下不为例,不允许打半点折扣,学校管理中铁的纪律和铁腕治校,在很大程度上秦海地是从这一家成功的企业获得的启发。

秦海地告诉我们:"曾有人建议成都华西希望集团的董事长陈育新将'严厉'改为'严格',但遭到了一向从善如流的陈育新的拒绝。他认为,只有将严格上升到严厉的程度,才能表达他'钢铁般'的本意。在数年前,成都华西希望集团美好食品公司,还是一家连年亏损几百万元的公司,在直接归属陈育新掌管后,第一年就转亏为盈,之后连年赢利以千万元计,显示出强劲的发展势头。靠什么?靠员工'十不准'戒规。这些戒规条款每一条都几近苛刻,但正是对它的严格执行,培养员工形成了良好的工作习惯。这就是制度的力量,让成都华西希望集团高效率运转。"

学校固然不同于企业,然而从制度管理的角度看,二者有许多相通之处。"法而不行,法非法也。"严厉体现公平,严厉体现胆识。秦海地经常对每一个二中人讲,二中需要发展,二中必须发展,我们没有丰厚积淀,没有优质生源,我们必须干事创业,我们必须办优质教育,办学生和家长满意教育,必须打造"中华名校"。二中各项规章制度是保障二中发展的"钢铁长城"。不能形同虚设,每一个二中人必须以大局为重,二中制度不容亵渎。

这些掷地有声的话语,充分表明了一位校长的义无反顾以及建立在理想学校追求基础上的坚强意志和信念。成都华西希望集团是为了在市场竞争中取得胜利,衡水二中是为了在教育的竞争中,赢得自身的尊严和做出更大的贡献。愿望如何才能变为现实，怎样让二中在强校如林的衡水脱颖而出？秦海地说："制度高于技术，制度形成力量。"教育是一项需要保证基本稳定的事业，不间断的和具有冲动性的各种所谓革新，常常以冲破学校的固有制度设计为前提，其结果大多沦为有害无益的折腾，寄希望于某一技术革新所带来的根本颠覆，常常会使人们忘却教育的原点和教师的基本职责。

美国著名经济学家大卫·保罗说："制度的可塑性远不及技术来得强，并且与后者相关的现有要素中的多样性规模也远远高于前者，由于体制结构相对固定化，缺乏灵活性，不能随着具体环境的变化而变化，因而制造了使人们关注外部环境变化的激励效果……"制度不同于技术，它的价值和特点不在于多变和善变，而在于连续性和稳定性。技术是重要的，但它毕竟只是工具，它必须在特定制度下发挥作用，倘若工具理性泛滥，必然是价值理性的式微，将造成人对自身价值和责任感的降低，同时带来的是对制度缺乏敬畏感的后果。秦海地经常提醒二中的管理者，必须时刻保持清醒，宽容是有限度的，绝不允许包庇和纵容违反学校规章制度的行为出现。

秦海地说："制度重于泰山，制度形成力量。"这是什么样的力量呢？我认为，第一种力量是外观的能力，它促进教师对学生及其处境与诉求有全面的了解和理解，使教育具有针对性。第二种力量是内省的能力，它促进教师不断地自我反思，在长善救失的过程中获得更好的专业成长。第三种力量是超越的能力，这种能力表现在能跳出各种限制，促进教师不断走向更高的专业层次和道德境界。第四种力量是投入的能力，它推动教师积极主动参与教育改革，从而建立起自身的主动性和发展性。必须指出的是，这些能力常常是结合在一起的，它需要整体地活动及运作，进而达到一种和谐圆融的境界。

"力量来自公正。"秦海地认为，必须按章办事，有令必行，有令必禁，违令必究，奖惩分明。古人云："赏罚不明，百事不成；赏罚若明，四方可行。"在衡水二中，学校制度保障学校发展，形成最为强劲的支撑力量。

制度升华文化

秦海地说:"制度是文化的一种载体,管人重在管心。"这是从文化的角度来诠释制度,因而需要定义一下什么是制度,进而定义一下什么是文化? 英国社会人类学家、文化学家马林诺夫斯基说:"社会制度是人类活动的有组织的体系,任何社会制度都针对一种基本需要;在一合作的事务上和永久团集着的一群人中,有它特有的一套规律及技术;任何社会制度也都建筑在一套物质的基础上,包括环境的一部分及种种文化的设备。"

马林诺夫斯基揭示了制度的文化意蕴,指出制度所包含的"组织体系""人的需求""物质基础""文化设备"等。教育广义而言是一种文化。什么是文化? 简而言之,文化是人的创造,即一切非自然物都属文化。秦海地认为,制度"管人",重点在"管心",他看到了制度的文化功能以及它与世道人心的关系。秦海地深有体会地说:"教育是生命的对话,是心灵的交流,是精神的创造。"

文化一般可分为物质文化、制度文化和精神文化,这是文化的三个不同的侧面,也是文化不断走向深入的三个层次。中国现代著名哲学家张岱年先生认为,如果从文化角度看中国的近代史,可以清晰地看到物质—制度—精神的文化变迁过程。鸦片战争以后,中华民族的维新图强,首先是洋务运动,从器物层面学西方;甲午海战的失败,使人们看到制度的缺陷,因而有辛亥革命推翻帝制;袁世凯的复辟帝制,让人们感觉到精神层面革新的重要性,因而有"五四"新文化运动。因此,精神文化是文化的最高境界,也是文化最为本质的东西。秦海地说:"学校管理更要关注人的心灵世界。"这表明他清楚地看到制度与人的精神世界的联系,认识到必须把制度升华为精神文化。

秦海地还说："我认为，制度治校，不能过于强调外显的行为控制，不能过于强求机械的统一要求，不能过于追求短期的轰动效应，那样只能带来人们的抵触情绪，形成阳奉阴违、工作消极、做表面文章的'颓废文化'。当制度内化为所有师生的日常习惯，'物'的尺度变成师生'心'的尺度时，学校管理会变得从容、自然、文明，犹入化境，游刃有余。"从他以上的这一段话语里，我们分明可以看到，这是一种有中国特色的文化解读，是从中华文化的视角来看待制度与人的关系。

对于制度的理解与把握，西方文化的基本精神是理性与科学，非常重视明晰的定义、法则的遵从和证据的确立。西方历史上有名的法典，都注重法律基本观念的明晰界说。注重因果的探究，搞清规范的机理，掌握其运作的逻辑，然后在行为上予以遵行，而不太讲究在遵行时个人的心理状态和精神境，他们注重的只是"知"和"行"的准确、适度，这是西方法律行为的一个重要特征。

与之相比，中国人注重人的内心体验和境界。孔子说："知之者不如好之者，好之者不如乐之者。""知"是对社会道德规范的理性认知，"好"则是在"知"的基础上产生了对道德的兴趣。"乐"则是外部道德规范与个人的人格意志相融合，进而产生出审美的愉悦。孔子说："志于道，据于德，依于仁，游于艺。""道"有真理、必然的意思，"德"指社会道德规范，"仁"指和谐的人际关系，"艺"则指道德实践与社会规范完全相合，进入了自由境界。显然，西方人对社会规范的遵循并不追求这个效果，故他们只用法律就足够了；中国人则十分重视心理上的美感效果，因而显得更加复杂微妙而且深入。

秦海地说："在二中，我们让制度去关照心灵世界，让制度内化为二中人的自觉行动，并转化成二中人的心理习惯，努力将制度升华成为一种优秀的文化。"在衡水二中，领导做工作率先垂范，出了问题"首当其冲"，让二中人切身体会到"二中没有特权""制度面前人人平等"。学校评优评模、晋级晋职、奖惩得失，先有量化细则，根据自己表现"对号入座""一把尺量到底"。作为校长的他感到自豪的是:"二中人不会遭遇不公,真正体现'付出就有回报';'有令则行,有禁则止',自觉捍卫制度尊严,'有所为,有所不为',一切为了学校的利益,二中人感到一切尽在情理之中……"

《世界人权宣言》有这样一段话:所有人都生来平等,并具有平等的尊严和权利。他们被赋予理性与良知,并应以"四海之内皆兄弟"的精神相互对待。在秦海地的理解中,学校制度并不是对人性的束缚,而是要提高人的精神境界,让执行制度成为每个人的文化自觉。制度升华为文化,由"规定哪些不能做"变为"倡导哪些应该做",由"要我做"变为"我要做"。秦海地说:"渐渐地,二中制度便升华为二中文化,凝聚成二中精神,并熔铸在二中魂魄里,形成了一种可持续的教育力量。"

以人为本,制度治校

制度治校,严格执行制度,这无可厚非。制度有其刚性,无刚则不制度,这是管理的常识。然而,学校管理的对象是人,这就不能不有人性的思考以及人性化的设计。尤其作为学校的教师,一方面他们是制度约束的对象,另一方面他们又是制度的维持者和执行者。因而,学校制度必须体现人性与人道,在刚性之外有其温柔的一面。马克思说:"一窝蜂实质上只是一只蜂,它们都生产同一种东西。"人则不同,人类中的每个个体都有其特殊性,学校制度既要体现普遍需求,又要考虑到个体的特殊需要。马克思又说:"任何人类的第一个前提无疑是有生命的个人的存在。"有生命的个人是价值理论的出发点,个体既有肉体又有灵魂。有肉体及其感官欲望,所以他必须生活在现实自然界中,生活在现实社会结构中;有灵魂及其理性追求,所以他必须生活在超越的精神世界中。因此,学校制度的制定和执行,都必须从人的生命特征出发,从人的这种二元性的特点出发。

现实的社会结构必须靠制度来维系,否则人类生活无法正常进行。学校作为一种社会组织同样有这一特点,学校各种制度既保障学校教育与生活的正常秩序,又面对着每一个体的感官欲望和理性诉求,因而制度的刚性与管理的人性之间难免会发生冲突。秦海地说:"缺乏人文关怀的刚性制度很可能给教职工带来伤害,伤害他们的工作热情。"他认为,制度的刚性之剑必须在人文关怀之水中淬火,使二者有机融合,做到"既有民主又有集中,既有自由又有纪律,既有统一意志又使个人心情舒畅",这才是管理的理想局面。秦海地说:"我们始终把'以人为本,制度治校'作为我们的管理思想,'以人为本,制度治校'成为我校的立校之本、治校之基。"

以人为本，意味着对教师人格的尊重，他们享有思想的自由；制度治校，必须保障教师的基本权利，满足教师的基本需求。"以人为本，制度治校"，绝不是一种无奈的让步，或一种不甘情愿的妥协，而恰恰是学校的生机之所在，是推动学校创新发展的根本动力。

秦海地说："制度的刚性不容损害，我们一方面强调保持制度的权威性，一方面注重对教工的人文关怀。我要求包括自己在内的二中的每一个管理者，学会正确舞动'制度'与'人文'的双色飘带，注意工作程序的透明化，必须争取大多数教师对学校工作的认同与支持。"衡水二中对违反学校制度的教工，交流在先，惩处在后，在惩罚处理时，必须动之以情，晓之以理。秦海地要求每一个管理者注重对教师的"多维评价"，勿以"一眚掩大德"，多留意教师的优点与进步，注意呵护教师的自尊心与工作热情，让他们时刻感到来自学校的理解与尊重，从而时刻保持激昂的工作状态。这是对人的理智的期待与培育，即相信人有知人之明与自知之明。古人云："智出于明。明之于人，犹昼之待白日，夜之待烛火。其明益盛者，所见及远。"人类凭借理智独立思考、自由思想，可以甄别善恶，形成道德意识。人类所不同于其他动物的特性，就在于他对善恶、是否合乎正义以及其他类似观念的辨认。所以中国古代哲人说："智者，德之帅也。"

教师在衡水二中不是学校制度的被动受管者，而是个体道德价值的自我实现者。法国十八世纪启蒙思想家卢梭说："人性的首要法则，是要维护自身的生存，人性的首要关怀，是对于其自身所应有的关怀，一个人一旦达到有理智的年龄，可以自行判断维护自己生存的适当方法时，他就从这时候起成为了自己的主人。每一个人的心灵有它自己的形式，必须按它的形式去指导他，必须通过它这种形式而不能通过其他的形式去教育，才能使你对他花费的苦心取得成效。""以人为本"与"制度治校"，这二者一柔一刚，刚柔相济，秦海地说："二者如同并行的双轨，使学校驶入了发展的快车道，又仿佛张开的双翼，助力二中迅速腾飞。"

秦海地的文化理想

　　印象中，秦海地读了很多书，这位数学系毕业的校长，在文史哲方面也颇有造诣。教育，他视为文化事业；当校长，他很有文化视野。他带领衡水二中一路走来，无论处境之顺逆，乃至临难临危，他均不失文化的定力。衡水二中，这所学校的迅速崛起，与校长秦海地的文化修养有很大关系。校长有文化的自觉，学校有文化的软实力，这就是衡水二中的写照。"超越永无止境"，这是对野蛮生长的否定；高中学校更需要文明教化，这里杜绝一切血腥竞争，让学校文化闪耀着人性美的光辉。

　　秦海地说："'文化'一词古已有之，南朝王融在《曲水诗序》中说：'设神理以景俗，敷文化以柔远。''文'是错综交杂的痕迹，是一种界线；'化'是改变。各种事物有章有法地聚在一起非常'美好和谐'的一种现象就是'文'，用这种'美好和谐'的理念行之于一切，就是'以文化之'，就是'文化'的要求。而美好和谐是文化的最高要求。文之以晓义，化之以成天下，可见文化的力量。"

　　秦海地的系列文章"校长管理心语"中，谈及文化时有开宗明义的这一段话。在他的理解中，"文"通"纹"，即错杂之花纹；"化"即"变"，由一而多、和而不同。美是和谐，"文"便意味着"美好和谐"。"君子有成人之美"，教育乃人文化成。教师之"教"，其要义在"化"，如春风之化雨，滋润生命的成长。因而，文化者，以文化人、以文育人。据考证，汉语中"文化"一词，是由"文"与"化"复合而成，这可上溯到《易经》之"观乎人文，以化成天下"。"文"，通"花纹"，因色彩交错而美，可供人观赏。"人文"的含义则更为丰富，北宋史学家司马光说："古之所谓文者，乃诗书礼乐之文，升降进退之容，弦歌雅颂之声。"教育，正如司马光所言,要用"文",即美来改变人,克服野蛮的本性,提高人的文明程度。秦海地管理学校确乎有一种文化的自觉,因而,这所学校的发展和成长有其独特的文化品位。

秦海地认为,文化是沟通人们心灵的最好渠道,文化进入心灵的过程是渐进的,而一旦进入心灵,其作用便是极其深远的。他说:"文化,上善若水,看似无形,实则润物无声,融通人心。文化如水,有泽被万物之德,有汇纳百川之量,有因势利导之智,有百折不挠之勇,有随物赋形之美,有滴水穿石之力。"

这段话以水设喻,很有诗意,蕴含中国道家的文化智慧。水势居下而不争,水性至柔而可亲;水渗透而无形,润物而无声,随物以赋形,所以老子说:"上善若水。"然而,水为天下之至柔,又是天下之至刚。一碧万顷、波澜不惊,是水。泉水叮咚,一路欢唱,是水。然而,决江河、下百川,浩浩荡荡、无坚不摧,这也是水。"黄河西来决昆仑,咆哮万里触龙门",这是何等的声威?秦海地读《道德经》,能背诵,这很难得。他独到的体悟,或见之于学校管理,构成刚柔相济的文化风景。

文化具有群体性,是群体共同遵循或认可的行为模式。因此,文化对于个体而言具有先在的给定性或强制性。一个人如果明显背离其生活中的文化时,他的生存就将陷于困难。文化本身是限制个人行为变异的一个主要因素,法国著名社会学家涂尔干强调说:"文化是我们身外的东西——它存在于个体之外,而又对个人施加着强大的强制力量。我们并不总是感到文化强制的力量,这是因为我们通常总是与文化所要求的行为和思维模式保持着一致。然而,当我们真的试图反抗文化强制时,它的力量就会明显地体现出来了。"

显然,文化是人不自觉地建构起来的人之形象。在这个意义上说,文化并不简单地是意识观念和思想方法问题,它像血脉一样熔铸在总体性文明的各个层面中,以及人的内在规定性之中,自发地左右着人的各种生存活动。如秦海地所言,文化像血脉一样构成人的存在的灵魂。另外,它构成了学校运行的内在机理,从深层制约着学校教育各个领域的发展。

秦海地说："很多知名企业都非常重视企业文化的建设。"他以杭州娃哈哈集团和海尔集团为例。作为一家著名的成功企业,杭州娃哈哈集团的企业文化是"励精图治、艰苦奋斗、勇于开拓、自强不息",并以这种文化来指导每一位员工。海尔集团则提出"斜坡球体论",海尔集团认为,海尔如同一个爬坡的球,基础管理是阻止它下滑的止动力,而海尔集团倡导的"敬业报国,追求卓越"的企业精神和基于"迅速反应,马上行动"的工作作风共同形成了海尔的企业文化。秦海地说:"如果只有制度管理,没有文化管理,它们也就不会有今天的辉煌业绩。"

秦海地执掌衡水二中,着意学习著名企业的成功经验,一个重要的方面是从企业文化中获得启示。企业文化是通过各种社会进程,经过长期的发展和培育,在一个企业内部所形成的行为方式,它影响着企业成员的思考方式和行为方式,并成为保持企业生存与发展的内在动力机制。企业文化伴随着企业的成长,但它对企业产生深层的影响并不易察觉。深层的企业文化代表着企业基本的价值观念,保持企业的稳定,内含对现状的肯定,所以它对变革具有天然的抵制性。

当处于变化的环境中的企业进行战略调整时,企业文化的这种不易被改变的性质即企业文化的刚性特征便会显现出来,它阻碍、破坏企业战略调整的贯彻执行,最终使企业在竞争中走向失败。对旧的企业文化进行改造,建树一种新的企业文化,必然有一个艰难的过程。秦海地由铁路中学调任衡水二中,原学校的文化是长期形成的,绝不会因一纸调令而改变,也不会应校长的一厢情愿而建树起来。一所学校的文化重建,是一种集体与个人的心灵重塑,其意义可期,其难度也可想而知。

秦海地说:"如同卓越的企业必须有优秀的组织文化一样,真正的名校也必须具有先进的学校文化。而一所名校,就应该是精神的特区、文化的家园。一所学校要成为当地最有文化内涵、最有文化底蕴的地方。"他看到了建树学校文化的重要,也看到了学校文化建设和发展的方向,其中包含着他矢志不渝的教育理想。文化的主体是人,文化精神的核心是人的价值追求,包含着人对自身存在意义的思考,对所从事职业的价值认可。秦海地认为,学校文化是学校发展的灵魂,学校之间的竞争归根结底是学校文化之间的竞争。文化是学校的"软实力",失去了学校文化的支撑,师生的精神家园将逐渐荒芜,学校将流于平庸,学校将失去可持续发展力与核心竞争力,最终只能归于败亡!

人之区别于动物,在于有自己的文化。换言之,人总是生活在文化中。人无论衣食住行,或各种社会活动,都有明确无误的文化内涵。文化无所不在,面临历史转折时期,我们还可以体会到文化的断裂,即旧文化的衰亡和新文化的诞生。一部人类历史就是各种文化相互交织和更替的历史,既相互渗透,又生生灭灭,用德国哲学家斯宾格勒的话说,是"一群伟大文化组成的戏剧"。秦海地说:"没有文化的积淀与引领,发展只是陨落的流星,进步只是夜绽的昙花。"学校文化于他而言,不是接受一种现成的东西,而是要有崭新的创造,创造一种新的精神,进而创造一所新的学校。人既创造着丰富多彩的文化,又不断地为文化所塑造,在秦海地的理想中,文化必须成为生命的自觉,不仅要洋溢在全体师生的脸上,更要凝聚在师生的神态中、灵魂中。然而,这谈何容易。秦海地说:"正因其复杂,所以才需要用力,要让校园文化软实力铸就名校品牌,让文化成为名校的名片。"

秦海地始终记得美国组织心理学家埃德加·舍恩的一句话:"领导人真正的重要性就在于创造并管理文化,领导人是否具有独特的才华表现在能否在文化方面所做出的贡献。"在德国哲学家斯宾格勒看来,离开活生生的文化,无论"人类"还是"历史"都成为空洞的字眼。他在《西方的没落》中,用诗化的语言描述了文化的兴衰生灭,以及文化对于生命的内在本质联系。他说:"我看到的是一群伟大文化组成的戏剧,其中每一种文化都以原始的力量从它的土生土壤中勃兴起来,都在它的整个生活期中坚实地和那土生土壤联系着;每一种文化都把自己的景象印在它的材料,即它的人类身上;每一种文化各有自己的观念,自己的情欲,自己的生活、愿望和感情,自己的死亡。这里是丰富多彩、闪耀着光辉、充盈着运动的,但理智的眼睛至今尚未发现过它们。"

作为一名校长，秦海地时刻提醒自己，必须注意提升自己的文化素养，提升自己的文化领导力。以文化经营学校，是最上乘的学校管理，也是名校的必由之路。他经常告诫自己，校园文化不是表面的红火热闹，不只是形式的表现、文字的表达，更是内容的浸润、思想的渗透，它是历久弥新、无须张扬的畅达、透悟，是触摸无着、随处弥漫的细致、温馨，它是活跃跳动、激情四射的神韵、灵动，它是全校师生的思想解放、理念更新、思维活跃、幸福发展、和谐共处、教学相长，它是每个人的表里如一、是非明辨、心态阳光、积极乐观、向上向善。

此地无声胜有声

    走进衡水二中的校园,第一感觉这里像花园,繁花似锦、草木扶疏,给人一种宁静的温馨。衡水二中另一特点是,非常浓郁的文化氛围——经典名言随处可见,传递着中华优秀传统文化的精神。行走在校园内,无论循大路或小径,你会不断获得情绪的感染,得到精神的启迪。无论是直白的告知,还是借助隐喻、象征等,这些都构成这所学校特有的文化风景。秦海地说:"文化可以陶冶人的情操,净化人的心灵,规范人的行为,它是一种可持续的教育力量。"

    这样的校园环境,它所形成的校园文化,能起到什么样的教化作用呢? 秦海地认为,"蓬生麻中,不扶而直"。优秀的校园文化,时时处处给师生一种"润物细无声"的心灵感染,潜移默化地影响着师生的成长。他说:"为此,我们让墙壁说话,使展牌含情。花也悦人,树也励志;时时有品位,处处生神韵。浓郁的文化气息弥漫在校园的每个角落,意蕴丰厚的校园文化给了师生一种无声无痕的教育。"他充分看到环境对人的影响作用,也充分发挥环境对人的影响作用,这种影响是文化对人的心灵所起的感染作用。每个人都生活在一定环境里,同时又受制于生活的环境。所有的人都是环境中的人,传统的教育理论认为,人由遗传、环境和教育三方面的共同作用所塑造。

    特定的环境与师生的活动一起,共同构成学校的教育生态。生态本质上是"生命的存在状态",生态的主体是生命。美国教育家杜威说,教育就是生长。"生长",是一种"生命"状态,而不仅是"生存"状态。"生命"与"生存"的区别,就在于它的生生不息,具有不断发展的活力与内在可能性。"生态"的理念被运用于研究人时,它就不只局限于生理意义上的生命,必然深入生命的更深层,即人的精神层面。中华优秀传统文化所蕴含的，正是人的生命价值和意义，学校理应是人类文化所创造的意义世界。根据西汉思想家董仲舒发展的儒学理论，人生来是一种不完全的动物；人具有向善的内在潜力，但是并未达到实际的善。换言之，天性并不决定人类的一切，人的使命是通过后天的努力完善自己。教育的职责就在于助力学生的生命成长，引导他们积极向善，努力上进。

秦海地说："在二中，我们坚持走内涵式发展道路，极力打造体系健全、内涵高雅的校园文化。秉承'文化育人'的理念，我们加大基础建设投入，充分利用校园环境资源，营造让文化设施启迪智慧的人文环境。"在衡水二中的校园内，他们全力打造"一面荣誉墙、两大文化板块、三个文化区、四条文化路和空间楼体文化"的文化体系，精心设置了"名校林""宜园""铭园"、廊道文化、科学长廊、荣誉墙等文化阵地，陶冶学生情操，激励学生斗志。

"文化育人"，本质是以文化人，促进人的社会化。人社会化的过程是一个文化过程，人在特定的文化环境中受到熏陶和启迪，并在具体的社会生活中完成自己的社会化。法国启蒙思想家卢梭认为，人的理性本身就是社会化的结果，只是在人类合作活动形成社会和文化的发展过程中，人类才逐渐发展出自己的理性。美国现代文化人类学家格尔茨教授指出：人类是"不完全和未完成的动物，只是在文化活动中完善并完成我们自己"；作为在基因遗传意义上"不完全"和"未完成"的动物，人类只有通过学习和参与文化实践才能成就自己。秦海地的文化思想，与卢梭和格尔茨的教育理念相吻合；衡水二中的校园环境设置，其意义不在园林、长廊和荣誉墙的物质呈现，而在于对学生精神、情操的教化与提升。

秦海地认为，"道虽近，不行不至；事虽小，不为不成"，他告诉学生行动与思想同等重要，远大抱负必须付诸点滴行动，只有"积跬步""积小流"，方能"至千里""成江海"。《学记》说："虽有嘉肴，弗食，不知其旨也；虽有至道，弗学，不知其善也。是故学然后知不足，教然后知困。知不足，然后能自反也；知困，然后能自强也。"无论道路或大楼的命名，还是书写于廊墙的名言警句，它首先让学生获得一种知识性的启示,进而激发他们深入的思考与相应的行为。强调知行合一、锲而不舍,这是中华文化最为显著的特点。古希腊哲学家苏格拉底说"教育不是灌输,而是点燃火焰",秦海地说:"教育先哲的话振聋发聩,时刻提醒全校师生,学生才是学习的主体,要点燃学生求学成长的火焰,激情成长,勇于超越。"

对于其他高等动物而言,世界就好像已经被"编程"一样,但是对于人类,世界则还有待创造。与天生就会筑巢的鸟和蜜蜂、天生就会筑坝的海狸,人类的婴儿从遗传中得到的知识和能力是极少的,通过各种复杂的社会交流根本不足以掌握成熟与独立的生活方式。直到儿童在成长过程中和外部世界充分交流并将社会价值内在化之后,一种与生存环境相适应的直觉结构才趋于成熟。因此,基础教育阶段的学生,就其遗传意义上而言依然是未完成的,他们需要在集体生活和共同活动中逐步完善自己。因而,高中教育不仅是让学生获得符号化的知识,其根本意义也不在于将学生送进哪所大学,而在于让学生获得生命的成长和精神境界的提高。

秦海地注重精神文化建设,把文化视为学校管理的灵魂,他说:"二中人创造了浓郁的二中文化,文化的气息弥漫在校园的每个角落,造就了二中文化校园、二中文化师生。大道无形,教育无痕,校园文化'无声胜有声'。文化,在二中成为一种可持续的教育力量,潜移默化地影响着每一个二中人。"秦海地认为,这是一种自我管理,是自觉和自律,所唤起的是人格的尊严,而人只有在自我管理中,才能拥有真正的尊严。孔子说:"道之以政,齐之以刑,民免而无耻。道之以德,齐之以礼,有耻且格。"这段话意思是说,为政之道在于教育百姓,使其恢复良心,并凭良心做人做事。羞耻心是良心的管理力量,人有羞耻心必然自律。"知耻近乎勇",衡水二中的管理,基本方式是教化。教化作为管理方式,与处罚式的监管不同,是要唤醒人的良知。教化即文化,以唤醒人性之善,有是非之心,有羞耻之心;而监管则是一种压制,即权大的管权小的,有钱的管没钱的,是胡萝卜加大棒。文化者,以文化之,以道感人,心心相印;如春风化雨,润物无声。文化,闪耀道德之光,彰显人格魅力。

文化的凝聚力

在我的感受中，衡水二中很神奇，乃至是一个谜，让人不容易猜透。比如，这里的教师为什么这样敬业？这里的校领导为什么能这样身先士卒？他们所在的家庭又为什么能这样支持和配合？这所学校为什么能有这样一种凝聚力？作为校长的秦海地为什么能有这样的魅力？秦海地是校长，办好这所学校是他义不容辞的责任，他执着、痴迷、全身心投入，还能理解。但从副校长到年轻教师，在我与他们的日常接触中，无论是随意的交谈，还是比较正式的座谈会，也能感觉到他们的不一般——那种忘我精神，锲而不舍的奋斗，乐此不疲的奉献，而且是十多年如一日。为什么呢？

衡水二中最让人感佩的是，有一种上下同心的团结精神以及一种亲切和睦的家庭氛围，让人感受到一种家的温馨，也让人可以分明地感受到他们在朝着一个共同的目标而努力。衡水二中是一个集体，一个组织共同体，但它分明又是一个价值共同体和命运共同体，校长和教师们心心相印，这些或许是其他学校比较稀缺的，也是二中人最为自豪的。原因在哪里呢？秦海地的几句话，似乎让我获得了某种启示。他说："横平竖直的方块汉字承载着中华民族悠久的历史文化，宫商角徵羽的千古佳音述说着中华儿女的剑胆琴心。中华各族儿女共同创造的五千年灿烂文化，始终是维系全体中国人的精神纽带；中华各族儿女对中华文化的认同，增强了中华民族的凝聚力。"

汉字喻堂堂正正做人，音乐喻和而不同相处。衡水二中这种高度的凝聚力，是一种文化现象，是中华传统优秀文化的精华在这样一所学校的结晶。我也认为，无论是理解秦海地，还是理解这所学校及学校的领导班子；无论是解读二中教师群体,还是解读衡水二中现象,都需要从中华传统文化这个角度切入。衡水是大儒董仲舒的故乡,儒家文化的血脉在这片土地上有着隐约的延续。儒家的贡献在于实现社会的道德统一,从而使民风习俗殊为不同的众多地方建立了相对统一的行政。如理性选择理论所预言,社会的集体行动并非法律力所能及的,而必须由少数人组成的精英群体,他们以足够的理性或道德动机启动对社会每个成员都有利的集体行动。正是秦海地的表率作用所形成的人格魅力,带动了学校领导集体,并逐步形成一种道德的风尚,进而成为教师们自觉的集体行动。这样一种奋进和谐的学校氛围,并非完全依靠学校制度所支撑,它在很大程度上来自自我的道德约束和责任感。

从格物致知、修身齐家到治国平天下,儒家经典《大学》描绘了一个循序渐进地成就自我的蓝图,构想了一种渗透于个人、家庭和社会的理想化社会秩序,衡水二中在相当程度上就是按照这一逻辑顺序发展起来的。共同的理想目标、自觉的自我约束、不断提升的精神境界,带来了学校发展的高水平、高质量,赢得了良好的社会声誉,从校长到教师都能获得一种自我确认和油然而生的职业自豪感,能充分感受到人生的成就和人格的尊严。秦海地说:"正如雄浑壮阔的大海汇流万千江河,终成浩瀚之气。二中人的智慧与才智在学校核心价值观的凝聚之下,形成合力,学校的发展出现了'井喷'效应。校园文化成为增强学校凝聚力的精神纽带。"

儒家相信每个人都有道德转化和进步的内在潜力,每一文明社会都需要精诚合作,需要言必信行必果、表里如一并知行合一的正人君子。虽然儒家意义上的"君子"在任何时候总是局限于少数,但社会确实需要这么一个少数人构成的核心,进而才能将不同阶层和群体凝聚在一起。如果每个人都沉溺于自我利益的"理性"计算之中,进而导致无所不在、自我毁灭的短视行为,那么所摧毁的是共同的精神家园,于是也就不可能有和谐生活的家园,更不可能有什么卓越的成就。"学校是我家,发展靠大家。"秦海地说:"校园文化使得二中人有了强烈的归属感与认同感。二中的环境文化、服务文化、制度文化处处凸显教师的主人翁地位,把广大教职工的心紧紧地凝聚在一起,形成一股巨大的向心力,使得学校战无不胜,攻无不克,实现跨越发展。"

人,"最深切的需要之一就是与人亲近和交往"。社会,"不管其形式如何……是人们交互作用的产物"。马克思说:"为了进行生产,人们便发生了一定的联系和关系。"学校管理中,无论决策、激励还是领导,都依靠人际关系。"我是二中人,要为二中发展做贡献,"秦海地说,"学校的发展成了二中人共同的愿景。"衡水二中的人际凝聚力是在这理想目标的感召下形成的,共同的伟大目标、共同的事业追求,成了二中人浓郁的"二中情结",铸就了鲜活的二中精神。秦海地说:"正是校园文化的凝聚作用让二中人众志成城,上下一心。"有了文化的润泽,二中的"团队精神"迸发出无穷的能量,让二中迅速崛起,创造了教育的奇迹。

人的工作是一种社会行为,它的工作效率、行为效果既和其他许多人的分工协作有关,也和这些人的工作情绪有关,而这两点都和人际关系有关。只有具备良好人际关系的组织群体,才能使大家工作态度一致、心理指向一致。心往一处想、劲往一处使,互相协作、互相配合,群策群力,获得最佳工作效率。理想愿景、价值文化是形成群体凝聚力的最有力的武器。

校园文化的感召力

作为一所高品质的学校，衡水二中无疑对师生有着强大的感召力，这在校园形成了一种特有的文化氛围。教师对这所学校有执着的归属感，进而产生了一种建功立业的拼搏精神。在高度物化和功利化的时代背景下，衡水二中是如何建树起这种精神文化的，这种文化的价值内涵是什么呢？这或许是许多校长和研究者最为感兴趣的话题。

秦海地没有直接回应过这样的话题，但他引用过蔡元培的一段话："我们提倡美育，便是使人类能在音乐、雕塑、图画、文学里又找见他们遗失了的情感……似乎觉到自身在这个世界上有一种伟大的使命。"美，是理性精神的感性显现。衡水二中校园文化的核心价值是一种"伟大的使命感"，而这种价值是建立在学校美育基础上的。蔡元培倡导"以美育代宗教"，在他的教育思想中美育具有宗教的功能，属于信仰的范畴，是人安身立命之精神所在。

马克思也曾说："人按美的规律建造。"作为一种信仰，学校美育于衡水二中而言意味着什么呢？秦海地说："校园是塑造灵魂的精神圣地，环境的育人功能要求我们在校园环境中植入浓郁的文化元素，给校园景观赋予文化内涵，突出科学精神、艺术品位和人文关怀，营造愉悦向上的育人环境。"

"文化元素""文化内涵"，秦海地在这短短的一段话里反复强调文化，强调环境文化的育人功能，强调校园文化对师生灵魂的塑造。秦海地为什么特别强调文化？为什么对校园文化这样感兴趣呢？或许这寄托着他全部的教育理想。那么，什么是文化呢？倘若对文化有全面完整的解读，我们就能理解秦海地为什么这样执着乃至痴迷于文化立校。

文化有内涵十分丰富的人本规定性。首先,从发生学的角度来看,人的产生的根本途径就是超越本能或生物学的自然,建立一种自己特有的生存体系,建立自己的"第二自然",这就是文化。在这个意义上,文化就是人化。其次,文化包含着人与动物相区别的最根本的规定性,即超越性与创造性,也就是自由的维度。人在宇宙万物中的独特性,人所带来的独特价值,不在于自然和本能,而在于人对自然的超越和人的文化创造。最后,人与动物的根本不同就在于,人永远在追求某种创新,人又永远不满足于或停留于已有的创造,人不仅以某种方式超越给定的或外部的自然,而且也在不断地超越、更新和重建已有的文化造物。

"苟日新,日日新,又日新",超越外在的各种限定性,无论生源、经费,还是教育设施;无论外在的压力,还是内在的畏难或自满情绪,衡水二中在不断的超越中实现自身的创造和新的发展。

园林、廊道、墙壁……典雅的命名、错落的布局,蕴含着一所学校的美学追求;石刻、灯箱、艺术展牌……扑面而来的名言警句,寄托着这所学校的育人理念;飒爽英姿的体育健儿、睿智儒雅的学星风采……漫步这所校园,你处处时时会受到精神的洗礼,引发思想的启迪,激发向上的力量,这就是一种文化的熏陶。秦海地说:"文化之于人的影响,不是靠强制性的灌输,而是靠自觉性的吸取。当文化唤醒了一个人的自觉,那么它所起的作用自然不可估量。"

人于先天在本能方面不如动物,这一缺憾促使人从自然生存链条中凸显出来,以后天的创造来弥补先天的不足。这种补偿人的生物性之不足的活动,就构成了人的文化。法国著名思想家帕斯卡尔说:"人只不过是一根苇草,是自然界最脆弱的东西;但他是一根能思想的苇草。"衡水二中正因为先天不足,因此特别努力,特别有奋斗精神,有文化的自觉和教育理想,因而能不断超越,不断创造奇迹。这是一种精神的力量,也是一种思想的力量。

秦海地说:"文化无言,内心感应。真挚的师生情谊、和谐的人际关系、浓郁的教学氛围、昂扬的精神风貌、文明的行为举止,都是二中的文化元素,感召着二中学子、感召着全体二中人不停向上登攀。"现代教育具有双重功能，一是传授知识，二是培养学生的核心素养。因此它所要求学校与教师，不仅要向学生传授现代科学知识和技能，更要培养起学生的理性精神、主体意识和审美创造的追求。这种寓于教育之中的文化启蒙使人内在地建立起现代的价值取向，使师生不再满足于自在的"实然世界"，而能超越传统日常生活的自在性，走向理想中的"应然世界"。

文化于人是一种潜移默化的影响，渗透于学校教育的各个方面。秦海地说："文化如水滴石穿，似绳锯木断，对人的影响深远而持久。对于二中人来说，在二中生活是一种经历，是一种成长，更是一种文化熏陶、精神洗礼。精神立校，文化育人。二中文化、二中精神深深植入二中人的内心，并成为二中人终生受用不尽的宝贵财富，让二中发展得更快，让二中师生更成功、更自信！"经历和体验对人的成长有非同一般的意义，爱因斯坦也曾说过："学习即体验，其他一切都只是信息。"

如果把教育当作生活，那么构成教育生活的基本单位就是教育体验，师生都是通过体验来理解教育生活的意义，传承和接受中华优秀传统文化的熏陶。教育体验与一般体验不同，它总是伴随着对学生的关心，促使学生向善的方向发展，带有强烈的价值导向。从这个意义上说，校园文化像蕴含异常丰富的宝藏，挖掘不尽；又像肥沃的土壤，令植物茁壮成长。秦海地说："它孕育教育智慧，生发教育理想，提升教育品格，滋养师生心灵，成就高尚品格，令全体师生生命舒展张扬，使得学校教育有品位、有宽度、有厚度。"

衡水二中积极营造充满朝气的校园文化，其中最为重要的是自由的、活跃的、创新的超越性文化。文化是一种修养，是"润物细无声"的品味的过程、体悟的过程和涵养的过程。衡水二中的校园文化建设，充分激起师生的想象力和创造力，形成积极进取的人生态度。"桃李不言，下自成蹊。"文化，成为这所学校的灵魂，也是它高速发展的强大精神动力。

超越永无止境

衡水二中的学校精神:超越永无止境。对此,我特别认同,特别欣赏。"超越",是衡水二中的精神标志,也是全校师生的精神状态。因为不断超越,所以他们不断创造奇迹;因为超越永无止境,所以学校的变化和发展日新月异。衡水二中不自满、不停步,攻坚克难,不断走向新的创造和新的境界,正源自超越永无止境的精神追求。校长秦海地所做的一切努力,他念兹在兹的理想目标,就是要创造一个属人的文化世界和意义世界,与学校师生一起将衡水二中建成不断超越的精神家园。秦海地说:"学校文化塑造学校灵魂,学校灵魂催生学校精神。二中人充满了自信,因为二中的超越精神已经渗透到每一个二中人的血液当中,并成为一种精神基因,不断传承。"

衡水二中的这种超越精神,让每个教师都找到了生活的意义,从繁复的教学活动中,他们感受到职业的成就感和幸福感。这就是一种精神的超越。人生的最大意义,莫过于幸福地生活。幸福是快乐的感觉和目标的实现,因此,在人的精神家园中,需要有一种不竭的动力,这就是"立志"。有志者事竟成,有"志"才有"人生的着落",无"志"则是"人生的失落";有"志"才有"精神的家园",无"志"则是"存在的空虚";有"志"才有"心灵的激情",无"志"则是"心灵的冷漠"。冷漠的心灵,感受不到世界的姹紫嫣红,体会不到情感的波澜壮阔;空虚的生活便失去前行的动力,造成精神家园的萎缩。秦海地出任衡水二中校长,带给这所学校的是一种志向和志气,是对理想目标坚韧不拔的追求。共同的价值愿景和不懈的努力奋斗,使衡水二中成为校长和教师共同的精神家园,这里枝繁叶茂,硕果累累,生机盎然。

德国哲学家费希特说过这样一段话："我无法想象人类的现状会永远一成不变，也无法想象这种现状就是人类的全部最终目的。假如真是这样，那么人类的一切就只是一场梦魇，一个骗局。既是如此，人类也不必为谋生而费尽心思，不必要玩弄这种始终重复性的、漫无目的、毫无意义的生存游戏了。只有我把这种现状看成是可以达到更好的状态的手段，看成是向更高级、更完善的状态的过渡，我才会认为这种现状是值得维持的。我的目的不是为了这现状本身，而是为了通过现状走向更高点，所以我才会忍受并且重视这种现状，同时也宁愿在这种现状下尽我自己的一份责任。我的整个生命都是为美好的未来而生的。"

什么是"超越"？人生为什么追求"超越"？费希特做了精辟的论述。人，永远无法安于现状；人，总在向着更高级、更完善的状态过渡。人如果安于现状，那么人生便没有任何意义；人终究是为"美好的未来而生"，他必然有超越和创新的愿望。"超越永无止境"，秦海地以此要求自己，也以此带动教师。校长的这一文化的自觉，赋予了衡水二中崇高的境界，催生了二中人不懈的精神动力。这里没有浑浑噩噩混日子的萎靡之气，有的是奉献奋进和日新不已的创造精神。人生无不追求幸福，但幸福是奋斗出来的。以满腔的热血助力学生的生命成长，教师在成就学生的过程中成就自身的价值，在奉献、奋斗和创造中体验教师职业的幸福。"师者，所以传道授业解惑也。"为师者如果做一天和尚撞一天钟，怎能把幸福感传递给学生呢？

幸福，在最宽泛的意义上，总是离不开人的生理和心理所需要的满足。人有高于其他动物的多种潜能，因而人能为自己创造其他动物所不具有的多彩的生活世界；人有高于其他动物的多种需要，因而人能为自己创造其他动物所不具有的多重的意义世界；人有高于其他动物的多种价值，因而人能为自己创造其他动物所不具有的多样的文化世界。衡水二中建校时间短，没有丰厚的文化积淀，缺乏历史年轮的厚重印迹，但秦海地自豪地说："我们有着艰苦卓绝的创业史，那份遗憾正为二中夺人魂魄的气概所弥补。"衡水二中的发展史，一定程度上说是秦海地的创业史。在创业过程中,"一切皆有可能,超越永无止境"成了学校文化的精神内核,并转化为巨大的物质力量,指引着全体师生在绝境中求生存,在夹缝中求发展,在发展中求超越,在超越中爆发出创造的力量,创造一个又一个奇迹。

"超越永无止境",带来"一切皆有可能"。衡水二中,当年是名不见经传的"丑小鸭"、边缘化生存的"拖尾校",终于实现了华丽转身。"可上九天揽月,可下五洋捉鳖,谈笑凯歌还。"回顾秦海地主政二中的历程,分明可以看到这所学校的四次大跨越:第一次跨越是2004年到2007年,各项指标由全市末尾变成多项主要数据稳居全市前三名,成功进入全市学校的第一方阵。第二次跨越是2007年至2010年,教学成绩稳居全市第二名,清华大学、北京大学录取人数逐年增加。第三次跨越是2010年至2014年,学校办学水平跃居全省前三强。第四次跨越是2015年至2020年,衡水二中成为河北省清华大学、北京大学录取人数最多的两所学校之一。衡水二中目前一本上线率接近99%,一本上线人数是2002年的75倍。秦海地自豪地说:"二中师生多奇志,敢叫日月换新天。"教育以立德树人为根本宗旨,学校需要有高质量的教育回应人民群众的期盼。衡水二中所创造的奇迹,是超越精神所结出的丰硕成果,也是向学生和家长交出的一份满意的答卷。

人的精神家园需要不断地"超越自我",又需要不断地"把持自我",在"把持"中"超越",在"超越"中"把持"。人的精神家园是人的"安身立命"之本,然而,精神家园并不是某种既定的存在,而是一种源于现实而又超越现实的理想,是一种源于历史而又重构历史的信念,是一种源于实践而又变革实践的智慧。人就是人所创造的"生活",生活的精神家园就是创造"生活"的理想信念和智慧,就是塑造"生活"的世界观、人生观和价值观。在人与世界的否定性统一的实践过程中"自己构成自己"和"自己超越自己"的人的精神家园,为人的生活提供永不枯竭的"活的灵魂"。衡水二中的华丽转身,再一次证明毛泽东的一句名言——"在共产党领导下,只要有了人,什么人间奇迹也可以造出来。"

"超越永无止境"，二中人将超越精神印在脑海，不断地超越，实现强势发展。尽管每年都有学生毕业、老教工退休，尽管每年都有新生报到、新教工上岗，但是这种"超越"的精神已经得到很好的传承。超越精神已经凝聚成为学校的精神核心，成为学校文化的动态传承。秦海地说："在超越精神的感召下，我校领导班子，率先垂范，朝五晚十，与广大教工并肩奋斗；我们广大教职员工，爱岗敬业，拼搏进取，为学校的崛起而努力；我们二中学子，惜时好学，全面发展，为明天的使命蓄积能量。""超越"是一种精神，是一种状态，更是一种境界。在全员不断"超越自我，超越对手，超越今天"的努力下，二中一跃发展成为全国著名的"明星校"，每个二中人都因此而成功，因此而荣耀。

物理学家爱因斯坦说："不管时代的潮流和社会的风尚怎样，人总是可以凭着自己高尚的品质，超越时代和社会，走自己正确的路。现在大家为了汽车、房子而奔波、追逐、竞争，这是我们时代的特征。但是也还有不少人，他们不追求物质的东西，他们追求理想和真理，得到了内心的自由和安静。"教育是指向未来的事业。从这个意义上说，教育天然具有超越现实的本性，秦海地和衡水二中让我们看到了这种超越的本性。秦海地及衡水二中的奋斗史，也让我们深深地感受到，并需要不断重复说的是：人须有"安身立命"的精神家园。然而，精神家园并不是某种既定的存在，而是一种源于现实而又超越现实的理想，是一种源于历史而又重构历史的信念，是一种源于实践而又变革实践的智慧。

04

守正与创新
极高明而道中庸

SHOUZHENG YU
CHUANGXIN

"大学之道，在明明德，在亲民，在止于至善。"
教育的要旨在德性的彰显，在造就一代新人，
达到最为美好的境界。高中教育还要切实应
对高考，做到育人与高考的相辅相成。学校
管理既要仰望星空，又要脚踏实地。秦海地
认为，没有理想，一味追求高考升学率，那是
教育的功利主义；空有理想，没有高考升学率，
那是教育的乌托邦。

惟实惟新，高效高质

"鲲鹏展翅九万里，翻动扶摇羊角。"衡水二中，一所如此边缘、薄弱的学校，是怎样走出低谷，走向兴旺，跨越式发展，进而能自由地翱翔的？这样翻天覆地的变化是怎样发生的？这无疑是许多地方的教育行政部门，以及高中学校最为关心的问题。秦海地引用法国作家巴尔扎克的一句话回答，他说："一切事物的趋于完善，都是来自适当的改革。"衡水二中的发展紧跟着国家课程改革的步伐，得益于课程改革思想的指导。然而，这轮课改是政府主导的改革，覆盖全国各地，涉及所有的中小学校，为什么其他学校并没有发生如此巨大的变化，取得这样卓著的成果呢？个中的原因是多方面的。

秦海地经常从中国古代典籍中获得启发，他在不同的场合多次引用《吕氏春秋》的一段话："治国无法则乱，守法而弗变则悖，悖乱不可以持国。世易时移，变法宜矣。"从这一段话里我们可以感悟到，无论一个国家还是一个单位，都不能因循守旧而无所作为，应不断地通过改革增进机体的活力，这是健康发展的必然选择。从《吕氏春秋》的这段话里，我们还可以解读出另一层意思：变革的主要内容是旧的制度和方法，变革的目的是要与时俱进地创造出新的制度和方法；制度和方法既是变革的内容，又是制约和规定变革的前提条件。这意味着所有的改革必须具有价值指向，有相应的方法和策略，否则就成为盲目被动的折腾。

衡水二中的发展变化，来自国家课程改革的推动，学校课程改革带动了课堂教学与学校管理的改革。二中的改革有坚定的政治站位和明确的价值引导，不是那种被动应付、价值游移或错位的改革。所谓价值游移，是指学校和教师不知道该如何做出价值判断和选择，只能委身于某种现成的权威的说法。因为这种所谓权威的说法常常更替，所以这种被动的跟风和趋势使学校发展失去定力。学校发展没有明确的方向，没有可行的策略，更不能形成一以贯之的办学目标，这样的学校和校长必然缺乏对教师的感召力，更不可能产生一种强大的凝聚力。

在这样的学校里，教师往往会有价值的错位。所谓价值错位，是指教师认识不到自身的内在价值，对教学意义的认识和理解、对教师职业价值的追寻，完全游离于立德树人的根本宗旨之外。许多名校教师参与社会培训机构的经营，甚至以个人名义办各种补习班，从根本上来说是教师职业价值的错位，热衷于挣钱而放弃了育人的本分，使教学活动丧失了应有的教化功能。任何一所高中学校，如果没有属于自己的话语体系，没有坚定的理想追求，就不能形成明确的价值导向。而如果没有鲜明的教学价值观念的注入和支撑，教师的教学行为就没有内在的驱动力，其运行就只能是对外部刺激的反应，缺乏最基本的自主性和能动性，这样的学校和教师群体怎能取得高质量的教育成就？

秦海地说："教育是事业，事业的意义在于献身；教育是科学，科学的价值在于求真；教育是艺术，艺术的生命在于创新。"这是秦海地作为校长对教育意义的理解，也是衡水二中对教育价值的定位，校长的意愿和学校的价值定位转为全校教师的自觉追求，因而成就了教师的专业成长，也推动了这所学校的腾飞，而这些同样是学校课程改革的价值前提。秦海地由衷地说："课程改革，是教学的一场革命，如一缕春风，像一束阳光，似一泓清泉，给我国的基础教育发展带来了新的生机、新的气象，将我国基础教育事业的发展推向新的高潮。"课程改革的主体是教师，教师既是课程的执行者，又是课程教学改革的创造者和推动者。和其他专业人群相比，教师具有专业特殊性，其专业作用通过个体间的对话直接产生，中国古人称之为"教学相长"。

教师就其本职而言，是与时俱进的创造者，而不是照本宣科的讲解员。教师要清楚了解今天之学生与明天之学生的不同需求，切实回应学生当下的急需，解决今天的问题，也要为学生的终身发展奠基。这就要求教师不仅要跳出学科知识体系、构建更广阔的教师知识素养体系，还要具有俯下身子倾听学生的心声的能力；具有为党育人、为国育才的视野和情怀。这些都是今天的教师应具有的修养，对教师的教学活动提出了更高的要求。秦海地说："对我们这些'一校之长'提出了新的挑战。"

"变则通，通则久"，作为一校之长，秦海地深知课程改革的重任在肩。他说："虽然不敢奢谈自己能成为课改的'急先锋'，但投入课程改革我丝毫不敢怠慢，学习新理念、推行新举措，带领二中全体教师积极融入课改大潮，让课程改革为学校发展注入活力、带来转机，给师生成长营造'凭鱼跃''任鸟飞'的碧海蓝天。"如何让学校形成生机勃勃的生态，调动每个教师的积极性，进而形成集体的合力？教师的教育教学能力，既取决于他的学科教学水平，也取决于他投入教学和改革的热忱。此外，教师的人格、个性、气质等都是影响教学的现实力量。

因此，作为教师主体性的活动，在教学中需要赋予教师个体一定的自由空间，但教学同时又是一项集体性劳动，教师个体的教学自由不能是无限度的。完全没有限制的教学自由只能是主观的臆想，不可能存在于现实的教学生活中。而且，个体理性地追求自身利益往往还会导致集体的非理性和总体的无效率，这就意味着主体之间的竞争需要具备一定的制度前提，提供相应的平台和规则。因此，学校课程改革必须落实于具体的教学行为，见之于课堂教学行为的变革，由此构成学校的教学共同体。

学校教学共同体并不是自然生成的，而必须经过有意识的构建。好的课堂一定要给学生思考、探索、表达的空间；自主平等的课堂不是放任，而是师生的平等对话，教师有效地引导和鼓励学生，让他们体验到学习的乐趣。秦海地说，通过强力执行课改"实""改""新""活"四字方针，全面推广"一课双讲"的大公开课、大教研活动，打造高效课堂，贯彻"四主"理念，规范教学常规，培养"四有"教师，有力地推进了学校课程改革的快速发展，带来了学校面貌日新月异的变化。

务实·创新·灵活

学校的中心工作是教学工作,教育的高质量依赖教学的高水平做支撑。教学是一门科学,又是一种艺术,它主要体现在课堂教学的方式上。日本学者佐藤学说:"课堂改变,学校就会改变,课堂教学的改革是一场静悄悄的革命。"众所周知,教学方法是教师教学能力最直观的表现,课堂教学的改革主要是教师教学方法的改革,它直接关系着课堂教学的效果、学生核心素养的形成以及对升学考试的有效应对。"旨在实现目标的手段",这是教学方法最基本的规定性。基础教育是学生走向生活的通行证,它既能为他们的终身学习打下坚实的基础,也能使他们获得积极参加社会生活的基本能力。对于高中教育而言,有效、高水平的课堂教学,在多大程度上促进了学生核心素养的提升,一个现实而权威的检测标准是学生的高考成绩。课堂教学的改革旨在提高教学的质量,而高考成绩直接反映课堂教学的有效性,促进课堂教学的不断改革和完善。

衡水二中学校教育的高质量和高水平,被人们视为奇迹的高考升学率,受益于有效的课堂教学改革。求真务实,是这所学校的基本精神风貌,也是课堂教学的生命线。秦海地主政衡水二中,反复强调一个"实"字,突出一个"实"字,脚踏实地,一丝不苟,教学改革讲究实效,一切从学生发展的实际需要出发。他说:"我们要求课改必须要紧紧围绕'实效'做文章,不搞虚形式、不摆花架子、不做假样子。"秦海地认为,课改永远不能偏离"实"。通过课改要达到两个目的:一是学生知识得到增长,能力得到提高,兴趣得到培养,素质得到发展;二是教师观念得到转变,教法得到更新,技能得到强化,业务得到提升。显然,对学生的成长需要而言,课堂教学改革必须致力于四个方面:知识、能力、兴趣和综合素质。学生学习的主要任务是掌握人类已有的知识经验,包括各种知识、技能及生活规范、审美体验等。

学生的学习是在教师的指导下借助文本教材等中介间接地掌握现成的人类经验,从而避免重复人类认识史上发现真理时所经历的曲折,突破个体自学在时间和空间上所受的限制,缩短了对客观世界的认识过程。因此,教师在学生学习成长过程中的指导作用非常重要,秦海地寄希望于教师能与时俱进地转变观念,不断探索与改进自己的教学方法,强化教学专业技能,提高教学业务能力。正是这种求真务实的作风、实事求是的精神以及教学相长的不懈努力,奠定了衡水二中奇迹产生的坚实基础,助力这所学校的腾飞及持续的高水平发展。

秦海地对课改深有体会,他说:"'实'是课改的生命。没有'实'的课改是不符合教育规律的课改,不符合教育规律的课改只能是华而不实的'泡沫'课改,即使学生活跃、气氛热烈,也很可能只是一种虚假的繁荣。因此没有'实'的课改将是短命的,只能是陨落的流星、夜绽的昙花。"秦海地认为,课改不能盲目跟风,不能只注重形式。课改不是形式热闹、花样迭出,而是内容的突破、理念的更新、思想的变革。衡水二中强调课改的实效性,在课改过程中"实"字为先,不折腾、不作秀,扎扎实实地为提高学生的学习能力服务,为提升教师的业务能力服务。

秦海地认为,"改"是课堂教学改革的核心。课程改革也罢,教学改革也罢,着眼点都在"改",不断地改善、改进与提高。社会在发展,时代在进步,科学技术革命不断改变人的生活方式与思想观念,也带来教学技术手段的革命和教育理念的革新,势必从根本上颠覆传统的课堂教学模式。秦海地说:"改就是改变教师的教学理念、教学方法,改变师生在课堂教学上的地位和作用。传统的教学已经不符合现有的新课程标准的要求,已经远落后于教育的发展。因此,课改必须坚持'改'字当头,从课堂教学的理念、方法入手进行改革。"课堂教学改革的关键是师生关系的改革,教师的教与学生的学,这二者关系是课堂教学中最基本的关系，对这一关系的认识和处理，直接影响着教学活动的方式和质量。

秦海地认为，教学是两个字，一个是"教"，一个是"学"，两者尤其是后者在教学中应得到足够的重视和关注。他说："我们认为，课改工作成功的关键是'改课'，就是要变现有的'重教轻学'为'以学为重'。"在现实的课堂教学活动中，存在着"教师中心"与"学生中心"两种不同的观点。一者强调教师在教学过程中的决定性作用，掌握着教学内容的选择、教学活动的展开和学生学习进程的主动权；一者关注学生在学习过程中的主体地位，认为教学过程是学生自我建构知识的过程，倡导自主学习、发现学习。传统教学普遍强调"教"为中心，现代教学比较强调"学"为中心，在具体的课堂教学实践中，"教"与"学"是相辅相成的，但就其教育的终极目的而言，是要培养学生自主学习的能力，让学生成为终身的学习者。因此，教学活动以及课堂教学重心之所在，必然突出学生的"学"，教师服务于学生的"学"，这是必然的趋势和应然的道理。

秦海地认为，"新"是课堂教学改革的灵魂。他说："创新是一个民族进步的灵魂，也是学校发展的不竭动力。我们要求教师不能习惯于只用一种教学方法(主要是讲授法)进行教学，而是要根据学科、教材的特点以及学生的实际，采用灵活多样的教学方法，使课堂充满生机和活力。"课堂教学改革创新不是一种思辨化的演绎，而是具有价值指向的改革实践，它最为核心的关键在于：采用怎样的教学方法才更有利于学生学习和掌握科学而系统的知识，其中重要的一点是提高学生复习应考的能力，对高中教育而言这是毋庸置疑的，也是不可回避的。美国教育心理学家奥苏伯尔认为，尽管儿童早期可以通过发现获得大量的概念和命题，但这些日常概念是与特定环境和具体对象分不开的，尤其到了高中教育阶段，学校是以掌握科学概念为追求的，因为它可以脱离具体情境的限制，从而使教学突破了个人生活的局限，因而发现学习的有限地位便逐渐让位于有意义的"接受学习"。

在高中阶段，系统的科学知识的准确掌握，对于应对高考有着非同一般的意义，这就更需要教学方法的更新与改进，要将教师的"教"和学生的"学"有机结合起来。秦海地说："要根据学科、教材的特点以及学生的实际，采用灵活多样的教学方法，使课堂充满生机和活力。'新'就体现在课堂设计要有新思路，教学过程中要有新亮点，教学结束后教师要有新感悟，学生要有新收获，学生的创新能力要有新发展。"不迷信权威专家，不遵循书本的教条，打破陈陈相因的陋习，创设生机蓬勃的课堂教学生态，这或许是衡水二中课堂教学改革最为成功的一点。"新"是课改的灵魂，没有创新就没有进步。衡水二中的创新不是刻意求新、随意翻新，他们强调，"新"之体要有"实"之魂，切忌各种无用功，要实实在在地在提高教育教学质量上下功夫。

秦海地认为，"活"是课堂教学改革的出路。"活"是灵活的活。秦海地说："'活'就是不拘泥于固定的教学模式，不死板、不墨守成规，它体现了教师的教学智慧和艺术。"学生的学习就其本质而言，是在丰富多样的课堂活动中，借助语言获得知识的接受学习，或是借助结构化材料，通过操作、观察和思考而获得知识的探究学习。有学者认为，知识是由学生主动建构的，而不是游离于认识主体之外的纯粹客观的东西，因此反对教学活动中的知识授受，认为能够体现教学价值的是学生的"想法"和他自己建构的"意义"。这种说法似乎很前沿，但它与高考的要求是背道而驰的，高考所要检测的不是学生独到的"发现"。教育的重要任务，是要将系统的科学知识不间断地一代代传递下去，因而需要有高效率的教学形式和方法来完成这种任务。所谓研究性学习，是倡导以研究的态度去探究知识，使知识学习更有效、更深入，能由表及里、触类旁通，而不是指向新的发明和创造。

在基础教育阶段，学生的在校学习，主要是习得已有的科学知识，形成相应的能力，而不是如科学家那样探索、研究创新知识。基础教育的教学内容是以教科书为载体呈现的，编写教科书最基本的原则是科学性、基础性和系统性，其中科学性是最根本的原则。教科书上的知识必须是科学上已经有定论的，不确切的、尚有争议的知识不应进入课程标准和教科书，中小学尤应如此。但知识的科学性和知识接受的必要性，并不意味着教学方法唯有讲授式；反之，更需要多种的教学方式，体现启发性的原则，旨在激活学生的兴趣，取得举一反三的教学效果。况且，知识终究要转化为学生的能力，如适应考试的能力，还要培育能让学生终身受用的核心素养。

秦海地说："结合教学内容和学生实际，在教学模式、教学方法、教学设计上深思熟虑、巧妙设计、灵活多变，最大限度地挖掘教学内容的作用，发挥教师的智慧，使教学目标实现最大化。"衡水二中鼓励教师积极探索，形成灵动的教学风格，营造出百花齐放的课改风尚。衡水二中的腾飞很大程度上得益于课堂教学的改革，"实、改、新、活"是课堂教学改革的四字方针。秦海地始终强调：教师的"教"是为"学"而存在的，否则就毫无意义；教师的主导作用必须有一个落脚点，这个落脚点只能是"学"；教师所追求的目标和结果，一定要由"学"体现出来，以学习为中心是衡水二中课堂教学的基本逻辑，"实、改、新、活"是课堂教学改革的鲜明特点。

"一课双讲"说教研

衡水二中神话一样的高考升学率创造了奇迹。但之前学生的基础又是这样不理想，变化是怎样发生的？有没有什么秘诀呢？这是所有慕名而来的学校和老师最为关心的。所谓真理都是朴素的，衡水二中其实并没有秘而不宣的诀窍，如果说有什么独到的地方，也就是能根据学校的特点，认准改革的方向，抓住关键环节，把平凡的事情做到极致，使一点一滴的行为都能落到实处。诸如，学校教育工作的主阵地是课堂，课堂教学是学校教育的中心环节，高效课堂是优质教育的根本保证，高水平教师队伍支撑起高质量学校教育，但教师的高素质必须通过课堂教学实践培育。学校通过有目的、有计划地引导，促进教师自觉改进课堂教学，在研究和探索中提升专业素养。这样的道理其实谁都懂，几乎所有的学校也在这样做，为什么衡水二中能取得这样的成就？他们有没有独到而成功的举措呢？

根据秦海地校长的介绍，衡水二中为全面提升教师的素质、打造自主优质高效课堂，自2008年以来学校一直坚持"一课双讲"的大公开课、大教研活动。这项活动是学校教研活动的一大亮点，是落实课堂教学改革独具魅力的一大"赛事"，也是这所学校独具特色的"名师工程"。在这所学校，"名师"是由名师工程培养的，名师工程是怎样培养教师的呢？衡水二中所采用的是大公开课和大教研活动，具体而言就是"一课双讲"。什么是"一课双讲"呢？"一课双讲"就是由同一年级同一学科的两名教师讲授同一课时内容，参与观摩、评课的教师通过对两名教师不同的授课风格、不同的课堂处理方式等进行对比，学习两位教师的优点。秦海地校长说："这两位授课教师也通过自己讲课、听他人评课和相互对比而获得提升。此项活动的核心价值在于其具备探讨性、示范性、创新性、可推广性。"衡水二中的大公开课、大教研活动，为教师们提供一个适合学校校情的、可操作的、全新的课堂教学案例展示和交流学习的平台，不断促进着每一位教师的课堂教学能力和水平的提高。

这样的教研活动有它的理论依据吗？没有依据。这说明秦海地未受到其他教育家的启发，他也没有从理论上来概括和阐述"一课双讲"的意义之所在。但在指导思想上，秦海地无疑是重视对话和强调对话的，强调通过教研活动形成学习共同体，尽管他并没有这样来理论性地表述。日本教育家佐藤学的学习共同体理论认为，"学校应成为'学习共同体'，在教室中要实现活动的、合作的、反思的学习"。佐藤学所关注的是与教材对话，与学生、教师对话，与自我、自身对话的学习，他认为这些应该成为教学的中心。衡水二中的"一课双讲"则更具操作性，更关注过程性，着眼于怎么做。

衡水二中的"一课双讲"是一种大公开课，它的具体操作过程为：授课教师搜集充分的材料自己备课，本组教师集体备课，本组教师集体修订教案，本组教师听课，本组教师再次修改、完善教案。全校大公开课结束后全校同组教师开展大教研。备课活动的主体是教师，但备课活动指向的对象是学生，着眼点在学生的知识建构与学习能力的发展。他们所追求的是一种充分利用、发挥、展示学生学习能力的教学法，因而是最能有效激励、促进学生学习能力发展并提高教学质量的教学法。实实在在的教研，本本分分的探索，切实有效的改进，极大地提高了课堂教学的效益，提高了衡水二中的教育教学质量。

管理学有一句名言，最好的管理就是"使一群平凡的人做出一番不平凡的事业的过程"。衡水二中本来是一所非常边缘化的学校，生源是其他学校挑剩的，更不可能通过高薪或其他优惠措施去挖名师。一切都是事在人为，名师靠自己培养，教学水平在实践中提高，课堂教学通过研讨而更具活力、更高效。教学法的本质是学生学习能力的问题，改进课堂教学的目的在于培养学生的学习能力，检测教师职业素养高低的标准，最为根本的是学生的学习状态和成效。衡水二中的课堂教学研究以及教师专业素养的自我提升，绝不是一个个教师的单兵作战，而是一种集体行为，是有计划、有组织的行动，是学校有系统化的顶层设计。

秦海地告诉我们："我校的大公开课、大教研活动是全校范围的，每次活动都是同组教师全员听课，全员教研。其中教研流程为：讲课人自评，备课组长、骨干教师点评，教研组长总结点评，学校领导总结点评。"这样的流程，似乎也没有什么高精尖的成分，然而同样的流程，这所学校能执行到位，认真而精细，始终围绕学生的认知规律展开研究。秦海地说："教研时，老师们就两节课进行研讨，点评到关键处，可以回放录像或定格在某一画面再进一步展开研讨。"没有任何的花架子，没有随意性的走过场，只有一丝不苟的严谨作风。这样的研讨始终意味着分享，在表达和倾听的过程中，老师们分享彼此的认识、经验和见解、智慧，纠正、更正或补充、丰富彼此的理解和看法。

活动结束后，讲课人根据所记录的评课内容写出教学反思。秦海地说："最后，根据评课记录，教研组长进行整理归纳，在此基础上再对本次大公开课、大教研活动的具体情况、实际效果、优缺点、暴露出的问题等进行汇总归纳，整理成文字，供全校同组教师学习，汲取经验教训，调整学科组下一步的教学思路，力争打造更加高效优质的课堂。"这些是衡水二中日常教育管理行为的一个侧面，也是他们课堂教学改革的主要内容及策略，这似乎对所有高中学校都有不同程度的启发和借鉴的意义，但所有的学习和借鉴都要根据自己学校的特点，进行校本化的改造和再建构。更为重要的是要有求真务实的作风，有一种开拓创新的精神，有奉献服务的意识，才能形成团结协助的学习研究共同体。

课堂的改造和反思

提高教育质量的关键在课堂教学,这是谁都明白的道理。变课堂教学的低效为高效,这是教学改革最基本的诉求,也是学校教育最基本的要求。在基础教育各个领域,课堂教学改革始终是个热点,百花齐放,长盛不衰。教学改革必须遵循一些基本原则,学校要有自己的特点和指导方针。衡水二中课改的指导方针是"实、改、新、活",课堂改革的途径是"一课双讲",最为直接的目的是提高课堂教学的有效性。"有匪君子,如切如磋,如琢如磨。"衡水二中以大公开课为抓手,通过观摩教学中的各种对话,将围绕有效教学的研究活动引向深入,并在改革课堂教学的实践中提高教师的职业素养。

秦海地认为,课改的主阵地在课堂,教学理念的更新、教学方法的灵活运用、新教材的使用等都需要通过课堂教学体现出来。因此,他把抓课堂教学作为课改工作的重中之重。秦海地说:"新课改的课堂应该是高效的课堂,教师要在有限的时间内给学生以引导、启发和点拨,学生要在有限的时间内自主、探究、合作学习。"具体而言,他们通过"三改造、一反思"来打造高效课堂,所谓"三改造",是指改造备课、改造课堂、改造习题;所谓"一反思",是指反思教学活动的各个环节,反思课堂教学的各种要素,并做出长善救失的相应改进。

改造备课,集思广益。备课是教学活动的起始环节,只有备好课才能上好课,这是基本的教学常识。所谓不打无准备之仗,不打无把握之仗,没有对教材的深刻了解,没有对学生心理的有效把握,这样的课堂教学鲜有不失败的。对于备课的重要性,秦海地有清醒的认识,他说:"新教材知识面非常广,安排的教学课时又较少,教师必须掌握课程标准对每一个知识点的要求,对教材大胆取舍、合理组织,在教学过程中重点培养学生探究问题的能力,对知识点的教学难度必须进行有效控制。因此,课堂要想高效,功夫必须下在备课上。"课堂要高效,功夫在备课,这是秦海地毫不含糊的主张。

备课的重心在哪里? 要点又是什么呢? 秦海地鲜明的主张是:吃透教材、聚焦知识点、培养问题意识与探究能力。万变不离其宗,改革不能背离学校教育的规定性。学校教育以教材为依据组织教学活动,学生学习是在教师指导下进行的,因此,教学活动开展的前提是熟悉教材,了解课程标准的知识要求。值得一提的是,相当一部分典型的课堂教学改革,他们的教学主张是以淡化知识为特点的,这样的课堂教学似乎显得很活泼,但学生很难完整而深刻地掌握学科基本知识,不能形成基本的应用能力,这样的学校教育质量普遍不高。

衡水二中是怎样进行备课的呢? 首先,他们强调集体备课,通过集体讨论、完善教案学案,形成一套切实可行的方案。其次,改造备课的重点内容,使之与新课程相适应。秦海地说:"我们强调以'活动设计'为中心进行'四备',即备课程理念、备学生活动、备学生心理、备课程资源,并将学法指导、思路分析、知识迁移、规律总结等明确地体现于教学过程之中,使课堂教学尽量呈现开放性和动态生成性,从而强化备课的实效性。"

改造课堂,灵活高效。秦海地认为,有效上课是有效教学的核心,而课堂上的有效"提问"和"激发"学生讨论、思考是有效上课的关键环节。美国教育家杜威的实用主义知识观特别强调问题情境的作用,认为真诚的困惑与真实的问题情境是教学的根本。课堂教学活动的过程构成师生的双边关系,促进教师和学生在对话中发生认知碰撞,促进师生的共同成长。师生的知识生成无法脱离具体教学情境,而情境正形成于知识教学实践的过程中,它是围绕问题展开和以问题进行导向的,师生通常在需要解决具体问题时,才能表现出自己的认知能力、知识掌握的程度和学科核心素养。秦海地说:"我们要求教师的提问必须有严密的科学性、逻辑性,即教师要善于提问,要设计好切入点,教师的提问对所讲内容而言,要有'牵一发而动全身'之效,便于开启学生心智,激活学生思维,引导学生进行深层多向的思考与探究。"

改造习题,凸显特色。人们对衡水二中误解最深和偏见最大的大概是以为这所学校学生的学习负担特别重、学校提高教育质量全靠没完没了的刷题。刷题是一种机械简单的大运动量训练。如果衡水二中的成功真是这么简单而刷题真是这么有效的话,为什么那么多狠抓考试练习,一味加重学生作业和练习负担的学校的教育质量和升学率没有得到提高,甚至适得其反呢?为了提高学生的学习效率,衡水二中各备课组精心编制适合本校学生特点的导学案、限时训练和"自助餐"式习题,让基础好的学生可以"吃得好",基础一般的学生能够"吃得饱"。习题练习是对课本知识的消化,既是巩固已学知识,也是对知识掌握程度的一种检测,更为重要的是通过应用练习,让学生加深对知识的理解,促进知识的有效迁移,教师则根据学生的练习情况改进后续的教学。

练习题必须是适量的和有效的,是难易适度的,偏难的习题会挫伤学生学习的积极性让他们产生畏难情绪;偏易的习题或误导学生,让他们产生盲目乐观的心理。面广量大的同质化的习题设计和与之相应的大运动量的作业练习,是对学生危害最大的,也是最应该避免的。因为它不但让学生对学习产生疲劳感,产生厌烦的情绪,而且学生的认知也没有得到有效发展。能力没有能够得到相应的提高,学生必然感到痛苦和无奈。针对学校学情,衡水二中确定组题原则:习题难易度适中,偏难、偏怪题坚决不选;其次,侧重选择能体现重点知识、学生错误率较高和适合学生探究的典型性试题。秦海地说:"这在巩固学生所学知识的基础上,减轻了他们的课业负担,而且多角度地开发了他们的思维,提升了他们分析问题、解决问题的能力,该原则取得了良好的教学效果,深受广大学生欢迎。"

反思提高,彰显个性。衡水二中在研讨中发展,在反思中成长。秦海地说:"课改的精髓在于教师在课改中的逐步成长,并使教师成为课改一线的教研者。为达到这个目的,学校要求每位教师都写教学随笔、课后记之类的反思性文字,对教学实践环节中师生双方教与学的行为进行剖析，找出课例中的成功之处。更主要的是寻找不足，加以改进，必要时形成案例分析，在案例反思的过程中优化教学行为，促进教师成长的专业化。"真正不断催促教师去反思的，正是教学活动中存在的各种问题和困境，而这些问题和困境的解决往往需要时间和耐心。旧的矛盾解决了，新的矛盾又出现了，这是事物发展的辩证法。一个问题或困境解决了，新的问题或困境又出现了——教师正是在与这些问题或困境的长期相处中逐渐成长起来的，而学生也正是在这种认知的挑战中获得了对必备知识的理解，同时形成了相应的关键能力。

衡水二中促进教师反思习惯的形成和反思能力的发展，主要抓住教师教学随笔和课后记的写作，旨在对已有教学行为进行持续地书面分析，达到教学的优化和教师的专业化。相当多的高中学校也抓教师的教学反思，但像衡水二中这样，有意识、有章法、坚持不懈地让教师形成写作—分析—积累案例逻辑链的学校，或许并不很多。对于基层学校而言，问题就是课题，教学就是研究，教师和学生有效地成长就是成果。秦海地告诉我们："学校应该把教学中的问题升级为课题去研究，从实践升华为理论，丰富教学成果。通过反思，也帮助教师们把课堂变为一个充满魅力的地方。"如果说衡水二中的奇迹有什么秘诀的话，那么秦海地这番话当中就包含着学校跨越式发展的密码。

课堂教学与"四主"理念

　　学校教育改革最终都要落实于课堂教学,课程改革的理念需要通过课堂教学呈现,教师的教学水平需要通过课堂教学展示,任何一所办得好的学校都有属于自己的对课堂教学的理解,也都有一些课堂教学变革的指导思想,并形成与之相匹配的课堂教学模式。任何一种课堂教学模式都涉及师生关系,近现代学校教育制度建立以来,一直存在着两种根本对立的师生观。一种是以赫尔巴特、凯洛夫等为代表的教师中心论,认为教师是教学的中心,"学"是依附于教的;一种是以卢梭、杜威等人为代表的学生中心论者,他们认为学生才是教学的中心,"教"是服务于学的。

　　这一轮新课程改革大体是卢梭、杜威教育思想的回归,强调打破教师中心、课堂中心和教材中心的传统,强调学生中心、活动中心和教育向生活的回归。这对于调动学生的学习热情,使学生真正成为学习的主人,激活课堂教学的气氛,有着非常积极的意义,但同时也带来某种偏激与失衡。衡水二中打造新课程背景下的课堂,他们提出"以教师为主导,以学生为主体,以问题为主线,以学生发展为主旨"的课堂教学"四主"理念。这些看似很平凡、也很实在,并不特别令人耳目一新的理念,恰恰包含着秦海地对学校教育、对课程教学的理解,其中有着强烈的改革诉求,也的确为衡水二中的课堂教学带来根本改观,极大地提高了师生"教"与"学"的热情,提高了教育教学的质量。

　　什么是"以教师为主导"?首先,秦海地并不执着于谁是主体,避免了抽象化和概念化的争论,直接面对课堂教学的需要,面对学生发展的需要。无论强调教师为主体,还是强调学生为主体,都有把对方纯粹视为客体的弊端,忽视了人的生命化特征,否认了人的主观能动性。教学活动本质上是心灵的对话,智慧的碰撞,是生命的相互成就。秦海地说:"课堂教学中,教师必须对整个课堂教学的整体负责,把握课堂的方向,掌好舵、领好航,把学生引入知识的殿堂。"他认为,教师的主导作用就体现在本节课要"达到什么目的""完成什么任务""提高学生什么能力""最终达到什么水平"之中,这些都要通过教师预设各种情境,引导学生参与到学习中来。

在诸多教育专家的论述中,教师被认为缺乏改革的动力和热情,有人甚至认为一些名优教师、特级教师是教学改革的绊脚石。这样的看法和舆论极大地挫伤了教师的教学热情以及投身教学改革的积极性。教师的知识没有得到尊重,教师的专业水平没有发挥的空间,他们就看不到自我发展的希望和前景。有些教学改革只根据工具主义和实用主义的需要,重点开发和发展教师的某些教学技能,而没有认真考虑他们所拥有的知识和认知方式,更没有考虑到教师的人格魅力以及他们的人格对学生所产生的影响,其结果是给教师带来强烈的不安全感,由此让教师产生抵触情绪。"闻道有先后,术业有专攻",无论从哪个角度说,教师之于学生都是先学者、专业者和教导引领者。衡水二中辉煌成就的取得,从根本上说是取决于教师高超的专业水平和奉献创造精神。秦海地同时又指出:我们强调教师只是课堂的"导演",真正的演员是学生,教师绝不能包办代替,"越俎代庖"。

以学生为主体,在秦海地的理解中,这里所说的主体,并非针对客体而言,而是主人的意思,学生是主动学习者。在学生与教师的关系上,在课堂教学的活动过程中,"教是为了不教""要授之以渔,而不是授之以鱼"。秦海地说:"教学过程中,学生是学习的主人,教师的教是为了学生的学,是为了让学生学会学习。教学的根本目的在于使学生学会做学习的主人,能自觉主动地学习,成为自我发展的主体。"从秦海地的这一段论述中,我们可以看到他对"主体"的特定诠释。他进一步解释说:"我们强调,应通过采用各种有效的形式去调动学生学习的积极性、主动性和独立性,引导学生通过自己积极的课堂参与去掌握知识、发展能力、完善人格。"

学习是个体主动建构自己知识的过程。学习就像思维和认识一样,是一种主体现实建构的自我控制过程,这种积极的建构将是反馈的,并且在先前的结构和网络的基础上发生。因此,学习不是由教师把知识简单地传递给学生,而是由学生自己建构知识的过程。学习不是简单的信息输入、存储和提取,而是新旧知识经验之间双向的相互作用过程。由于学生是认知的主体,是知识意义的主动建构者,因此,学习不应该由外部来决定,学习也不是对外部准备好的信息进行加工;学习是一种个体对现实世界创造性的理解过程,理解是一个意义赋予的过程,学生必须根据自己的知识经验对建构对象做出解释。在建构主义看来,思维和学习不是由外部决定的,而是通过已有的结构规定的。建构主义教育思想很好地解释了秦海地的"学生主体论"。

以有价值的问题引领为主线。教师主导,要以什么来主导呢?又围绕什么展开呢?学生为主体,是一种什么样的学习状态,又有着什么样的价值指向呢?"不愤不启,不悱不发。"秦海地认为,如果学生没有思考,就不会有收获,就无法保证课堂的效率。他说:"我们要求,教师要合理有效地创设情境,提出有价值的设问,去引导学生逐步深入,积极思考,在不知不觉中参与到课堂教学过程之中,在潜移默化中激发学生学习的兴趣,培养学生学习的能力。"任务情境,是学习任务呈现给学习者的问题解决情境,它蕴含着等待学生学习的知识和智力操作。

教学活动要创设一个丰富的学习环境,让学习者有足够的自我建构知识的空间,使学习者建构知识,并积累生活经验。如果学生在主观上能认识到他的学习机会,而且具有自由活动和自由发挥的空间,那么,这样的学习活动就是成功的。教学活动应促进和接受学习者的自主精神和首创精神,把创设一个学生能够自我发挥的良好的学习环境放在重要的位置。教师引领的教学活动不是按照自己的观念世界、经验世界和认知结构来组织教学,而是按照学生的观念世界、经验世界和认知结构来组织教学活动。促进学生的相互对话并与学生对话，放弃教给学生现成答案的教学行为；在教学中设法使学生对错误和矛盾进行讨论，对假设进行批判，并对真理提出疑问，这是建构主义教学活动的显著特征。

以激发学生兴趣、培养学生能力、提高学生素质为主旨。秦海地所说的"素质"，不仅指一些基础知识和基本能力，也包含着内在的一些非智力因素方面的发展，以及构成学生思想修养和道德情感的价值观等。秦海地说："如果教学只是为了完成规定的教学内容，这难免失之狭隘。新课程标准中强调要把学生的发展放在首位。所以我们把教学的目的放在学生能力的培养上，让学生在掌握基本文化知识的基础上获取能力的最大提升。"高中教育重要任务是提高升学率，让高中学生有更多的选择，从而使他们未来的生活之路更为宽畅。但这绝不意味着片面追求升学率，更不意味着完全依据应试要求设计教学行为。

学校教育的根本任务在成就人，在立德树人，成就人的德性，也成就人的个性。认知弹性理论认为，人的认知随情境的不同而表现出极大的灵活性、复杂性、差异性。同样的知识在不同的情境中会产生不同的意义。不仅不同的主体对同样的知识会建构出不同的意义，即使同一个主体在不同情境中、不同条件下对同样的知识也会建构出不同的意义。衡水二中的发展和腾飞，很大程度上取决于课堂教学的改革，课堂教学的"四主"理念——"以教师为主导，以学生为主体，以问题为主线，以学生发展为主旨"，是朴素的，也是科学的；是基本原则，也有弹性与张力；有逻辑的自洽，也具有普适性的意义。

课堂常规与"四五"策略

  任何一所高质量的学校都有自己的课堂教学常规,任何一个高水平的教师也都有自己的课堂教学策略,这些课堂常规与策略形成特定的教学框架。教学框架能帮助教师理解、规范课堂,它是有效达成教学目标的工具。正如美国学者丹尼尔森说的那样,新教师可以把框架作为"地图",引导自己穿越最初的教学迷津;老教师则可以把它作为"支架",让自己的教学更有效率。教学框架不仅能够规范教学行为,也能够帮助我们更好地观察和评价课堂。有效课堂的框架,一直是教育学家所苦苦探索的。早在200多年前,德国教育家赫尔巴特的学生齐勒尔和赖因把教学过程分为准备、提示、联合、总括与应用五个基本阶段,苏联教育家凯洛夫在《教育学》中则把五个阶段改造成为六个阶段。

  我国一些名校、名师都有自己的课堂教学框架,如山东省的杜郎口中学有"三三六"自主学习模式,这个模式包括预习、展示、反馈"三大模块"和预习交流、明确目标、分组合作、展示提升、穿插巩固、达标测评"六大环节"。著名数学教学家邱学华有"尝试教学法",他把教学分成七步:准备练习—出示尝试题—自学课本—尝试练习—学生讨论—教师讲解—第二次尝试练习,它强调的是"先试后导,先练后讲"。衡水二中有怎样的课堂常规和哪些独到的教学策略?又形成了怎样的教学框架?这是人们普遍感兴趣的,而且他们特别想了解,这一教学框架的奥妙和意义在哪里。秦海地告诉我们,衡水二中的教学框架不复杂,更不神秘,所谓课堂常规,即"四五"策略。秦海地说:"这里的'五'不是一个固定的数字,不是为了完成而完成,而是一种教学理念的体现。它体现了教师的主导作用和学生的主体地位,真正地把提高学生的素质放在了首位。"

第一，每堂课设计五个有价值的问题。设计这些问题的目的，一是促进学生建立新知识内部的联系，二是激活原有知识并促进新旧知识的整合。简言之，设计这些问题的目的就是促进联系、促进理解。促进新旧知识联系是最为关键的教学事件，也是整个教学过程的核心。只有建立了这两种联系，新的知识才算被理解了、被习得了，而精加工式提问方法是促进这些联系的有效方法。秦海地说："有价值的问题能为整堂课'提纲挈领'，有价值问题的引领，可以启发学生的思维，提高学生的兴趣。"上海市教育科学研究院副院长顾泠沅先生，他是位著名的教育改革家，他明确提出了有效的课堂教学结构，即以问题情景组织课堂教学：把问题作为教学的出发点，在讲授的同时指导学生探究、发现、应用知识，通过变式训练，指导学生连续地构造知识系统并不断反馈调节。问题导向的重点，在于激发学生的学习兴趣，活跃并充分发展学生的思维。

第二，连续讲课的时间不超过五分钟。五分钟，其实是一种警示和提醒，警示教师摆脱灌输式教学，提醒教师关注学生的需要，让学生成为学习的主人，使学习在特定的情景里真实发生。秦海地说："课堂要给学生留有充分的思考时间，让学生紧跟老师的思路，在思考中不断地进步和发展。"五分钟，这是一个不长的时段，倒逼教师改进教法，做到要言不烦、提纲挈领，从而将更多的时间留给学生，让学生能从容思考和练习，以消化新知，勾连起新旧知识的联系，培育学科核心素养。五分钟，是一种限制性策略，所谓"不过正不能矫枉"，旨在改变教师的一言堂，形成民主活泼的课堂氛围。连续讲课的时间不超过五分钟，体现了课堂教学各个环节的时间分配，如江苏省泰州的"洋思模式"，其中有将激发学习动机限定在1分钟左右、测自学质量限定在2分钟左右等措施，这使课堂教学框架更为有序、课堂行为更加细化，从而提高课堂教学的质量与效益。五分钟，只是一个大体的规定，而不是死板的教条，它是一种学生本位的教学设计。

第三，每节课最后五分钟留给学生思考总结。20世纪80年代，中国科学院心理研究所卢仲衡教授提出"启、读、练、知、结"的"自学辅导模式"，要求教师在上课后和下课前的15分钟进行"启"与"结"，其余时间由学生自主完成阅读、练习、反馈的学习过程。这一教学框架明显有凯洛夫课堂模式的痕迹，教师主宰教学过程，占有主要的课堂时间，自始至终控制着学生与课堂。这一框架当年不无积极意义，但今天看来已明显落后。秦海地则反其道而行之，把最后五分钟留给学生，他说："最后五分钟要让学生回味梳理、质疑讨论，老师做学习指导、效果询问、问题答疑。"这不仅是对学生的信任和激励，也是真正地让学生成为学习的主人。中国古人论写作，说是"结句当如撞钟，清音有余"，课堂教学又何尝不是如此？最后一个环节的师生对话，于学生而言是质疑问难，于教师而言是因势利导，由此将认知引向深入，使思考延伸至课外。什么是深度学习？这就是一种深度学习。什么是教学相长？这就是典型的教学相长。

第四，每节课要有五次鼓励性点评。这是一个具有创造性的设计，使教、学、评一致起来，构成一条完整的逻辑链。通过点评检测教与学，促进教与学的改进，充分体现了评价的导向功能。鼓励性评价活跃着课堂气氛，既吸引学生的关注，又激发了学生的深入思考，非常符合学生的学习心理。鼓励性点评，是师生间的积极互动，既提升了学生的自信，让学生产生良好的情感体验，形成对自己认知过程和结果的反省意识，促进学生审视自己在解决问题过程中所运用的认知策略，帮助学生建立良好的思维模型。作为一种效果评价，它是与问题解决过程融为一体的"场合驱动评价"。秦海地说："点评，可以让学生知道对错。正面的点评可以培养学生的自信，提高学生的兴趣；负面的点评会压抑学生的思维，降低学生的兴趣。正确运用鼓励性点评，会让学生感受到老师对他的尊重和信任，有利于学生身心的发展和整体素质的提升。"人的能动性是其内部因素(认知的、情感的、生理的等)、行为和环境三者交互作用的产物，同时又对这三者发挥能动性作用。五次鼓励性点评，将能动性的火花点燃，能激发学生智慧的生成。

2021年高考成绩揭晓，衡水二中再创新的辉煌，再次证明课堂教学改革的成功，其中"四五"策略功不可没。

课堂常规与教师作为表现

　　课堂教学中的主导者永远是教师，这一点是无可置疑的。学校教育不同于其他形式的教育，学生是在教师指导下学习，以教材作为依据，并以课堂作为主要的活动天地。学生诚然是学习的主人，但这是相对于教师的主导地位及指导作用而言的。有怎样的教师就有怎样的课堂生态，学生的学习就会有怎样的状态，教学活动就会有怎样的效果，这些道理都是不言而喻的。课堂教学改革最大的受益者无疑是学生，但它首先必须落实于教师的行为自觉，形成一些行之有效的教学常规。不同的学校对课堂教学常规有不同的要求，衡水二中的课堂教学常规，在长期的探索研究过程中逐步形成了教师的"四有"。

　　一是有忘我的激情。秦海地说："有激情的课堂，可以点燃学生思维的火花；沉闷的课堂，会熄灭学生思维的火花。激情，是教师职业精神的重要体现。教师在课堂上热情洋溢的表现可以极大地吸引学生，能够带动学生全心地参与到课堂中来。"激发学生求知的热情，培养学生的探究精神，这无疑比教知识更重要。任何鲜活的生命中都涌动着自我生长的力量，这在高中学生身上表现得尤为明显，凡优秀教师都能充分地激活这种力量，并把这种力量引向正确的方向。正如英国教育家斯宾塞所言："兴趣是求知和学习最大的动力，这不单是一种方法，而且包含着人类获得知识的一个充满智慧而古老的法则。"衡水二中要求每一位教师都必须精神饱满地走入课堂，用教师的激情点燃学生的激情，让课堂活起来、动起来。正如德国教育家第斯多惠所言："怎样才能使学生愿意学习，怎样使他在学习一门学科时产生愉快的感觉？第一，对学科要有热爱，教师对学科的热爱会传导给学生；第二，教师要使学生在学习时有向学的愿望；第三，不言而喻，讲述学科时要合乎教学论的原理;第四,这是主要的,要激发学生的情感和意识,使他感知到一些东西并且会做一些东西,使他感到自己是在前进。"高中学生相比小学生和初中生而言,有更重的学业负担,这是客观存在的事实,也是无法改变的现状。在这样的前提和背景下,教师的责任不仅是学科知识的教学,而且要将自己的激情传递给学生,打动学生的心灵,激发学生的上进心。生命成长、个体发展,并不是孤立的个人行动,而是时刻向着他人与世界积极开放的生命姿态。唯有教师的热情才能激发学生不畏困难的精神、培养乐于学习的态度,唯有富有想象力的教师才能理解、启发学生的想象力。

二是有鲜明的个性。"百人百性",秦海地认为,教师的性格不同,对待相同的教学内容也会采用不同的教学方式。秦海地尤为关心年轻教师的成长,他说:"年轻教师在成长的过程中,开始经常会盲目地模仿别人,没有自己的风格,不能把自己最大的优势发挥出来。所以,我们提倡教师,尤其是年轻教师,一方面要积极地向他人学习,取长补短;另一方面,要充分利用自身的优势,在比较中成长,形成自己的教学风格。"教育作为激励的艺术,其要旨就在于唤起个体生命向着更高事物开放、保持生命积极向上的乐观姿态。年轻教师与高中学生的年龄差距比较小,他们对学生的认知方式和情感特点比较了解,因此容易与学生沟通,学生也容易接受他们的教育,与他们产生情感的共鸣。与经验丰富的老教师相比较,年轻教师的知识储备,尤其是教学经验相对不足,但他们更有工作热情,有学习兴趣和创造的动力。因此,学校领导要关心年轻教师,充分相信他们,帮助他们成长,让他们在承担责任的过程中成长得更好,形成教学与研究的个性。古希腊哲学家柏拉图在《理想国》中说:"教育实际上并不像某些人在自己的职业中所宣称的那样。他们宣称,他们能把灵魂里原来没有的知识灌输到灵魂里去,好像他们能把视力放进瞎子的眼睛里去似的。"根据柏拉图的看法,学习能力是每个人灵魂里固有的能力,教育无非就是激活和焕发这种能力,根据不同教师的不同特点,学校把他们引向个性化成长之路,趋向自我完善的生命姿态。

三是有创新的亮点。秦海地说："课堂教学不可能时时精彩、处处精彩。但是我们可以让教学过程中的某一个环节或片段成为吸引学生的亮点。"他认为，一个新鲜的事例、一部幽默的短片、一段巧妙的情境设计、一个使人醍醐灌顶的提醒，都可以成为课堂的亮点。捷克教育家夸美纽斯在《大教学论》中有一个精彩的比喻："我们从自学者的例子中最能看清楚，一个人在自然的领导下能够钻研有关万物的知识。好些人通过自己教育自己，获得了很大的进步，较之受过导师的令人厌倦的教导的人的进步还要大。这岂不是告诉我们，万物确乎都已存在人的身上；灯、油、火绒以及一切用具都已具备，只消他善于擦出火星，着上火，点好灯，他便立刻能够看见，能够充分享受世间稀有的珍藏。"优良的教育就是点灯，点燃个体内心对美好事物的欲求。秦海地认为，优秀的教师就是学生心灵世界的燃灯者，他说："因此，我们要求教师每堂课必须有创新的亮点，让学生的思维为之一振，以收到意想不到的效果。"

四是有精巧的设计。秦海地说："课堂教学是教师辛勤汗水的结晶，是教师智慧的体现。精心巧妙的课堂设计是教师智慧的展示。我们要求，每一节课教师都要深思熟虑，通过对课堂导入、课堂教学、课堂设疑等环节精心巧妙的设计，把教学内容和对学生的期望融入自己的教学当中，有效地达到预期目的。"当代美国学者宾克莱写有一本著作，书名是《理想的冲突》。在这部著作中，宾克莱提出这样一个观点："一个人在对他能够委身的价值进行探索时，要遇到许多竞相争取他信从的理想，他若要使这种探索得到满足，就必须对各种理想有所了解。"教师作为课堂教学的主导者，必须对课堂教学的价值有自己的理解，能比较各种课堂教学结构的优劣。宾克莱还说过这样一段话："马克思对于我们今天的吸引力仍是一个道德的预言，人们如果根据人类价值考察现在社会上的种种事实，然后根据自己的发现而行动，以使我们的世界成为一个一切人都能变成更有创造性和更为自由的地方，这样我们就是忠于马克思了。"有一定的价值导向，有朝向理想的目标，无论是造就一个更好的社会，还是构建一个充满活力的课堂，都需要我们有积极的行动，挥洒自己的心血和汗水，贡献自己的智慧，从而让一切变得更为美好。在成就美好而理想课堂的同时，事实上也成就了教师自身的专业成长。"好风凭借力，送我上青云。"在课改实践中，衡水二中涌现出了一批教学新秀，他们用崭新的教学理念驾驭课堂，开创了课堂教学的新局面，在各级赛事中大展身手，频频"摘金夺银"。"路漫漫其修远兮，吾将上下而求索。"秦海地告诉我们：在课程改革的新形势下，衡水二中秉承新课改理念，"咬定课改不放松，凝神聚力抓教学"，抓住机会，迎接挑战，与新课程一起成长，在新的教育征程上乘风破浪，凯歌频传。

开放办学，开阔学生视野

因为高考成绩特别出色，甚至被视为奇迹，衡水二中特别地受关注，对它的猜测也特别多。在许多人的想象中，这是一所高度封闭的学校，是对学生严防死守的学校——两耳不闻窗外事，专心致志忙高考。然而，真实的衡水二中与此恰恰相反，这是一所开放且充满生机的学校，生命舒展，个性张扬，生动活泼。教育的对象是学生，学校的职责在成就学生，那么如何成就学生生命的精彩？秦海地认为，一所学校必须走向开放，只有开放办学，才能开阔学生的视野，完善学生的人格结构，才能提升学生的人格境界，促进学生的全面发展。"仅仅进行书本学习是贫乏的"，法国教育家蒙田的这一论断，给秦海地以深深的启发。不执迷分数，不株守课堂，不局限于书本，让学生走向社会，走向生活，丰富学生的体验，充实学生的心灵，这是衡水二中从校长到教师的共同追求。

美国教育家杜威说："学校即社会，教育即生活。"他的学生陶行知说："社会即学校，生活即教育。"打破教育的封闭性，走向社会和自然，让书本知识的学习与学生的生活世界联系起来，这一方面，陶行知比杜威更彻底，也更坚定。从杜威到陶行知，他们的教育思想激起了秦海地的共鸣，他说："我们学生的大部分时间都是在学校、家庭的'狭小'空间中度过的，家庭、学校'两点一线'，学生长期生活在'四角的天空下'，活动范围受到严重限制，缺少与外界的沟通与交流，这严重影响他们的全面发展。"这种现象必须改变，学校教育必须开放，学生应该有更为广阔的生活空间，有更为开阔的视野，非如此，不能成就有广阔胸襟的人，秦海地执着地朝着这些方面努力。

每个人都是当下的，也是历史的；既是个体的，也是社会的。学校教育的重要使命是传承中华优秀传统文化，但它必须结合学生的生活情境才能落实，只有在生活中，学生才能理解和内化所学内容，形成他们的文化修养和内在素质。教育以立德树人为根本宗旨，学校教育所给予学生的不仅是知识和能力，还有情感态度和价值观，但个人的价值认同，并不是直接接受的，而是在生活中创造性地接受的，价值导向的内容与形式都需要呈现在多姿多彩的社会生活中。有鉴于此，衡水二中在校内组织形式多样的活动：书画展览、歌手擂台赛、艺术节才艺展示、元旦晚会、"一日三操"、拔河比赛、篮球比赛、"疯狂英语"、征文比赛、诵读比赛、演讲比赛、宿舍文化评比、学生干部竞选、学星评选……秦海地说："精彩纷呈的课外活动，缓解了学生的学习压力，调剂了学生的学习生活，展现出学生的无限才情，演绎出学生别样的青春风采。"

衡水二中精彩纷呈的课外活动，是建立在学生个性爱好的基础上的，是学生个性的充分张扬。学生的个性化选择和忘情投入，使活动显得丰富活泼、摇曳多姿。杜威说过这样一段话："在教育上所重视的个性，有两个意义。一是一个人必须有他自己的目的与问题，他须自己能思考，然后他在精神方面才算得上是一个人。……一个学生必须自己观察，自己回想，自己构成暗示，自己加以实际测验，然后他所已知的事物才能引申发挥，才能证实。思想是个人的事情，如同消化食物是个人的事情一样。二是我们各人的见解有种种的不同，各人所喜爱学习的对象也有种种的不同，各人应付问题的方法也有种种的不同。如果抑制这些差异，企求所谓一致的利益，学校里面所用学习与考问的方法，都要依照唯一的模型，其必然的结果是学生的认知错乱，人的创造力渐渐因此而毁灭。"秦海地的观点与杜威的论述非常切近，都是要重视个性，发展学生的个性，并在各种具体的活动中体现出来。只有这样才能真正成就一个学生。

衡水二中还组织各种形式的社会实践活动。诸如，"爱鸟周宣传"——展示鸟类标本、普及鸟类知识、学生现场写生、爱护鸟类主题签名等多项活动，让学生增强"爱鸟护鸟、维护生态平衡"的环保意识；"爱心奉献日"，学生头顶似火骄阳，任汗水打湿脊背，任疲惫爬满全身，一丝不苟地清洗市内展牌、防护栏、清扫垃圾。秦海地说："这让学生牢牢树立了'人人为我、我为人人、服务他人、奉献社会'的意识，使他们用爱心唱响青春之歌，用奉献绘就青春画卷。"衡水二中还组织学生"走进清华和北大"，这两所学校的人文底蕴、学术积淀的百年传承，让二中学子醍醐灌顶，虔诚的敬意在他们心中油然而生，"向心中的圣地迈进"成为他们愈发坚定的信仰。学校还设计了"爱衡水，爱家乡"的系列社会实践活动，秦海地说："让学生了解家乡的物华天宝、钟灵毓秀，体味家乡文化的博大精深，增强了学生对家乡和祖国的热爱之情，树立了学生建设家乡、报效祖国的雄心壮志。"这些别开生面的系列活动设计，从一个侧面显示了学校的定位和气象、校长的境界和追求。

高中学校坚持开放办学，开展各种活动，参与社会服务，的确会消耗许多时间，对高中生而言，学习时间是非常宝贵的。这些活动与学科教学无关，更与高考无关，那它值得不值得呢？直白地说，大量与知识学习无关的活动是否会影响学生的升学考试？衡水二中出色的高考升学率足可打消这些疑虑，但人们大概还是会有疑问——这是不是有点冒险，把活动时间全部改为学习时间，用心专一，学生不是可以考得更好吗？秦海地坚定地认为，学校教育培养的是鲜活的生命，是个性鲜明的人，不是制造适应考试的机器；如果生活了无情趣，学习枯燥单调，一味埋头刷题，无暇他顾，这样的学生是痛苦的，他们的精神世界是被扭曲的。这样的学生，他们的高考发挥也很难尽如人意。"文武之道，一张一弛"，学校教育要合于生命成长的节律，形成和谐的节奏。

开放办学，开阔学生的眼界，激活学生的主体意识，增强他们的社会责任感，增进他们对生活的理解，以及对自身的了解，这些都能转化为学生学习的内在驱动力，能促进知识的应用和迁移，对学生的学习和考试带来良好的心理效应与价值引领。秦海地说："开放办学，让学生走出校门、走进自然、走向社会，开阔了学生视野，洗礼了学生心灵，使二中学子的综合素质获得最大限度的增值发展，让他们在收获学业成功的同时，更实现了精神、性格的健康发展。"

开放办学，打造学校名师

　　李金池当校长成就了衡水中学，李金池当局长成就了衡水二中，这是个有趣的现象，非常值得我们深思。这两所学校原先都曾被边缘化，生源差、升学率不高，民众不满意，领导不高兴，教师觉得没有尊严。怎样办好县中？现在是热门话题。县中为什么没办好呢？众口一词——生源差，归咎于"超级中学"的垄断，大树底下寸草不生。某些专家学者大声疾呼，遏制"超级中学"。遏制，似乎完全正义，是办好县中势在必行的。县中办不好，全是超级中学惹的祸，惹什么祸？答曰：生源掐尖。依照这一逻辑推论，只要有好生源，县中就能办好；之所以没办好，是因为没有好生源。如此高见，貌似有理，且大义凛然，实质误导教育行政，也误导校长、教师。"幸福的家庭都相似，不幸的家庭各有各的不幸。"办得好的学校都相似，办得糟糕的学校各有各的毛病。生源是重要的，毋庸置疑，但它不是唯一的。倘若校长做一天和尚撞一天钟、教师事不关己高高挂起、学生放任自流无所事事，这样的学校如何能办好呢？再好的生源也只能打水漂。

　　办好县中诚然意义重大，但先要反思一下为什么过去没有办好，然后才能有针对性地改进和革新。还要再深入思考一下，为什么有的县中办得好，有的县中办得不好呢？如果把一切都归咎于生源，指望好生源打翻身战，这恐怕从一开始就打错了算盘，且是对学生和家长极不负责任的。生源是重要的影响因素，但不是唯一的影响因素；办好一所学校涉及的因素很多，重要的是校长的抱负、境界、智慧与策略以及教师的爱心、责任与专业水平等。"旧时王谢堂前燕，飞入寻常百姓家。"衡水中学原本大概也有点"贵族"血统，到李金池接手当校长时已经有点衰落了，其实也就是桃城区的一所县中，在衡水市各县中排名中下，生源当然不会理想。校长换了李金池,于是旧貌变新颜、高路入云端。生源还是这些生源,教师还是这些教师,衡水中学一跃在全市独占鳌头,先后费时5年。接着一路高歌,李金池十年磨一剑,衡水中学在河北省名列前茅,而且名满天下。靠的是生源吗?是教师——是远离铜臭、抗拒世俗、有理想追求的教师群体。

衡水二中的神话更能说明问题,这是一所与衡水中学"配套"的学校,录取未被衡水中学录取,且又经其他县中筛选剩下的学生。这样的生源当然给衡水二中带来办学的艰辛,如教育局下达的招生指标总是完不成。怎么办?看来一切都好似卡在生源上。所谓"千里马常有,而伯乐不常有"。时任衡水市教育局局长的李金池发现了秦海地,犹如当年的李金池出任衡水中学校长,秦海地从铁路中学调任衡水二中,于是奇迹再一次发生。秦海地主政衡水二中,最响亮的口号是"破除生源决定论",全校上下形成共识:把"平凡的孩子接进来,杰出的人才送出去"。教师人人摩拳擦掌,学生个个精神振奋,教育质量发生翻天覆地的变化。别人眼中三流生源的高中学校,居然低开高走、一路飘红,跻身于全国名校的第一方阵,前后也不过十多年时间。生源决定论,看来不靠谱;一所名校崛起,无数县中沦亡,这推理同样不靠谱。衡水二中与衡水中学同居一城,相互辉映,光芒四射。衡水中学在衡水,衡水市的县中学校哪一所不出色?

与李金池的指导思想相似,秦海地主要抓师德师风建设、抓教师的培养和提高。秦海地通过开放办学以打造名师,以名师示范引领全体教师发展与提升,倡导"师人之技为我所用,学人之长促己成长"。秦海地说:"敞开校门,开放办学,很大程度上拓宽了我校教师与外界的交流渠道,促成我校教师与外校教师、专家等各界人士开展多向交流,使教师们接触了前沿的教学理念、全新的教学思维、创新的教学方法、多样的教学手段。多方交流,使我校教师'见多识广',促进了我校教师的快速成长。"俗话说,你有一个苹果,我有一个苹果,交换以后,各人还是一个苹果。你有一种思想,我有一种思想,交换以后,就会有更丰富的思想。任何个体都需要与外界交换信息,封闭必然走向停滞与衰落。信息交流要尽量避免同质化，自然界需要有生物的多样性，人类社会也是如此。

近亲繁殖会造成生物的衰亡，学术研究也不能"近亲繁殖"，同质化必然导致平庸化。见多识广、求同存异，在比较中鉴别，在扬弃中吸收，是教师认知发展与专业提升的必然之路。人非生而知之，都是学以成人，学生如此，教师也是如此。"诲人不倦"的前提是"学而不厌"，"以己昏昏"岂能"使人昭昭"？"三人行，必有我师"，教师需要虚心学习，更要转益多师，积极主动地学习。为教师学习提供多向、畅通的交流渠道，为教师自身业务水平的不断提高搭建更高的平台。衡水二中形成了一种兼收并蓄、百家争鸣的氛围，培养一批又一批的年轻教师成长为名师。

实践性知识是教师专业发展的基础，这不意味着对理论知识的排斥。但实践性知识更重要，发挥的作用更大，它属于英国哲学家波兰尼所说的"支援意知"，为教师作为"焦点意知"的行动提供支撑和指导。秦海地认为，眼界决定境界。拓宽教师眼界，自然也就提升了教师的教育教学境界，但这种提升必须切近教学实践的实际需要。衡水二中不定期邀请教育、教学专家到学校举办讲座，给教师们释疑解惑、指点迷津。其中有全国著名语文特级教师王大绩、全国著名地理特级教师王树声、全国著名数学特级教师周沛耕、数学教育专家蔡上鹤、河北师范大学教授、研究生导师刘毅玮，心理健康教育专家曲连坤等。秦海地说："几十位专家学者先后到校，一场场精彩的讲座，让我们的教师近距离领略大师的风范，极大限度地开阔了教师们的教学思路与视野。"

"当局者迷。"教师的教学理念、教学方式、教学手段，难免受到学校整体氛围的影响。为了让教师"呼吸到新鲜空气"，给自己的教育、教学注入"新鲜血液"，衡水二中多次组织教师到山东、江苏等课改实验区考察学习，多次组织教师到兄弟学校听课、交流，多次组织教师参加权威机构组织的教学研讨会。哲学家张岱年曾说："中国哲学在本质上是知行合一的。思想学说与生活实践融成一片。中国哲人研究宇宙人生的大问题，常从生活实践出发，以反省自己的身心实践为入手处；最后又归一于实践，将理论在实践上加以验证。"衡水二中教师发展与提高的基本思路，在很大程度上体现了这种知行合一的传统。秦海地说："教育同人来访我校，我们的'推门课'制度(来访人员可以随意到衡水二中的任意一个教室听任意一位教师的课)，让我们的'原生态'课堂'原汁原味'地呈现给来访者。课后交流，教育同人给我们'点石成金'。"此外，衡水二中还重视网络平台的作用，通过高考资源网、学科网和博客等网络平台，为教师提供更广阔的学习交流空间。

开放办学，立德树人，使衡水二中的教师迅速成长。如今，许多教师已是国家级课题的"掌门人"，有的是国家、省、市级骨干教师，在各级说课比赛、论文评比中大显身手、"摘金夺银"。秦海地说："更值得欣喜的是，学校教师教学水平大幅度提升，教师个个身手不凡，人人各怀绝技，这让二中的高考屡创奇迹，把众多二中学子送入全国知名学府。"名校造就名师，名师成就名校，这是互为因果的关系。这最终让学生得到更好的成长，让学校得以办出学生和家长满意的高质量教育。

开放办学，从管理走向领导

在岁月的长河里，衡水二中不断地超越，摆脱各种桎梏，与时俱进地走向新的境界。这所学校的各种建树，它所取得的多方面成就，尤其是跨越式发展的态势和有条不紊的运行机制，充分体现了校长秦海地的管理思想和领导艺术。从管理学的角度看，秦海地是将学校管理转变为卓有成效的领导，这与他开放办学的思想紧密相连。领导作为管理的高级形态，是管理的首要职能。世界许多著名企业的实践表明，领导是从一般管理中分离出来的。由一般管理活动转向战略决策和战略指导，构成一种总揽和协调全局的管理模式，是现代管理演进的必然趋势。对于秦海地来说，开放办学带来了连锁反应，首先是教师的积极性被调动起来了，他们的思想更加活跃，个性更张扬，诉求也更为多样。这对校长的个人素养要求也就更高，无论是管理思想、管理方法乃至管理伦理，都要有深入的理解，领导的个人才干、应变能力、随机处置的协调能力和统揽大局的意志品质，在其中显得尤为重要。

因为开放办学，把校门打开，更多的教育资源进来了，学校发展的机会更多了，然而，这也要求校长能有效地整合资源，卓有成效地与社会各方进行沟通，开展多层次多形式的对话和合作。校长面对的人群也复杂起来了，特别是面广量大的家长群体，学校需要与他们结成教育的同盟军，真正做到家校共育。随着衡水二中的知名度越来越高，社会影响越来越大，校长管理这所学校的难度也不断增大。美国管理学家西蒙说："管理就是决策。"管理过程学派代表人孔茨认为，"领导是一种影响力，或叫作对人们施加影响的艺术过程，从而可使人们心甘情愿地为实现群体组织的目标而努力"。如何才能有效决策，如何才能获得人们心甘情愿的拥戴，从而使学校走向持续的发展和新的繁荣？校长所面对的不仅是教师和家长，还有社会其他阶层的成员，他们各有不同的特点和不同的诉求，这都要求校长从常规管理走向创造和创新，由一般的管理者成为卓越的领导人。

从秦海地身上我们可以看到，正确的领导应该包括三个基本环节：一是正确地解决问题，即正确决策；二是组织对正确决定的执行，即指挥；三是组织对这种决定的执行情况的检查及监督，以协调主观与客观、领导与被领导之间的关系。秦海地清醒地认识到，校长个人的视野是有限的，要高瞻远瞩、总揽全局、统筹谋划，就必须借助社会各方力量。他说："管理，同时也是管理者向被管理者学习的过程。从这个意义上说，开放办学，首先要让管理向教师开放。"没有教师的成长不可能带来学生的成长，而没有师生的成长就没有学校的发展。秦海地认为，若要教师得到成长，我们就要了解教师的愿望，了解教师需要什么、教师希望学校提供什么。他在衡水二中实行的是一种民主型的领导方式，学校发展"问计于师"，让教师融入学校管理，校长个人则发挥着引导、激励和协调的作用。在做决策之前，秦海地与广大教师充分接触和协商，想方设法发挥教师群体的主动性和责任感，通过"集思广益"达到"行动一致"。

秦海地说："每一项制度的出台，每一个重大决策的定位，我们都要请教师参与讨论、修改。开放的管理推进学校民主管理。在二中，不是'校长说了算'，而是'绝大多数的教师意志与利益说了算'。二中的领导走民主集中路线，不搞'一言堂'，校长不当'大家长'。开放的管理提升教师的思想，如今在二中不是'要你这么做'，而是'我想这么做'。管理向教师开放，使得学校的办学理念逐步内化为教师共同的价值追求与实践行为。"显然，这一领导方式是富有伦理优势的领导方式。首先，它强调领导的人情味，即把尊重人、信任人、爱护人放到校长工作的首位。其次，这是对教师基本权益的维护和肯定。教师不仅仅是实现某一目的的手段，学校必须重视他们的个体需要，只有满足了个人的利益、权利和感情，才能充分发挥人的积极性、创造性和主动性。最后，这有利于校长民主作风的形成和培养,使自觉地尊重群众的民主作风在学校领导班子成员中发扬光大。行政管理一般实行的是首长负责制和能级管理,要求下级服从上级,因而能提高办事效率,增进管理的效益;但也可能挫伤人的积极性和主动性,导致主要负责人的独断独行。由管理转向领导,校长不搞"一言堂",不当"大家长",这不仅是秦海地个人的智慧,也是实现教育理想的必然要求。衡水二中事业的辉煌,正因为教师作为主人公的积极奉献,衡水二中充分发挥了他们的智慧与创造性。校长的教育理想和意愿,在衡水二中真正成了教师的共同愿望和自觉行动。

开放办学,也要求学校向学生家长开放。秦海地清楚地看到,在"封闭"的学校管理中,家长往往只能通过教师之口、学生之口间接地了解孩子们的学习生活,而不能走进学校"身临其境""眼见为实"。他说:"封闭带来误解,误解萌生隔阂,隔阂滋生矛盾,矛盾影响发展。因此,学校定期向家长'开放',让家长走进学校、走进学校的管理。"人类社会最基础的关系是家庭关系,家庭在儿童社会化的过程中起着重要作用。有哲人说,推动社会进步的,是母亲推动摇篮的那只手,这足见家庭教育对人成长的重要性。中国有尊师重教的优秀传统,也有望子成龙的普遍期盼。对于中国的许多家庭来说,教育意味着未来,孩子身上寄托着他们全部的希望。教育是家庭最纠结的事情之一,家校关系是很多教育的难题症结之所在。家庭教育的问题、家校关系的问题,属于一种事实判断,它客观地存在着,并有存在的理由。以价值判断取代事实判断,在事实上是不可能的,也是不必要的。教育问题的根本解决有赖于社会的发展,但是,只要家庭和学校之间充分理解,把希望寄托在共同教育的孩子身上,双方就能携手创造优势互补的教育新格局,在这方面学校需要有更多的诚意、主动性和充分的耐心。

对此,衡水二中做了许多有意义的尝试,形成了很多切实可行的具体方案。秦海地告诉我们,除了年级、班级组织的家长会,学校还会不定期地举办家长交流会。在家长交流会上,由学校领导向各位家长详细介绍学校的学生管理制度、管理措施以及学生的学习、生活情况。在"家校互动"环节,学校会在交流会现场给各位家长发放"家校交流反馈表",待家长填好后,由专人负责收齐汇总。针对家长集中反映的问题,由各处室负责人代表学校,在现场向家长们做详细的解释说明,并根据家长们反映的问题及时做出整改,以实现家长和学校的零距离沟通、家长和学校的真正互动交流。秦海地说:"这样,家长对我们的工作便多了一份理解与认可,我们也在家长的认可中有了工作的幸福感、成就感。在我校,'家校牵手、共育英才'的大好局面也就逐渐形成。"教育本来就是增进幸福的重要途径。挑战未知,合作学习,本来就应该是非常幸福的。所以,家庭、学校和社区,都应该努力创造让孩子幸福成长和快乐学习的环境。

开放办学,还要求学校管理向社会开放。衡水二中通过学校的网站,把学校工作的每一个细节,取得的每一点成绩以及学校推出的新举措、发生的新变化,及时向社会公布,利用学校网络打开社会了解学校的窗口。秦海地说:"更重要的是,通过网站留言,我们及时地了解社会各界对我校各项工作的意见和建议。大家的建议和意见,都会给我们莫大的帮助。"为进一步挖掘学校教育文化内涵,追踪学校的成功脚步,衡水日报社在《衡水晚报》教育版开办"今日二中"专版,将衡水二中的教育教学实践推向全社会,打开了向社会开放的另一扇窗口。秦海地感慨地说:"全社会的关注与帮助,极大限度地提升了我校的办学水平。"家庭、学校、社区的教育目标是一致的。尽管三者是不同的社会单元,在社会生活中扮演着不同的角色,发挥着各自的独特作用。但在家校合作共育中,他们具有明确而共同的目标,这就是更好地促进青少年儿童身心朝着健康、全面、个性化的方面发展,实现教师、父母与儿童的共同成长。

秦海地说:"一切落后,一切罪恶,都因为封闭。进步与发展的唯一路径就是开放。"秦海地的这一论断,有着很高的文化站位,充满着深刻的哲理。他认为,虽然教育具有某种内在的保守性,但学校绝不是"封闭的孤岛",而我们更不能在"孤岛"里"偏安一隅"。家庭、学校和社区彼此敞开大门,尤其是作为合作主导方的学校,要向家庭和社区开放,这是家校合作共育最重要的条件。秦海地说:

"学校管理向教师开放、向家长开放、向社会开放,给学校的发展搭建了更为广阔的平台,实现了学校健康、快速的发展。"家庭、学校、社区在合作共育的过程中具有平等的主体地位。家校合作共育必须建立在平等互信的基础之上,但学校作为专业的教育机构,校长作为教育专业人士,必须更好地发挥专业引领的作用和价值导向的作用。

开放办学，凸显名校气质

　　开放办学，尽管许多校长都这么说，但他们的自觉程度不同，学校的开放程度也不同。校长们做法各异，他们的境界有高低之别。于秦海地而言，开放办学是主动的选择，是一种文化自觉。对开放办学，他有深入的思考，因而开放程度深，行为彻底。外在世界发生日新月异的变化，校长如果"不知有汉，无论魏晋"，依然做桃花源中人，这学校显然是办不好的。秦海地明白地看到，现在已是互联网时代、是资讯高度发达的时代，封闭办学，既不可能也无必要。他说："我时刻要求自己站在高处，把目光投向窗外，看国内外教育形势、市内外教育现状。"国内外教育形势是大势，所谓大势所趋，浩浩荡荡，校长办学要顺应历史的潮流，跟上时代的步伐，做出明智的判断和决策。市内外教育现状是参照，可以从别人身上看到自己，师人之所长，改人之不足，从而不断完善自己。"尝一脔而知肉味，察阴阳而知日变"，秦海地从中国古代经典中获得许多的启发，这或许是他比普通校长高明的原因之一。见微而知著，举一而反三，秦海地将开放办学上升为一种管理哲学，通过理性的审视及反思，使衡水二中一直保持着"明变、求因、评判"的文化自觉。

　　在一般人的理解中，像衡水二中这种基础薄弱的高中，由后进变先进，校长一定有许多忙不完的事。衡水二中变身全国名校后，规模更大，事务更多，校长更疲于奔命。埋头耕耘于校园，尽量切断与外界的联系，使自己的学校免受打扰，这或许是大多名校长的选择。然而，秦海地却不是这样，他从容不迫、指挥若定，绝无忙乱，开放办学是他管理学校的基本原则。他从不觉得其中有令人无奈的压力，更不觉得无暇应付。衡水二中的开放办学，与其说是一种发展策略，不如说是一种精神境界。"民胞物与""四海之内皆兄弟",秦海地当校长很有一点家国情怀和天下意识。

走出去,是开放办学的第一要义。秦海地认为,"封闭只能落后,落后就要挨打"。他说:"当前,名校林立,办学各有千秋、各有特色,我经常提醒二中团队,如果与兄弟学校'井水不犯河水''老死不相往来',只会让自己才思枯竭、目光僵化、发展停滞。"所谓"知人者智,自知者明",任何一所学校,任何一个校长,都要经常审视自己的不足,善于发现别人的长处,学习别人的优点,不断提高自己。"学然后知不足,教然后知困""三人行,必有我师",说的都是一个道理。所谓开放办学,第一要义是走出去,见识不同的风光,获得不同的感受,才能有"拿来主义",一切为我所用。秦海地在这一点上很像李金池。无论当校长还是当局长,李金池走南闯北,观摩了几百所学校。古人说"观千剑而后识器",见多识广自然眼界开阔,专业水平就能得到极大提高。衡水二中经常组织管理人员、骨干教师到各地"探秘取经"。每到一处,秦海地就要求包括自己在内的二中参观者,必须用心观察、虚心学习,要善于看到别人的长处,努力改正自己的不足。

把客人迎进来,是开放办学的必然途径。在虚心向兄弟学校学习的同时,衡水二中热情接待各地教育同人。尤其是最近几年,衡水二中的跨越发展,使得办学声誉大幅度提升。"二中奇迹""二中现象",成为衡水市乃至河北省基础教育的一道文化景观,引发全国各地教育同人的参观热潮。秦海地告诉我们:"各地学校纷纷打电话'预约',要求来我校参观。"为了更好地与全国各地的教育同人相互学习交流,衡水二中把每周六定为"校园接待日",在保障校园安全的前提下,学校对所有参观者全面开放。除了参观校园、听取报告之外,参观者还可以走进教室、宿舍,走进学校办公区、教学区,学校真正做到了全方位、多层面的"对外开放"。从这一点上说,衡水二中是很有气度的。一所学校摸索并形成一套成熟的经验,这是非常不容易的,需要有一个漫长的过程,其中包含无数的心血,也隐含着独特的智慧,这也是知识产权,是一种无形资产。对外不公开、有保留,这完全可以理解。然而秦海地认为："隐匿经验不是名校风范"。他说："不是刻意去夸耀我们办学水平有多高，只是提醒自己，开放办学就要开诚布公、真心诚意，不能有所隐瞒、有所保留，不能隐匿经验、掩饰问题。"

秦海地的开放情怀，或直接来源于儒家文化对远人世界的态度。《论语·季氏将伐颛臾》言："丘也闻有国有家者，不患寡而患不均，不患贫而患不安。……夫如是，故远人不服，则修文德以来之。既来之，则安之。"这是用道德文明和文化吸引远人，并且推动和平共处。《礼记·中庸》："送往迎来，嘉善而矜不能，所以柔远人也。"这是用德教的方式对待远人，获得他们的认同。《左传·襄公十一年》记载："夫乐以安德，义以处之，礼以行之，信以守之，仁以厉之，而后可以殿邦国，同福禄，来远人，所谓乐也。"傲慢从来不是中华文明崇尚的德行。富而不骄，强而好礼，才是中华文明崇尚的德行。开放办学，显示了秦海地的文化境界，这也是一种生命的自觉。在他的言行和治校的方略中，浸润着中华传统文化的精神。或许只有从这个角度，我们才能比较真切地理解秦海地，理解衡水二中开放办学的一些做法，进而领会这所学校的高品质发展与变化。

毋庸讳言，教育同行之间、学校与学校之间是有竞争的，但中国人所说的竞争，主要是与自己竞争。《老子》曰："胜人者有力，自胜者强。"在竞争中胜了别人，说明力量大。能够胜自己，才称得上强大。胜过自己，就能克制自己的毛病。孔子讲"学者为己"（《论语·宪问》），学习是为了提高自己的思想水平和文化素质。《周易》讲："天行健，君子以自强不息。"这种自强中包含着向别人学习的内涵。在与各地教育同人交流的过程中，秦海地感触很深。他在从中受益的同时，更觉重任在肩。他说："来自北京、江苏、山东等'课改前沿阵地'的学校，让我们近距离地学习课改新举措；美国、新加坡等国外友人的来访，让我们时刻牢记办学必须扬长避短；北京四中、山东曲阜一中等名校教师的到访，让我们看到自己与百年老校的差距；陕西省府谷二中、广西壮族自治区扶绥二中等学校的教师不远千里，驱车二十多个小时来到学校，让我们看到了教育同人学习交流的满腔热忱……"

开放办学,让秦海地有清醒的自我观照。衡水二中诚然取得了卓越的成就,但超越永无止境。面对科学技术高速发展对教育的挑战,面对中华民族伟大复兴对创新人才的渴求,面对全国各地涌现出的各种先进典型,秦海地深深感到自己所承担的责任。看到衡水二中存在的不足和面临的困难,他说:"我们的底蕴还不够厚重,我们的成绩还不足以高枕无忧,我们的前途还不足以令我们躺在成功的'功劳簿'上沾沾自喜,我们还会面对很多的困难,我们需要努力的地方还有很多。""逆水行舟用力撑,一篙松劲退千寻。"秦海地清醒地认识到,如果不能乘势而上,就可能被远远地甩在后面,衡水二中多年来的发展也将前功尽弃。"生于忧患,死于安乐。"秦海地时常告诫自己,告诫衡水二中团队,打开校门、"对外开放",是为了让我们能够及时感知外面的世界,时刻保持旺盛的斗志、良好的学习心态,从而不断地改进自己、完善自己、发展自己。秦海地提醒每一个二中人,坚持合作共赢、开放兴校,如果我们的一些做法能够给大家一点借鉴,那是很值得我们欣慰的事情。我们就要毫不保留,将我们的经验"和盘托出",这也是我们为教育发展做出的一点贡献。同时,我们将自己的做法完全展示出来,也是警醒我们自己,必须再去开拓、再去创新。只有这样我们才能永葆生机、永葆活力,否则我们早晚会成为"明日黄花",学校的发展也只能归于衰竭。

开放办学,既成就自己,也成就别人,这是名校应有的风度和风采,它建立在自力更生与自强不息的基础上。

秦海地的管理哲学

秦海地很有思想，管理学校有自己的特色，其中有一种文化的自觉，这或许是他与一般校长最大的不同，因此衡水二中的发展也与众不同。走进衡水二中，你随处可见中华文化的印记；听秦海地谈学校管理，你会不时领略到传统文化的智慧；与学校领导和教师群体交谈，你会由衷地感受到他们的使命感和自豪感。衡水二中的高考奇迹与这所学校的文化建设，二者相辅相成、相得益彰。将教育理念和学校文化结合起来，秦海地逐渐形成了自己的管理哲学。衡水二中的发展不仅有坚实的理论基础，而且有高品位的文化特色，因此它能不断地走向超越，不断地创造奇迹，这一切都与秦海地的管理哲学密不可分。

秦海地的文章中有这样一段话："古语中，'管'字意为'锁钥'，其说见于《周礼》，'司门掌授管、键，以启闭国门'，后延伸其义为'控制和执掌'；'理'字较早见于《说文》'治玉也'，后延伸其义为'治理、协调'。综上，'管理'应是管'事'、理"人"之意。"秦海地引经据典，他在对"管理"做解读，从中我们可以比较充分地感受到他的文化修养，看到他思考问题的立足点。秦海地完全是从中华文化的语境里所做的诠释，这决定了在他管理学校的实践中必然带有中国特色。学校管理无非管人和管事，但管人的目的终究落实于管事——让人人有事做，事事有人管，把事情做好。事在人为，不同的人、不同的工作态度、不同的专业水平，做事的结果会有根本不同。因而，学校管理的中心是管人，但该怎样管人呢？秦海地的理解是两手抓：一是"控制和执掌"；一是"治理、协调"。所谓"控制和执掌"，是指校长必须拥有权威，令行禁止；假如群龙无首，学校失控，局面变得不可收拾，最后受损的终究是教师和学生。所谓"治理、协调"，是指激发和调动人的积极因素，让人们朝着共同的目标努力奋斗，进而形成工作规范、人际和谐的学校氛围。这是最为重要的。

秦海地的管理哲学在于二者的和谐统一：既要有统一意志，又要人人心情舒畅；既要雷厉风行地执行，又要心悦诚服地主动投入和积极奉献。因此，简单的命令或者被动的参与，对于校长的权威来说是远远不够的，而来自教师的不同层面的支持才是管理权威的重要体现。为此，学校管理既要考虑到组织的理性又要考虑到个人的行为。用中国式的管理语言来说，就是所谓"法、理、情"三者的统一。它并不追求组织内部的简单一致，而是强调在整个管理决策的制定、传达和贯彻的过程中，人们相互激发、相互说服、相互影响的重要性。现代学校管理理论是从西方来的，比较强调理性、规范和管制；当代学校管理理论比较强调人性化，强调教师和学生的自由选择。秦海地的学校管理是理性和人性的融合，这种管理鼓励理性从人性中汲取营养，就像人性从理性中汲取营养一样，理性与人性之间的相互激励，这是基于"情、理、法"的一致性。

秦海地说："管理的本质是一种协调，让人心情愉悦。当管理者把管理看作一门艺术时，它给人的感觉就应该像欣赏艺术品一样赏心悦目。"学校管理的确是一门艺术，所谓"运用之妙，存乎一心"，充分体现在方法的随机性和丰富个体经验的适切性之中。在管理的过程中，卓越领导者的个人魅力与智慧起着重要的作用。秦海地的管理艺术属于个人的奇迹，它需要长久经验的累积，其运用的成功更多地归因于个人特质，是对学校大局从容自如的把握。它极具个性化和特殊性，依仗管理者对原则的灵活运用。从秦海地身上我们可以看到，管理艺术是透过个人的修养、胸襟、眼光去了解问题，使问题得以妥善解决；优秀校长在运用管理艺术的过程中可达到自我满足、和谐快乐的境界。作为一种融合了灵活决策与历史经验的智慧，秦海地的管理艺术带来了衡水二中日新月异的变化。

秦海地在他的文章里引了这样一段话："归根到底，管理是一种实践，其本质不在于'知'而在于'行'，其验证不在于逻辑，而在于成果；其唯一权威就是成就。"这是现代管理学之父彼得·德鲁克的著名论断。秦海地深有体悟地说："管理就是一门艺术，而且是实践性非常强的一门艺术，如果没有了实践，管理就不能称之为艺术。"中国人有一些很好的传统，当代中国哲学界代表性人物之一汤一介先生归纳为天人合一、情境合一和知行合一。中国人习惯讲"天理良心"，立足点就在天人合一；"人禀七情，应物斯感"，认为学习在特定情境中发生，这是情境合一；所有的认知都必须见诸行为，所谓"人在事中练，刀在石上磨"，这便是知行合一。儒家讲人不是抽象、空洞地讲，而是讲学以成人，是具体地、经验地、过程性地讲；有无良知、人性、理想追求，都是基于长期的磨炼，是体验出来的，是基于历史、人物、事件，反思得来的。秦海地也是如此，他将自己管理哲学的形成归纳为四句话："坚持一项修炼，修养一腔情怀，研习一门学问，抵达一种境界。"在学校管理的实践中，他一直在努力提升自己的精神境界与思想境界。

坚持一项修炼

衡水二中声名远播,前来参观者络绎不绝,然而,激动之余,感叹之余,真正学得真经的并不多。为什么?一言以蔽之,经验可以借鉴,智慧不可移植。治理一所学校,就像写一篇文章,名校长就像文章高手,大笔如椽,气贯长虹。三国时期政治家、文学家曹丕说:"文以气为主,气之清浊有体,不可力强而致。……虽在父兄,不能以移子弟。"文章高手不是一天能炼成的,名校长的智慧不是轻易可以学到的。我国教育家陶行知先生说校长是学校的灵魂,秦海地是名副其实的衡水二中灵魂,这所学校带有他鲜明的个人印记,学校精神在很大程度上是他个人智慧的结晶。因此,读不懂秦海地,你就读不懂衡水二中,而如果不了解秦海地深厚的中华优秀传统文化思想,你就很难领略他的管理智慧和教育理念。一定程度上说,衡水二中的发展史,也是秦海地的心灵成长史、个人智慧成熟史,蕴含着一位名校长锲而不舍的学习与修炼提升的过程。

中国儒家将人的修炼过程归结为八个条目,这就是"诚意、正心、格物、致知、修身、齐家、治国、平天下。"修炼的目标是"内圣外王",而且由"内圣"开出"外王"。因此,"治人"必先"修己"。秦海地说:"源远流长的儒家文化告诉我们,加强自我修养永远是为人处世的根本。在一定程度上,管理其实是管理者自我管理的过程,也就是管理者自我修炼达到'内圣外王'的过程。"由秦海地的这一番话里,我们可以感悟到他对中国传统文化的情有独钟,感受到他良好的国学修养,以及他在学校管理中所渗透的中华传统文化智慧。"内圣外王",既是秦海地学校管理的目标和内容,也是他个人修炼的标准与内涵。修炼并朝着"内圣外王"的目标,这完全是中国儒家的话语系统,也是儒家修身养性的价值追求。因此，了解衡水二中的前提是了解秦海地，而了解秦海地的前提是大致了解中国传统的儒家文化。

孔子之后，儒家最有影响的代表人物是孟子和荀子。孟子崇仁，荀子隆礼。孟子的成就主要在"内圣"，荀子的主要成就在"外王"。内圣之学是孟子思想的精华，孟子强调人要有独立人格精神，他说："居天下之广居，立天下之正位，行天下之大道，得志与民由之，不得志独行其道。富贵不能淫，贫贱不能移，威武不能屈，此之谓大丈夫。"孟子还提出民重君轻和君臣对等的观念，他虽然在政治上不得意，但在传统文化中的历史地位很高。

荀子身后的遭遇不同于孟子，晚清谭嗣同说："两千年来之政，秦政也，皆大盗也；两千年来之学，荀学也，皆乡愿也。"但现代学者对荀子的肯定比较多，作为一位伟大的思想家，他对中华民族思想及制度的形成贡献很大。荀子的外王之学，对秦朝政制影响尤为大，对后世的影响深远。《中国古代思想史》的作者，杨荣国教授认为："从儒家来说，真正代表封建制度的思想是'礼表法里'的荀子思想""荀子是代表中国封建制度的思想的开山者。"中国历代封建统治者表面上虽标榜仁政，实质上是以礼法治国，所以荀子的思想，是能实现孔子"外王"之道的潜在力量，旨在成就一番事业。孟子认为人性本善，教育重在唤醒，着眼点在"内圣"；荀子认为人性本恶，教育重在规训，着眼点在"外王"。

秦海地对衡水二中的管理，有意识地追求内圣和外王的统一：既注重自己内心的道德修养，又追求成就一番大的事业。陶行知先生有两句名言："捧着一颗心来，不带半根草去。""为一大事来，做一大事去。"前者无疑是指"内圣"的道德修养，后者显然是指"外王"的成就事功，这二者其实是连在一起的。秦海地说："所有的成功者都是自我管理的典范，不是因为他们有多高的水平，而是因为他们深刻地认识到自己所处的地位和身上肩负的责任，再加上他们对未来无限的渴望以及对成功的强烈追求，使得他们非常注重'内省'和'自律'。""内省""自律"与渴望成功紧密相连，秦海地认为管好自己是事业成功的前提条件，一个志在成就一番事业的校长，他必然是非常严格地内省与自律的。由此我们或许可以说，倘要学习借鉴衡水二中的经验，那么最为根本的是校长要学秦海地的内省、自律、有敬畏之心。这种内省与自律的意义在哪里呢？秦海地说："儒家之修身、反求诸己、不欺暗室的原则，是培养理性力量的基本功，是人把知识和经验转变为能力的催化剂。"

"正人必先正己，己不正焉能正人？"但人如何才能"正己"呢？孟子在《尽心上》中说："人之所不学而能者，其良能也；所不虑而知者，其良知也。"王阳明沿用了孟子的"良知"概念。在王阳明的思想中，"良知"不仅具有本体论的意义，而且具有很强的伦理色彩：良知即天理，良知即至善，道德主体只要足够努力，自觉地去存养自知，就完全可以回归、实现良知的本然状态，从而达到道德主体所孜孜以求的理想境界。秦海地是一位认真读书的校长，他读了许多中国古代经典。他的读书，着眼点不在见闻之知，而在德性之知，旨在陶冶自己的性情，提高自身的修养。如王阳明所主张的，做学问的关键是要不断向内探求，最后的落脚点放在自家的本体，即保持良知的本然状态，迁移于修齐治平的实际应用。对一位校长而言，先要管好自己，进而才能治理好一所学校，所谓"学问极致处"讲的就是这个道理。

榜样的力量是无穷的。"其身正，不令而行；其身不正，虽令不从"。秦海地说："校长的威信不在于其权力大小，而在于其是否能做到严格自律、率先垂范。"他把学校办公楼定名为"勤耕楼"，寓"勤耕不辍铸名校，大爱无言写春秋"之义，意在时刻提醒自己，要勤勉勤政，不辍耕耘。从此以后，无论风霜雨雪，晨光熹微，他一直坚持第一个到校，迎接辛苦的老师们。除极少数的出差之外，天天如此，月月如此、年年如此。知行合一、学以致用，是校长重要的个人品质，也是重要的思想方法。有人问王阳明：佛学也强调养心，但佛学却无法据此治理天下，这是为什么呢？在王阳明看来，虽然儒佛两家都旨在养心养性，但是功夫不一样，儒家养心不离事物，佛教则以事物为虚幻而置之不理，其结果就会堕入空寂。校长的所有修炼都不能离群索居，他必须植根于生活和工作的实践，在人际交往的对话中加深对经典的理解，在火热的教育改革中加深对人事的了解和理解。校长需要让自己融入教师群体之中，进而引领教师发展和学校办学水平的提升。

每一个优秀校长都有属于他们自己的故事，一些难以忘怀的故事都包含着他们内心的感动。有年冬天，一个大雪封路的清晨，秦海地比平时提前一个多小时起床、提前半小时赶到学校，慢慢地副校长都到了、中层主任都到了、班主任们都到了、教师们都到了……在打车都很难的那个清晨，学校教职工无一人迟到。有老师前一天晚上就以高价预约了出租车，听到这一信息的一刹那，秦海地心中涌动的不仅是欣慰，更有一种温暖和使学校快速发展的信念……他说："我给自己立下规矩：要求别人做到的，自己首先要做好；要求别人不能做的，自己坚决不做。学校每施行一项新规定之前，我总是首先表态，请全体教职工监督我的实际行动。""己所不欲，勿施于人"，这是儒家文化的道德金律；立己达人，"老吾老以及人之老，幼吾幼以及人之幼"，这是儒家文化最为普适性的道德义务。作为一校之长，秦海地时时刻刻设身处地为教师着想，让自己的管理给教师以更多的尊重、更大的自主、更高的自觉、更严的自律。

秦海地说："在自己的校长生涯中，我时刻提醒自己，别拿校长当干部，什么时候都不能高高在上、颐指气使，要学会俯下身子，走到教师中间，倾听教师的心声，做教师的贴心人，当二中的勤务员。'领导就是服务'，让管理成为一种服务，全心全意为师生服务，是我工作的座右铭。"他与教职工在思想上诚实相见，工作上诚恳相待，情感上诚挚相融，生活上诚心相助。秦海地身上有鲜明的儒家道德理想主义的色彩。儒家道德理想主义有三大要旨：一是强调人道之爱；二是对秩序的肯定；三是强调道德理性的自觉。儒家之教，千言万语，讲的都是一个根本道理，即把人教化成具有爱的情感、明人伦、守秩序、达到道德理性自觉的人，这样的人即君子。秦海地用事业的追求激励人，用宽松民主的氛围凝聚人；倾听教师心声，维护教师权益；让"管理"变成"服务"，让"命令"变成"感召"，让"威严"变成亲和。"领导就是服务"，将道德理想主义渗透学校生活的各个方面，秦海地通过自己的不懈努力，使衡水二中成为河北教育的一张亮丽的文化名片。

"教育是任何人的心灵上最微妙的相互接触"，秦海地深有感触地说："学校管理更是一项心灵的修炼。修心灵以炼事业，修事业以炼人生。十几年来，我以自律为支点，撬动管理的杠杆，打造最好的自己，从而打造最好的团队，打造最好的学校。我深知，当校长自己'魅力四射'时，学校自会'群星闪耀'，焕发出别样的风采。让管理成为一门艺术，管理便会直抵灵魂……"

修养一腔情怀

衡水二中的校训是"超越永无止境"。什么是超越？在一般的理解中，超越就是"超过"，不断创造新的成绩，达到新的境界。这样解释当然也不错，但这是很浅表的。"超越"的内涵，它的确切诠释远不是"超过"。当我们说人性、人道、以人为本、人的全面发展时，我们首先需要定义"人"，回答人是什么，这就不能不涉及"超越"。人是世界上最奇异的存在——超越性的存在。动物是其所是，是直接的存在，人则超越其所是，是创造性的存在。这种超越性的、创造性的存在，意味着人是理想性的存在。

世界就是自然，它自然而然地存在，动物直接地适应自然。人尽管是从自然中生成的，但它却要认识自然，改造自然，把自然变成对人来说是真善美相统一的存在。这就是人对世界的超越！人类来自自然，是自然界的一部分，却又能动地改造着自然界。人生是自然而然的生命过程，然而，人却要认识人生的意义和价值，使人生变成"有意义"和"有价值"。这就是人对于人生这个自然的超越！正是在这种双重的意义上，人要给自己创造一个理想的世界，创造一个理想的人生，因此人是一种超越性的存在，超越自然存在，超越动物性。故而，超越性是教育最重要的特点，教育助力人的精神生命成长，促使人不断摆脱动物性，升华人的理想情怀。

德国哲学家康德说："有两种东西，我们对它们思考越是深沉和持久，它们所唤起的惊奇和敬畏就会充盈我们的心灵，这就是繁星密布的星空和我们内心深处的道德律。"衡水二中的办学定位，秦海地对理想教育的追求，正是基于"内心深处的道德律"。秦海地说："仰望教育的星空，我们胸怀教育理想；修养教育的情怀，成为我们毕生的追求；坚守内心的道德律，我们让教育实实在在。"他的这三句话，从不同角度阐述了教育的超越性。学校教育的理想性存在，它绝不是空泛、抽象的思辨性命题，而是具有丰富的内涵，直接表现为校长和教师实践活动的超越性。教育不仅仅是一门职业，更不仅是所谓的饭碗；教育是带有神圣性的事业，它关乎家庭的希望、民族的未来以及人类的命运。教师具有理想的情怀，教育才能称之为太阳底下最光辉的事业。

十年树木，百年树人。教师传播人类文明、开发人类智慧、塑造人类灵魂。秦海地说："让孩子茁壮地成长、拥有美好的未来，让教育的恩泽惠及更多的家庭，让我们的学校造福一方百姓，重任在肩，使命光荣，我们倍感神圣和自豪。"人的所有实践活动，都是一种理想性的活动，即把人的意愿变为现实，是人的目的性要求的现实化，使现实的生活更美好。教育作为人的有意识的实践活动，通过对孩子的教化与引导，提高他们的生存能力，培养他们创造新生活的能力，提升他们的道德水准，为他们的终身发展奠基。教育惠及千家万户，增进人们的福祉，带来社会的安定与和谐，也使我们的民族更文明，我们的国家更繁荣。

教育是一种奉献的事业。秦海地说："在我看来，绝不能把教育当作一种谋生的手段，而应把教育视为一种生活态度、精神信仰。"如果教育只是一种谋生的手段，那么事实上就把教师降低到动物的水平——教师教书只是为了糊口，保证自己的存活。教育如果没有超越性，校长和教师如果没有理想情怀，那么教师生涯也就没有任何的意义。秦海地说："我反复告诉自己，教育是付出的事业，教育工作的性质决定教育人必须付出；教育更是爱的事业，教育人必须真心爱自己的事业，只有这样才能'忙碌并幸福着'。"只有从超越的角度着眼，你才能理解衡水二中，理解衡水二中创造的奇迹；只有从理想情怀的角度着眼，你才能理解秦海地，理解秦海地为什么"忙碌并幸福着"。

在中华文化的语境里，唐代文学家韩愈说："师者，所以传道授业解惑也。"外国教育家有类似的论述，德国教育家第斯多惠说："教师除了丰富的学识、引人入胜的教学技巧外，更重要的是他要有正直刚强的精神状态和性格力量。没有好的品质、觉悟、作风，是不能保证教育效果的。"秦海地从中外教育家的论述中获得启迪：只有亲其师，才能信其道。他经常给老师们讲，整天和学生在一起，老师是否敬业，是否称职，教书育人对他而言是疲于应付还是主动奉献，学生都会看得清清楚楚。如果能让学生感到自己的老师热爱教育事业，有事业心、责任感强，感到自己的老师爱岗敬业、工作勤恳付出，学生就会对老师产生由衷的敬意。这样，教师的敬业精神和人格魅力就会对学生产生巨大的教育力。

世俗的社会充满"欲望"，有人为物质利益奔波，胸中燃烧着荣华富贵的欲火；有人争强好胜，以权威与荣誉为自豪。以追求"知识"、教化学生为己任，渴望智慧的生成，把自己化为一束光，照亮学生的心灵，成己达人则是教师职业的幸福之源。这决定了学校和教师必须与世俗划清界限。秦海地说："在二中，学校俨然就是一处精神特区、教育圣土。老师们思想纯、境界高，有理想、肯付出；他们远离铜臭，潜心教育教学，孜孜以求；他们有着把教育视作终生追求的精神境界。"从伦理的视角看，教师际遇学生，不是作为具体化的角色，而是作为伙伴，需要用友爱来接受他，而不仅仅是基于平等。教学活动就是生活的意义在课堂中被证实和体验的过程，教师理应是学生精神生命成长的导师。秦海地说："衡水二中教师身上丰富而又优质的精神资源，与学生身上正直善良、天真无邪等优秀品质组合在一起，使得学校成了一处'精神资源保护区'。"

如果没有满腔炽烈的情怀，教育就会失去那份美好与鲜活，变得枯燥而疲惫。知识只有向情感道德回归，教学与生活达到内在的统一，教师作为"知识阐释者"与"生命守护者"的角色才可能彼此重合。教学与生活的内在统一，源自教师对道德生活的内心向往和自由选择，源自教师对生命内涵的理解、敬畏与尊重。人的超越性，是把理想变为现实的活动，也是不断地满足自身需要的过程，追求幸福生活的过程，具体地体现为人的理想追求。秦海地说："'修养教育情怀，缔造教育神话'，二中成了一处由一群教育圣徒坚守屹立的殿堂圣地，一个由一群教育圣徒传道授业的精神家园，一座由一群教育圣徒支撑耸起的高山巨峰。"

研习一门学问

在许多人眼里,学科教学是专业,因此需要学问。当校长则不然,上级有任命,就能当校长。校长是职务,不是什么专业,这是人们比较普遍的看法。但是,秦海地不这样看,他认为上级任命固然可以赋予校长权力,但不能同时给予校长管理学校的学问和能力。管理是一门学问,管好学校是一项专门的学问,对此,秦海地有很清醒的认识。

秦海地从楚汉相争的历史故事中,感悟到校长用人和管理之道:领兵打仗,刘邦不如韩信;出谋划策,刘邦不如张良;治国安民,刘邦不如萧何。然而,正是依靠这三个人的助力,集三人之长,刘邦终于打败了项羽。反之,项羽"力拔山兮气盖世",所向无敌,但有一范增而不能用,只逞匹夫之勇,结果只能自刎乌江。怎样用人,怎样管人,这是一门大学问,无论叱咤风云的战场上,还是书声琅琅的校园里,主政者都要深谙用人之道,成为高明的"管理专家"。秦海地说:"当然管理学校无法和治理国家相提并论,但校长也要懂得用人之道,做到知人善任。"当校长需要专门的学问,这学问并不是一条条写在书上的那种,这门学问关乎校长的胸襟、见识、气度、智慧等,关键在校长怎么用人。

用人的前提是识人和识才。"韩信栖迟项羽穷,手提长剑喝秋风",有盖世之才的韩信在项羽那边完全不受重视,归附刘邦以后则有登台拜帅的礼遇,位高权重,萧何月下追韩信是脍炙人口的故事。用人的要诀在包容和专任。严格意义上说,韩信、张良、萧何都是偏才,他们具有某方面的天赋与过人才干,刘邦容其所短,用其所长,用现在的话来说是资源整合,形成互补的高水平整体优势。"智者取其谋,愚者取其力,勇者取其威,怯者取其慎。"从中国古代楚汉相争的故事里,秦海地感悟到：人尽其才，才尽其用，这是一门学问，值得校长终身研究与实践。

"金无足赤，人无完人"，校长当容人所短、用人所长，这道理似乎每个人都懂，但为什么秦海地能做到，其他校长却做不到或做不到这样彻底呢？这里涉及校长能否摆正自己的位置，是否有恰当的自我评估，涉及怎样发现、培养人才和如何发挥人才的作用的问题。秦海地说："作为一校之长，我告诉自己，学校领导、教师和学生都是学校的主人，只有'英雄个人'不会成就一所学校，有了'英雄团队'才能使学校取得长足发展。"这段话让我们看到一个校长的眼光和境界，我们的时代和学校固然需要英雄，我们也呼唤英雄，但切忌造成个人英雄主义。无论这英雄是校长，还是哪几位优秀教师。秦海地说："我让自己学会唤醒、激发、调动、协调所有人的自觉、自主、自为，使之成为学校可持续发展的不竭动能。在二中，没有旁观者，人人都是主角；没有'我'，只有'我们'。"

显然，在秦海地的理解中，作为个体性存在的"我"是"小我"，作为我们存在的"我"则是"大我"，"我"的存在既是独立性的，又是依附性的。由于"大我"具有明显的层次性，又构成多层次的"小我"与"大我"的复杂关系。正是这种多层次的复杂关系，构成了人无限丰富的社会性内涵。正因如此，马克思说："人的本质并不是单个人所固有的抽象物。在其现实性上，它是一切社会关系的总和。"秦海地认为，正是强烈的主人翁意识，让每一个二中人从"不得不为"到"主动作为"；"超越永无止境"的校训精神，让每一个二中人从"全力以赴"到"全心以赴"；精神与物质的双重激励，让每一个二中人从"工作养家"到"工作悦心"。校长的意愿转变为全校师生的自觉追求，这是秦海地最为自豪和欣慰的。

德国哲学家黑格尔曾这样表述："因为每一个其他的人也仍然是一个我，当我自己称自己为'我'时，虽然我无疑地是指这个个别的我自己，但同时我也说出了一个完全普遍的东西。"从个别性看，我是作为独立的个体而存在，我就是我自己；从普遍性看，我又是作为人类的类分子而存在，我又是我们。作为个体性存在的"我"是"小我"，作为我们存在的"我"则是"大我"。"小我"与"大我"

的矛盾，不仅构成了人的精神家园中的个体性与普遍性的矛盾，而且构成了"有意识的生命活动"中的个体自我意识与社会自我意识的矛盾。学校生活中群与己、个体与学校之间是对立统一的矛盾关系，秦海地旨在促进这种矛盾关系的革命转化。"我是二中人，要为二中发展做贡献"，学校发展成了二中人共同的愿景。秦海地说："把二中打造成全国领先的名校，争创更多的'天下第一'，成了二中人共同的伟大目标、共同的事业追求，成了二中人浓郁的'二中情结'。正是有了二中人的众志成城，上下一心，才使得我校一步一个大跨越，一年一个新高度。"

"上者为闲、智者在侧、能者居中、专者居前"，秦海地有很好的中华传统文化的修养，他常引用一些古代的名言警句说明问题，或阐述自己的观点。他认为校长不是"救火队长"，不能陷入事务主义，要努力做到"各就各位、各尽其责、层次分明、收放自如"。《三国演义》有这样一个片段：司马懿问诸葛亮派来的使者，你们丞相的饮食起居和工作状况怎么样？使者回答说，食不过数升，但三十军棍以上处罚都亲自过问。司马懿感慨说："食少事烦，岂能久乎？"诸葛亮诚然有大智慧，但事必躬亲损害了他的健康，也遏制了其他人聪明才智的发挥。秦海地则有另一种智慧选择，他说："我们拥有一个善于管理、肯于奉献的领导班子，班子成员通过'真正放权—适当督导—定期验收'的管理模式，用充分的信任为全校教职工搭建起了火热创业的激情舞台。"

简政放权，或主要领导尽量授权，这是管理学的一些基本原则，但这原则如何实施就很有讲究。放权绝不是一放了之，也不是越多越好，这里有一个度，而且要收放自如，秦海地摸索出了一套成熟的管理模式，这无疑是他的高明之处。他说："二中所有的事情都由副校长分配执行，谁主管，谁负责。主管副校长放权给各处室、级部主任，处室、级部主任放权给主管干事、备课组长、班主任。在权力下放的过程中，一项重大的任务被分解成诸多小任务，每一任务都有专人负责，每一环节都有专人督导。"这些都是经验之谈，是秦海地管理学校的独门心法。学校管理中，责任到人，使执行力大大增强，办事效率大大提高。

秦海地自我介绍道:"作为校长,我的工作主要是进行'蜻蜓点水'式的督导。在督导的过程中,我要求自己做到'六多六少',即多鼓励,少指责;多理解,少猜疑;多帮助,少为难;多关怀,少冷落;多指导,少命令;多调查研究,少偏听偏信。"通过充分放权、适当督导、定期验收,避轻就重、抓大放小,衡水二中避免了"领"而不"导"的混乱,也摆脱了"管"而不"理"的低效。"一枝独秀不为美,万紫千红才是春。"秦海地自豪地说:"管理的艺术在于调动每一位团队成员的工作积极性。研习管理的学问,使每一个二中人'各显神通、各展其能',二中的发展也焕发出蓬勃的生机与活力。"

抵达一种境界

　　秦海地主政衡水二中,他想努力抵达一种境界。一种什么境界呢? 他引用
《老子》中的一段话说:"我无为而民自化,我好静而民自正,我无事而民自富,我
无欲而民自朴。"简而言之就是"无为而治"。什么是无为而治呢? 道家讲的无为
而治,即不要用主观去干涉客观的事物,要充分把握客观事物发展的趋势,然后
顺应这种趋势,推动事物的发展,在推动事物发展的过程中,可以实现人的愿望。
《淮南子·修务训》云:"若吾所谓无为者,私志不得入公道,嗜欲不得枉正术。"
这就点明了什么是真正的无为。私志就是个人的愿望,公道是天地万物运行的
根本规律,即我们不能用个人愿望去随意干涉公道。我们做什么事情都要遵循
事物之理,这还不见得一定能成功,还要看条件是否具备,环境是否适合。这就
是道家的无为而治,用老子的话讲就是"辅万物之自然而不敢为"。我们能够辅
助事物按照其规律发展,这就是无为而治。大道无形、管理无痕,这是秦海地管
理学校所追求的境界。"无为"是治理国家的最高境界,又何尝不能成为治理学
校的最高境界呢? "无为而治"是道家的理想,在学校管理实践中,秦海地将它
与儒家的"以德为政"结合起来,融"有为"于"无为",寓管理于无痕:内化于心,
外化于行。秦海地说:"管理无痕,如同春风化雨、润物无声般一点点浸入师生的
心田,融入每一个二中人的血液,也潜入、流注和运行于学校良性循环的血脉中。"

　　人生在世,值得还是不值得,是就人生的意义而谈论的。人生讲求境界,就
是在讲求意义。所谓人生的意义,人生落在什么境界,全凭我们对人生的了解。
我国当代著名哲学家冯友兰先生将人生分为自然境界、功利境界、道德境界和天
地境界。这四种人生境界之中,自然境界、功利境界是人的实然境界;道德境界、

天地境界是人的应然境界。前两者是自然的产物,后两者是精神的创造。自然境界最低,其次是功利境界,然后是道德境界,最后是天地境界。校长管理学校同样具有价值追求,用什么样的方式管理,把学校办成什么样子,这同样有境界的高低之分。秦海地将学校管理分为三重境界:人治境界、法治境界和德治境界。

人治境界,是学校管理的第一境界。秦海地说:"学校在发展初期,通过校长强势地领导和教职工忠实地执行,让教职工在严格的学校环境中快速成长,以确保学校近期目标的实现,'管得宽,抓得细''有管无理'。"对于处于成长发展阶段的学校,"人治"不失为一种境界。"人治"之"人",指的是校长。"人治",实质是校长之治。校长说了算。"人治"需要好校长,校长权威且能干,决断果敢,令行禁止,可以避免许多的扯皮,提高行政决策效率。一所新办的学校,章则不明,或一所懒散疲沓的学校,校风不正,人心涣散,那么"人治"是必然的选择。所谓"乱世用重典",校长必须有魄力,有随机处置的权力。否则很难稳定人心、收拾局面。"一个好校长带出一个好学校",这是"人治"所能达到的理想境界。然而,诚如秦海地所言,"好校长不可能永久领导一所学校,如果继任者的德与才逊于前任,这所好学校就会风光不再",这便是所谓的"人在政在,人亡政息。"再者,秦海地说:"'人治'是为管理而管理,学校管理流于形式,只管住了人的身,没有管住人的心,因而理想的管理境界不应局限于此。"这就是孔子说的"道(导)之以政,齐之以刑,民免而无耻"。教师之所以服从管理,是因为有畏惧心理,而不是具有主动精神,当然也就缺少了积极承担的精神。

法治境界,是学校管理的第二境界。秦海地说:"学校在发展过程中,注重制度的建设与完善,并在此基础上,形成一整套适合自我生存与发展的运转体系。这时,不是'校长说了算',而是'制度说了算'。用制度捍卫公平,用制度聚拢人心,让制度形成力量,'法治境界'管住了人身,也管住了人心。"所谓"没有规矩,不成方圆",任何学校都要建起严密的章则制度,让学校工作的开展有章可循、有法可依,避免各种随意性。"制度面前人人平等",这是学校形成民主管理和民主氛围的前提。"法治境界"显然优于"人治境界",但"法治境界"是理想的境界吗?秦海地认为不是。为什么呢? 他认为,法治境界是"为理而管,因管而理",在管理到位的情况下,学校教育教学活动能顺利开展,如果没有了管理,情况就可能大相径庭。学校只有时时注重管理、加强管理,才能保证教育教学活动的有序进行。这种状态下的学校管理目标虽然能够实现,但"成本"较高,教师的成就感很低。因而理想的管理境界不应局限于此。"法治境界"的明显不足在于忽略了人的因素,学校教师是管理的对象,按各种规范要求进行工作,这当然是必要的,但也是不够的。教师只是把工作当成一种任务和职责,他们的主人翁意识就很难培育起来,他们的创新精神也难以得到激发。

德治境界,是学校管理的第三境界。秦海地认为,在"德治境界"下,校长"思想行为"与教职工"思想行为"和谐共振,每一个学校成员都有种神圣的使命感,自觉主动地去完成工作,他们追求的是一种工作的乐趣和神圣的成就感。学校的发展成为每一个成员的愿景,学校成为一个"和谐的英雄组织",组织之内充满了强烈的人文关怀、人文情愫、人文价值和人文理想。他说:"'德治境界'下的学校,校园里人人是主人,人人是管理者,教师的主人翁意识得到了充分发挥,教师的高度自我管理基本上取代了学校管理。"学校管理中的"德治境界",与孔子所说的"为政以德",虽然语言表达略有差别,主要内容却是基本一致的。为政就是治国。孔子的话完整地引下来是这样的:"为政以德,譬如北辰,居其所而众星共之。"(《论语·为政》)以道德来实施政治的话,就像北极星那样,停留在那个地方,其他星都环绕着它。同样道理,学校管理的"德治境界",必然得到教师的衷心拥护,使广大教师与校长心心相印。

孔子说:"君子怀德""故远人不服,则修文德以来之"。修文德,首先是修身,修身必须先正心、诚意。自己思想解决了,道德高尚了,就能吸引远方的人们到来。学校管理修文德的,当然是校长自己。校长首先要提高自己的道德,而不是靠自己向别人宣讲道德。"其身正,不令而行。"校长作为全校的表率,学校干部就能以身作则。秦海地说："学校管理部门的职能重点由'管'转向'理'和'通'，即主要起引导和协调的作用。学校的各种资源得到了最充分的利用，学校的管理成本也因此降到了最低水平。在自己的校长生涯中，我努力使自己的管理达到德治境界，除了通过自己的榜样引领，我格外注重人文关怀、文化引领、精神塑造，让自己'轻管重理'，以求'不管之管''无为而无不为'。"

校长的德行教化体现为奉献和服务，"德治境界"的重要标志是教师的认同和参与。古人认为，上天是根据民意来做事情的，"天视自我民视，天听自我民听"（《尚书·泰誓中》）。春秋时期齐桓公和管仲曾有一段对话。齐桓公问管仲曰："王者何贵？"曰："贵天。"桓公仰而视天。管仲曰："所谓天，非苍莽之天也。君人者以百姓为天。""尊重教师、依靠教师、服务教师、成就教师"，是秦海地以"以师为本"的十六字诀，他让自己的工作向教师生命处用心，尽最大努力提升教师幸福指数，给教师搭建成就事业的广阔舞台。秦海地说："二中建校仅十几年，我们没有丰厚的积淀，缺乏历史年轮的厚重印迹，但我们有着艰苦卓绝的创业史，那份遗憾正为二中夺人魂魄的气概所弥补。"在创业过程中，"一切皆有可能，超越永无止境"的二中精神，成了这所学校的精神内核，渗透到了每一个二中人的血液当中，成了一种精神基因，不断传承。秦海地说："超越精神已经转化为巨大的物质力量，指引着学校克服生源难题，突破发展瓶颈，在绝境中求得生存，在夹缝中求得发展，在发展中求得超越，在超越中创造奇迹。"

05

立己与达人
超越永无止境

LIJI YU
DAREN

"学然后知不足,教然后知困。"教育是立足现实,又不断超越的事业,超越永无止境。秦海地认为,学校的可持续发展,对于教育工作者来说,就是要勇敢地肩负起育人的神圣职责,扎扎实实地做好各项工作,让人类文明之光照耀每个学生的心灵。

"面包"与"水仙花"

"教育最实在，教育不能摆花架子、做表面文章。我们必须先给学生'面包'，再给学生'水仙花'。"这是秦海地的教育感言，也是他作为校长自我遵循的格言。这一感言或格言，是他对教育的思考，并付诸教育的实践，在实践中得到检验和升华，从而形成的教育思想。

"面包"是生存的必需，"水仙花"是美的象征，二者都是学生所需要的，但有先后之分。没有面包，人就不能活下去，这是第一需要；没有水仙花，失去美感和审美意趣，人就降低到动物的水平。教育必须二者兼顾，造就学生完整的能力和素养。

面包的教育，意谓生存的需要。无论面对自然或社会，教育首在提升学生的生存能力。孔乙己的悲剧，在于没有基本的生存能力。当今社会，倘为文盲，则生存一定艰难，生活必定困苦。且不论什么是素质教育，什么是应试教育，生活是实实在在过日子，不是概念化的思辨。高学历与低学历相比较，人生之途有更多选择权，有更好的发展可能，这是不争的事实。学区房的天价，名校崇拜的升温，并非是所有家长都犯了迷糊，而是现实的诉求，多方利益博弈的结果。诚然，"面包会有的，牛奶也会有的"，但面包和牛奶不会从天上掉下来，不会平均地砸到每个人的头上。

当我们力求教育优质均衡时，是否意味着存在教育的不均衡和少量的"劣质"？那么在社会分层的前提下，家长对子女教育的担忧和焦虑是必然的，况且高等教育事实上并不均衡，有双一流院校与普通院校之不同。因而，担忧和焦虑转化为家庭之间的竞争，引发学校与学校之间的竞争，这同样具有必然性。升学竞争的本质是职业竞争,职业固然没有贵贱之分,但与"面包"的距离有远近之分,更有多少和质量之别。一切从实际出发,从学生生存发展的需要出发,这是校长的基本职业素养,也是最为基本的道德伦理。校长不是所谓的教育"专家",不在说得好听,而在做得出色。所在学校教育高质量、考试高水平,这就是给学生以"面包",而不是一张空头的支票。对此,秦海地显然有非常清醒的认识,也有扎实的措施,学校也因此声名鹊起。

马克思、恩格斯认为,任何人类历史的第一个前提无疑是有生命的个人的存在。因此,他们指出:"第一个需要确定的具体事实就是这些个人的肉体组织,以及受肉体组织制约的他们与自然界的关系。""任何历史记载都应当从这些自然基础以及它们在历史进程中由于人们的活动而发生的变更出发。"因此,秦海地的"面包优先论",是符合马克思主义的,体现了辩证唯物主义和历史唯物主义的观点。马克思主义反对把人性归结为吃喝、性行为等动物本能,但又强调人性绝不能脱离个人的肉体组织及其需要。马克思主义坚决反对把人的肉体需求视为"恶"、视为"下贱"的僧侣主义,强调"尘世的生活""实在的个人生活"的价值和意义,讴歌"物质带着诗意的感性光辉向人的全身心发出微笑"。

然而,人的吃喝等肉体机能与动物有根本区别:人的肉体需要包含了真、善、美的要求。如动物在饮食方面只知填补饥肠辘辘的肚子,而人则按照对自然物的特性的认知来加工食物,并且讲究营养;动物茹毛饮血,而人则讲究美味、美食;动物的食欲完全为本能所支配,人则讲求礼节乃至"廉者不受嗟来之食",等等。从这个意义上说,教育不仅要给学生以"面包",提升学生的生存能力,争取更为美好的现实生活,也要给学生以"水仙花",以提升学生的审美趣味,使人之为人从动物界得到提升。面包是现实的方式,水仙花是审美的方式。假如说,现实方式满足的是人类进行演绎和归纳的需要,审美方式满足的则是人的自我表现的需要。前者的实用性、占有性很强,后者正好反之;前者是片面的,后者却是全面的。现实方式满足的是精神与外在物之间的协调、平衡的关系,审美方式则顺从心灵的自由理想的需求，以心灵的自我满足为原则。

学校教育要给学生以精神的自由，让他们感受到学习生活的美好，使生命成长具有美的观照，有审美境界的追求。考试和分数是手段，而不是终极目的，因此，从校长、教师到学生，都要从考试和分数的囚笼中挣脱出来，走向人的全面发展，走向立德树人。学习和考试、审美和意趣，二者常常相辅相成、相得益彰。美可以启智，美也可以育德。马克思在为《新亚美利加百科全书》撰写的"美学"条目中写道："最可靠的心理学家们都承认，人类的天性可分作认识、行为、情感，或是理智、意志和感受三种功能，与这三种功能相对应的是真、善、美的观念。美学这门科学和感受的关系正如逻辑学和理智、伦理学和意志的关系一样。逻辑学确定思想的法则；伦理学确定意志的法则；美学则确定感受的法则。真是思想的最终目的；善是行为的最终目的；美则是感受的最终目的。"

面包和水仙花是两种不同的象征，象征着人生两种最为基本的要素，也象征着教育的两项根本任务，使生活的美好、人生的幸福与人性的美好、生命的庄严紧密结合起来。以完整的教育成就完整的人，秦海地既着眼于学生的现实需要，又寄情于学生的未来发展。求真务实并高瞻远瞩，这是秦海地可贵的精神品质，也是他一以贯之的教育风格和管理思想。

秦海地的文化品位

衡水二中是一所与众不同的学校,秦海地是一位有传奇色彩的校长。作为一所高中学校的校长,秦海地不怎么谈高考升学率,他心中的头等大事似乎不是高考,这就多少让人感到有点奇怪。然而,衡水二中恰恰以奇迹般的高考成绩闻名全国。这就更让人感到好奇:高中校长不可能不关注高考,学校工作不可能不围绕高考展开,因为这是很自然的事。那么,不谈高考谈什么呢?谈素质教育吗?天天念叨素质教育?秦海地更不抽象地谈素质教育,他认为素质教育必须具体化,素质教育必须人格化。

秦海地当校长,最为关心的是学校文化建设。作为校长,秦海地有明确的文化自觉;作为学校,衡水二中有鲜明的文化特色。衡水二中的崛起在很大程度上得益于学校文化的强劲支撑。秦海地说:"一所学校要成为当地最有文化内涵、最有文化底蕴的地方。学校文化是学校发展的灵魂,学校之间的竞争归根结底是学校文化之间的竞争。"校园文化有强大的感召力和凝聚力,如果没有文化的感召和凝聚,学校就只能是一群散兵游勇的汇合之地,既布不成阵势,也没有什么战斗力。学校文化建设的确带来了衡水二中翻天覆地的变化。

什么是文化?一言以蔽之,文化是人类的创造。人类运用符号记录和传递自己获得的经验知识、思想感情,使之有了统一的规范化行为,人类这种独特的知识体系和行为选择标准就是文化。人类的这种能力不仅用于人与自然的关系之中,更为重要的是在运用于人与人的关系之中时,使人类社会有机地联系在一起。这里的行为选择标准是社会公认的,即每个成员都心领神会的。处于同一环境中的社会成员,他们对特定事物形成一致性判断标准,促使他们各自根据自己的特殊位置做出功能性的行为选择。

比如,在招待宴会上,每个在场的人都对他人和自己的行为有个明确的定义,这叫"场景定义"。主人应该对客人表示热情的欢迎,客人应对主人表示祝贺和感谢。分宾主坐下,座次有一定的规定;敬酒,要履行一定的程序;吃菜,也有相应的礼仪。总之,人们的言行举止都有公认的标准,且随乡入俗、客随主便。因为大家都这样认为,所以,人们攀谈自如,宴会井井有条,形成一个和谐的整体。这里公认的行为标准就是文化。倘若没有文化,这个场合就会很混乱。

一次宴会是这样,一个学校也是这样。有了文化,学校才能和谐地存在与发展。文化沟通了人与人的联系,使人们互相理解。文化不仅使学校聚合成一个整体,而且文化的积累还促进了学校的发展。文化就其本质而言,是"一个群体或社会所共有的价值观和意义体系,包括使这些价值观和意义体系具体化的物质实体"。人的思维能力能给任何客观事物以一种主观化的意义。诸如,以成就学生作为教师的共同追求,以创造辉煌的业绩作为生命意义之所在,按照这些价值观和意义去行事,开创了衡水二中的奇迹。

在衡水二中,作为学校主人的教师群体,普遍自觉地追求生活的意义,体验教师职业的幸福,以不懈的努力与创造证明自身存在的价值和意义。什么是以人为本?这就是以人为本,追问人生的意义,成就生命的价值。什么是素质教育?这就是素质教育,提升人的精神素养,成就教师的职业尊严,享受师生共同成长的幸福体验。共同的价值选择,凝聚成强大的群体动力;不同的个性化创造,造就积极向上的精神氛围。这就是文化的力量,一种攻坚克难的强大力量。衡水二中是一所有文化的学校,因而也是一所有生命力和竞争力的学校。毛泽东说:"没有文化的军队是愚蠢的军队,而愚蠢的军队是不能战胜敌人的。"

走进衡水二中,你能处处体察到一种文化,体察到文化气息的充盈与弥漫,特别是儒家文化对这所学校的浸润。儒家文化以入世生活为旨趣和依归。我国近现代历史学家、思想家钱穆说:"中国人所最重要者,乃为己之教,即……人道教。"道德品质的培育和完善人格的修养,是中华传统文化中最有价值的部分。从这个意义上说,中华传统文化本质上是教育文化,是教人成为人的文化,即钱穆所说的"人道教"。中华民族是一个生在地上的民族:古代中国人的思想眼光,从未超过现实的地上生活,而梦想什么未来的天国。我国著名哲学家、思想家梁漱溟认为中国是"以道德代宗教"。在这一点上,与学校教育以立德树人为宗旨非常吻合。秦海地的所作所为始终不离中华传统文化的土壤,以文化人,以文育人,春风化雨、润物无声,这是他努力追求的教育文化的境界。

对中华传统文化的继承与弘扬,是学校教育最为重要的任务,也是一个民族的千秋大业。中华传统文化携带着民族精神的基因,需要普遍且有效地植入年轻一代的心灵,中华民族的伟大复兴才能成为现实。在《宪法与孔教》一文中,陈独秀论述道:"愚且以为儒教经汉、宋两代之进化,明定纲常之条目,始成一有完全统系之伦理学说。斯乃孔教之特色,中国独有之文明也。若夫温、良、恭、俭、让、信、义、廉、耻诸德,乃为世界实践道德家所同遵,未可自矜特异,独标一宗者也。"陈独秀认为在历史中形成的纲常伦理虽然是中国独有,但儒家开出的温良恭俭让等美德,却是人类普遍的道德观。立德、立功、立言是中国人最为执着的人生追求,"学而不厌,诲人不倦",则是教师最为基本的职业伦理。秦海地充分认识到儒家美德底蕴的价值,将它转化为学校教育最为宝贵的文化资源,成为衡水二中腾飞的精神文化支撑。

艺术、素养和智慧

秦海地说："教育是一门艺术,一种素养,是一种大智慧。没有智慧,不是教育,只能叫'告诉';没有智慧,不是艺术,只能叫'直白'。"

"艺术""素养""智慧",这是秦海地心目中理想教育的内涵,也是他矢志追求的教育境界。教育应该是一种艺术,是委婉的、温馨的、蕴藉的,因而也是丰富的。教育的艺术,随物赋形、丝丝入扣,让人流连忘返。教育的艺术,是认知与情感的统一,它抵达人的心灵,拨动人的心弦,让人乐在其中,其乐无穷。教育最忌讳直白,忌讳一览无余、苍白浅表,忌讳僵化和生硬的灌输。没有过程性的体验,没有试错,就没有灵感;没有循序渐进,没有心悦诚服,学生就没有生命成长的幸福感,而这是教育最大的失败。在这一点上,秦海地对教育理想的追求,与杜威对教育的憧憬非常相像。

杜威坦率地承认,他所提出的一直是他自己理想化的教育观念,那是自己想象中的教育,但它可能成为现实的教育。杜威说："我相信,做这样设想的教育是标志着人类经验中所能想象得到的科学和艺术最完善、最密切的结合。"在一次演讲中,杜威饱含热情地说道:"我相信,这样形成人类的各种能力并使它们适应社会事业的艺术是最崇高的艺术;能够完成这种艺术的人,便是最好的艺术家;对于这种事业,不论具有任何识见、同情、机智和行政的能力,都不会是多余的。"杜威无疑是一位伟大的教育家,但是他对教育的论述还只是理想化的,是一种理论性的话语体系,并没有在一所学校得到有效的实施和验证。秦海地则将一种教育的理想变为现实,使教育的艺术在实践中不断得到丰富和发展,衡水二中是成功践行教育理想的样本,也是教育艺术在各个方面的精彩呈现。

杜威将教育的艺术与"识见、同情、机智"联系起来，甚至延伸到"行政的能力"，这些在衡水二中可以找到很多鲜活的例证，在秦海地的相关论述中处处有所体现。在衡水二中，教育和管理的艺术，不仅仅体现在秦海地身上，更重要的是整个教师群体所体现出来的，对教育艺术修炼的精益求精。杜威说："我相信，当科学和艺术这样携手以后，支配人类行动的最高动机已经达到了，人类行为的真正动力将被激发起来，人类本性中可能达到的最好的事业便有保障了。"这段话甚至可以作为衡水二中办学业绩的贴切评价。衡水二中之所以能取得这样骄人的业绩，无疑是"科学和艺术的携手"。没有科学，会陷入盲目性，缺乏自觉性，一切都是盲人瞎马，根本不可能有任何的成就；如果没有艺术，没有艺术和科学的融合，艺术和科学的统一在广大教师身上不能得到充分体现，那就不可能有学校教育的高质量、高水平。

诸如，机械单调的大运动量训练、随心所欲地增加练习的难度、毫无针对性的各种练习和考试、无视学生感受的一言堂及灌输式教学等，这些现象在高中学校中大量存在，仅指望优秀生源改变落后命运的一些县中学校，恐怕很难取得相应的成功。羡慕衡水二中的业绩容易，如衡水二中那样掌握教育艺术则难，更难的是移植校长的教育理念和境界。如果没有一种"识见"，如秦海地那样有思想的穿透力，而仅仅是一般性的理论常识，或个体性的一些经验，这不能保证学校管理有根本性突破，不能做到教育质量的大幅度提高。校长与领导班子同人的合作，与教师群体的每个人相处，包括对后勤职工的体贴尊重，都包含着一种同情性的理解，只有从同情走向共情，才能把学校建设成团结战斗的精神堡垒。教育和管理都需要一种机智，一种具体问题具体解决的领导智慧，一种化消极因素为积极因素的转变能力，校长更要有统揽大局、高瞻远瞩的领导素养。

当校长，管理学校，从事教育工作，需要有独到的教育智慧。这种教育智慧在日常中表现为一种教学机智。"机智"有"同别人的交往方式"的含意，意味着同人接触时的机敏、机灵、应变力。校长每天都在接触教师，教师每日每时都同学生接触，因此必须有一种教育机智。作为应变力的机智，绝非与生俱来的才能。德国教育家赫尔巴特认为，教学机智是"教育理论的忠实奴仆，同时也是教育实践场面能够即时而适当地做出应对的智慧"，这种教学机智是"对实践的准备，而这种实践是借助理论所支撑的"。也就是说，是在教育实践中形成并得以凝练的。基于理论的实践，然后不断地反思，唯有借助这种理论与实践的循环往复，教育智慧才能形成。

秦海地无疑是校长中喜欢读书的一位，是能结合学校教育实践把书读懂并读通的一位；秦海地无疑是校长中喜欢动脑筋思考的一位，也是能把思考和实际工作结合起来并有所创造的一位。赫尔巴特提醒我们，离开了教育理论的指导、拘泥于自己日常的经验，这样的校长很难有宽广的视野，有大的智慧；反之，如果离开了教育实践，没有教育的现场感，书本知识的学习很难转化为实际才干。从秦海地身上我们可以看到，教育智慧的形成产生于理论与实践的循环往复，表现为理论与实践的有机结合，在具体的教育情境中有恰到好处的应对。秦海地在衡水二中的威望和魅力充分说明了这一点，在面对各种困难和危机的挑战中，保障与促进了这所学校的安定团结，营造了这所学校不断攀升和腾飞的平台与机遇。

杜威说："我相信，教师不是简单地从事于训练一个人，而是从事于适当的社会生活的形成。"他在演讲的最后说道："我相信，每个教师应当认识到他的职业的尊严；他是社会的公仆，专门从事于维持正常的社会秩序并谋求正确的社会生长的事业。"秦海地出任衡水二中校长，最大的成功不在升学率的奇迹，不在考进清华大学、北京大学的学生有多少，而在于带出了一支优秀的教师队伍。教师在这所学校有充分的职业尊严。"艺术""素养""智慧"，教育及管理的这三种核心素养，不仅体现在校长身上，体现在学校管理工作中，更为重要的是作为人的内在品质和核心能力，普遍而充分地体现在每一个教师身上。所有的教育"奇迹"，都是这种"艺术""素养"和"智慧"的结晶。校长是教师通向理想之国的领路人，教师则是学生的表率和领路人。理想之国并不在彼岸，而是生长在现实的文化土壤中，是创造性智慧所带来的希望和愿景。

按美的规律建造

重视美育,淡化分数,恰恰赢得了高分,极大地提高了高考升学率,这就是衡水二中的奇迹,也是秦海地学校管理的辩证法。诚然,高中校长不能不关注升学率,关注升学率既是对学生负责,也是对国家考试制度的尊重。高考制度作为一种选拔性的机制,是一项科学并公正的制度设计。分数面前人人平等,这就是公正;计分之精准兼顾效度和区分度,这就是科学。作为一种制度设计,高考制度当然不完美,也不可能完美,它只是一种"最不坏的制度"而已。高考制度固然有缺陷,但没有比它更好的制度设计,既然如此,你就得面对它,接受它,再逐步改善它。因此,抱怨和攻击高考制度,是没有任何积极意义的。你尽可历数高考制度的种种弊端,但你还是得无条件地接受高考分数,没有这张入场券你进不了心仪的大学。你大可说陈寅恪没有大学文凭,华罗庚没有大学文凭,但陈寅恪、华罗庚的厉害并非在于没有大学文凭,而在于他们的学问让人高山仰止。你当然也可以没有大学文凭,但你有没有陈寅恪、华罗庚的学问呢?况且,他俩都在大学任教,是名牌大学的名教授,你如果连大学的门也进不去,用什么比附陈寅恪、华罗庚呢?

"没有分数你就没有今天,光有分数你就没有明天。"这几乎是所有高中名校长的共识,既承认高考分数的重要性,又看到分数的局限性以及唯分数的危害性。然而,这似乎是大白话,说得很在理,大概也不会有什么人反驳的。不过,"明天"是"今天"的自然延伸,总得先有"今天",然后才能有"明天"。光说"今天",诚然短见;离开"今天"谈"明天",不免虚妄。"没有分数",意味着"没有今天",这比较好理解。但"光有分数",为什么就一定"没有明天"呢?与分数相对应的是什么？重要而被忽略的是什么？校长们的论述似乎不够充分，也不怎么聚焦。学校教育以立德树人为宗旨，而"人也按美的规律来建造"，这是马克思的名言。因此，学校教育要重视美育，以美启智，以美育德，以美育人，而不仅仅是追求分数。高中教育是基础教育的最高阶段，也是最后一个环节，学生由童年走向成人，因此，更需要有美好人格的自我塑造，有创造美好生活的强烈愿望。秦海地说："没有美育，教育是不完整的。"他同时说："美育不等于艺术特长教育，而是要能影响人的心灵、塑造人的精神。"一位高中校长对美育有这样充分的认识，能提到这样一个高度来认识，从审美的角度切入高中教育，聚焦学校美育，这就比泛泛地谈明天，谈几十年后的学生素养，更务实，更有现实的针对性，也更有理论思维的高度。恰如江苏省南菁高级中学，以美学研究和学校美育称著，陶冶学生的心灵，提升学生的境界，完善学生的人格，大幅度提高了学校教育的质量。

"美育"这个术语是席勒创造的，20世纪初被引入中国。1903年，王国维发表了《论教育之宗旨》，文中提到了"美育学"。此后，蔡元培大力倡导美育，并且发表了不少关于美育的演讲。王国维、蔡元培、朱光潜等先贤普遍重视国人思想道德的改造，希望用审美、艺术来洗刷人心、纯洁情感、提升精神。衡水二中的学校美育，重在问题导向，主要围绕两个方面：其一，坚持"以人为本"的教育观念和人的全面发展的指导思想，坚守立德树人的根本宗旨；其二，突出学生人文素养的培养和个体创造力的发展，彰显学校美育的特殊性。他们在美育过程中，促进学生审美发展，在逻辑思维发展的同时，发展学生敏锐的感知力、活泼的想象力和丰富的体验力；通过经典艺术作品的体验性学习，让学生对人类优秀文化成果有深入的认知，从而完善学生的人格结构；通过艺术学习，丰富和发展学生个性，培养学生的创造能力和创新意识，促进学生创造力的发展。

高中学校强调美育是否会影响学生学习，影响高考，影响高考升学率呢？其实，美育不仅有益于求知，而且可以调节人的大脑机能，提高学习和工作效率。美国现代神经生理学家、诺贝尔奖得主斯佩里对人的大脑两半球的功能和分工进行了研究，他认为人的语言、数学、逻辑等由大脑左半球负责，俗称"数字脑"；图像、音乐及其他非语言信息则由大脑右半球管理，俗称"模拟脑"。在大脑皮层兴奋与抑制的过程中，如果大脑的某个部分长期处于兴奋状态，就会引起疲劳而转化为抑制，学习效率就会降低。如果在紧张的科学思维之后有一些轻松的文娱活动，譬如听听音乐、看看绘画，就能转换兴奋中心，使左半球大脑皮质迅速进入抑制状态，心理学上称为"假消极状态"。在这种抑制性的假消极状态中，左半球大脑皮质就能得到必要的休息，从而提高学习效率。

从人的全面发展的角度看，美育要求的是综合性，注重的是人的整体性和完满性，倡导富有生气的整体人格的教育。学科知识教学则倾向于分化，将世界切割成物理的、化学的、生物的等；如化学还可分为有机化学、无机化学、分析化学等等。这种细分和分化，对于追求知识的准确性是必要的，然而这样的智育，如席勒所言，是将完整和完满的人撕成碎片。如果片面重视智育，一味追求高分，其实更是将这种撕裂推向了极致，接受这种片面的教育，学生也就很难有完善的人格和圆满幸福的人生。因为他们面对的终究是一个完整的世界、一种完整的生活，而不是一个割裂的知识体系。秦海地之所以重视美育，一定程度上说，他看到美育能够使被撕成碎片的人恢复其完满性，美育是将人作为自我实现的目的，而非将人当作手段和工具。衡水二中的发展正是奠基在这一点上：高中教育不是造就考试的机器，不是冷冰冰的应试知识和能力的传授。他们大张旗鼓地抓美育，以艺术教育渗透和带动各科教学，所以，这所学校有着浓郁的艺术氛围，学生是充满着朝气和灵性的，而不是那种死读书、埋头刷题的书呆子。这里的教师和学生都是富有情趣的，他们积极参加各种生动活泼的文体活动，学校因此有一种蓬蓬勃勃的生机。

秦海地对学校美育的重视，他在这方面认识的前沿、措施的有力，激发了师生的审美想象与创造力，因而大幅度地提高了教育的质量。学校涌现出一批高考高分的学生，学生的高分和高素质，在相当程度上得到了有机的统一。

人的在场与精神的超越

秦海地说："教育是面向每一个具体'人'的劳作，'人'在教育中是第一位的。"这两句话看似很平常、很朴素，其实有着丰富的文化内涵，有很高的学术品位，有匡正时弊的现实针对性。教育的根本宗旨在立德树人，这已经成为教育学界的共识。所谓"十年树木，百年树人"。"人"，始终是教育关注的中心话题；"育人"，始终是教育的根本任务；"树人"，是一切教育的终极目的。教育之"育人"与"树人"，必须落实于一个个具体的人，而不是以抽象的人类为对象。教育学界的泰斗顾明远先生指出，我们经常说的人的全面发展，在马克思理论的语境中是指每个人的全面发展，翻译的不准确，一定程度上造成理解的偏差。

教育必须促进学生的全面发展，教育必须从对应试、对分数的崇拜中解放出来，这是所有的教育工作者，无论专家教授还是普通老师的共同愿望。然而，为什么不能在具体的教育实践中落到实处呢？看来，关键在理论认识的不彻底，也在教育实践中的贯彻不坚决，不能面向全体学生，难以做到全面发展，很少兼及每个学生的个性。毋庸置疑的现实是，高中教育面对严峻的高考升学的考验，因而在育分与育人关系上，很多校长难免错位，难免有所偏颇，难免顾此失彼。作为高中校长，秦海地能以人为本，衡水二中有人的在场，这是难能可贵的。秦海地的这一教育思想，着眼于学生个体的全面发展，促进了教师的育人自觉。

学校教育既然以立德树人为宗旨，人在教育中是第一位的，那么，首先需要回答什么是"德"，"立德"于人的成长意味着什么？著名社会学家潘光旦先生说："德字训得，是内得于己，外得于人，而内得于己是入手处，所以德字的原字是从直从心，和正心诚意的正心二字完全是一件事。"他认为，凡用收敛功夫而能内得于己的人,只要不过其分,只要克己而能复礼,即克己而能归于适当的分寸,是不怕不能外得于人的。潘先生从内外两个角度定义"德",即内在的正心诚意以及外在的和谐共处。于人而言,"德"是内外两个方面的有机统一,而教育之造就人而言,道德品质是第一位的。秦海地认为,"人"在教育中是第一位的,同时也就意味着,在对学生的教育中,德育是第一位的。基础教育是养成教育,五育并举的根本目的在造就人,首在成就人的德性。这是"立德"的应然之义。

学校教育既然以立德树人为宗旨,是面向"人"的劳作,那么,"人"是什么呢?这是逻辑性的必然追问。中国儒家最早从人与动物区别的角度来回答人的本质是什么。孟子认为人有"四端",这是从根本上区别于动物的。恻隐之心、羞耻之心、是非之心和辞让之心,孟子认为这是人所独有的,所有动物都不具备。马克思也曾谈到人与动物的区别问题,他说:"动物和它的生命活动是直接同一的。动物不把自己同自己的生命活动区别开来。它就是自己的生命活动。人则使自己的生命活动本身变成自己的意志和意识的对象。他的生命活动是有意识的。这不是人与之直接融为一体的那种规定性。"

"有意识的生命活动把人同动物的生命活动直接区别开来。"这里马克思反复强调了"有意识"。显然,"自由""自觉"等就是"有意识",是人"使自己的生命活动本身变成自己的意志和意识的对象"。秦海地所说的教师"劳作",正是这种自由意志的体现,是一种自觉地对学生进行教化的职业行为,一种自觉的教育实践。马克思认为,"人是一个特殊的个体,并且正是他的特殊性使他成为一个个体,成为一个现实的、单个的社会存在物"。这与秦海地所说的"每一个具体'人'",有着高度的同一性。这也意味着秦海地对人的思考,对"树人"的内涵,在理解上有相当的深度,能做出个性化的理论表述。

杜威说过这样一段话:"我认为一切教育都是通过个人参与人类的社会意识而进行的。这个过程几乎是在出生时就在无意识中开始了。它不断地发展个人的能力,熏染他的意识,形成他的习惯,锻炼他的思想,并激发他的感情和情绪。

由于这种不知不觉的教育，个人便渐渐分享人类曾经积累下来的智慧和道德的财富。他就成为一个固有文化资本的继承者。"这段话揭示了教育与人的关系，任何人都是在教育中成长的，人的成长意味着分享前人留下来的智慧和道德的财富。

不可否认，在高中校长中自觉关注学生的精神发育，不偏执地追求高考分数的，还是不多见。秦海地说："建设现代学校制度，最基础、最重要的工作就是要重新找回失落的主体——人。"能从这样一个高度认识教育，尤其是定位高中教育，的确是非常前沿的，也是高瞻远瞩的。能将考分和学生发展统一起来，始终着眼于学生的全面发展，致力于完善学生的人格修养，有这种理论自觉和文化自觉的校长，是当下基础教育最为稀缺也最为期盼的。

德国存在主义哲学家雅斯贝尔斯说："人类并不是一个已经不再发展的固定的族类，不像动物是不可改变的，人类存着无限发展的可能性。"动物的生命是特定的，人的生命是待定的。蜘蛛生下来就能结网，但是它一辈子结着同样的网，只能永远生活在网上；生下来的婴儿什么都不会，但他的未来谁也无法估价。人有无限的成长可能，教育使这种潜在的可能成为现实。教育一方面坚守着，一方面改变着，并在坚守和改变中发展着，人通过教育实现其无限发展。这意味着教育是带有超越性的，人类社会事实上也是不断超越的。

人类在各个领域超越着：农业时代是对原始生产方式的超越，工业革命又超越农业时代，信息革命再次实现超越。实现这一切超越的不是神，而是人，是我们人自己。教育伴随着这一切超越，但唯有自己不可超越吗？教育从一般的传道、授业已发展为使人自身再发展、再超越的必要前提。教育正是通过为人类超越提供支撑力而表现自己的超越性。从这个意义上说，"超越永无止境"既是人之为人的永恒追求，也是教育发展的必然趋势。衡水二中高度重视人的在场和精神的超越，关注教育的创造，关注学生的梦想和自由，不断与时俱进，执着地从辉煌走向新的辉煌。

管理是诗,如歌……

秦海地说:"管理是诗,每一行都是爱的表达;管理如歌,每一句都是心的观照。管理是一道风景,美在细节;管理是一种境界,贵在真实。"

管理是诗,这是一种隐喻,属于文学的表达,而不是概念的剖析。在秦海地的理解中,管理不仅是科学理性,更是一种人文化成,学校管理要传递人情的温馨,尽量规避冷峻与严苛。因此,管理不是论说文,甚至不是散文,而是一首诗。提及诗,人们很容易想到海德格尔,想到他的那句名言——"人诗意地栖居于大地上",进而唤起对美好人性、多样人生的期待,对科技单向度发展有所警惕。在秦海地的语境里,诗是一种生活态度,也是一种思维方式。

秦海地这里所说的诗,同时指学校管理的原则,也是指校长的话语风格。中国人不靠语义分析去把握词汇的确定性,而是靠经验的直觉去体悟词汇的整体意韵,这就是诗性的语言和方式。南宋诗论家严羽说:"盛唐诗人惟在兴趣,羚羊挂角,无迹可求。故其妙处莹彻玲珑,不可凑泊,如空中之音,相中之色,水中之月,镜中之像,言有尽而意无穷。"这一系列词汇没有一个是明晰性的,只是排列起来让你去感受,去直觉,去体悟,终于悟出是这么一种意思,却又无法用明晰的语词将它完全表达出来,你不能不慨叹"言有尽而意无穷"。秦海地这里所说的诗,他所要表明的,也是他在学校管理中所追求的:一种启发引导,而不是颐指气使;一种点到为止,而不是咄咄逼人;是随机的,而不是刻板的;让人心悦诚服,而非勉强接受。

我们常说,没有爱就没有教育;教育是爱的表达,这是常识也是真理。美国教育家菲利普·杰克森说:"在教育中,爱扮演着至关重要的作用,对于老师和学生均是如此。正是爱的胶水将事物粘在一起，让它们凝聚在一处。这就是说，如果教学无法在教师所钟爱的某些方面给他们带来深深的满足，那么，教学根本无法进行。规则很简单：如果你不爱教学的任何一面，那么，就早日脱身。"对秦海地来说，之所以如此忘情地投入，在学校管理中倾注全部的心血，归根到底是出于对教育事业的爱，出于对学生生命成长的关爱，是对生于斯、长于斯的这片土地的爱的奉献。什么是教育的底线？我们完全可以得出这样的结论，即教育基本上是一项道德事业，它的目标是试图让接触它的每个人，教师以及学生，比现在生活得更好，即不断地向上和向善，有生命的尊严和不断增长的幸福感。

学校管理是一首歌，秦海地内心激情涌动，他歌唱爱，歌唱生活的美好，歌唱生命的崇高，歌唱未来的憧憬。"白日放歌须纵酒"，校长要有激情，有情感的传递和感染，而不仅是冷冰冰的说教、不可亲近的威严。如美国教育家菲利普·杰克森所言："我觉得我们的意思是我们感到与那些自己承认喜爱的东西很亲近。在某种意义上，我们认同它们。我们拥有它们，它们变成了'我们的'，是我们所赞成的东西。因此，从这个意义上说，这些形式的情感减少了主体和客体之间的分离，它们将两者紧密联系起来，这正是教育的主要目标。"孔子论人的成长，说是"兴于诗，立于礼，成于乐"，以及他的"子在齐闻《韶》，三月不知肉味"，这都说明人的诗意、激情和歌唱之间的密切关联。倘若说管理是心的观照，那么，心是什么？心不是一块血肉，凡知觉处便是心。

"歌"是一种隐喻，秦海地告诉我们，情感表达在教育环境中发挥着重要的作用。如果没有多种形式的情感表达，教育会失去其应有的吸引力，它的终极意义也会被剥夺。学校管理是心的观照。确实，早在孔子那里，就已经表现出重视内心、重视内在的价值与道德资源的思想了。孔子重礼，然而他说："人而不仁，如礼何？人而不仁，如乐何？"礼之本，实在于内在的精神，在于仁爱和忠恕之心。孟子进一步发展了孔子的这一思想：学问之道无他，求其放心而已，个人如此，治国亦如是。王阳明是儒家向内心开拓这一路线的一座高峰，他说："是故君子之学，惟求得其心，虽至于位天地，育万物，未有出于吾心之外也。……故博学者，学此者也；审问者，问此者也；慎思者，思此者也；明辨者，辨此者也；笃行者，行此者也。心外无事，心外无理，故心外无学。"管理者之心，于孔子而言，是仁爱和忠恕之心；于孟子而言，是求其放心；于王阳明而言，是惟求得其心；于秦海地而言，是求"古仁人之心"，他与学校教师和学生，心心相印。

管理是一道风景。诚然，秦海地将二中建成了一座花园，美不胜收；这也是一处家园，和谐温馨。衡水二中是一道亮丽的文化风景。秦海地认为它美在细节，所谓"致广大而尽精微"，这所学校事事处处都体现一种精致。不是传统意义上的细节决定成败，而是学校无小事，处处都育人，所以样样不能掉以轻心，事事必须做到极致。这是教师的责任，也是学校的风格，更在为学生树立一种典范。精细是中华文化的固有传统，中国哲学一向强调和合：天人合，内外合，家国合，礼法合，身心合……王阳明把这一合的传统发展到顶点，在他看来，万物皆可合而为一，这个"一"就是良知，良知备万物、含万善、肇万化，无往而不知，无往而不通。作为一种管理风范，衡水二中事事处处讲究和谐与融合，有精心布置的物质文化，有构想严密的制度文化，有亲密无间的人际关系。

"千教万教，教人求真；千学万学，学做真人。"管理是一种境界，贵在真实，秦海地的学校管理思想，与陶行知先生的生活教育理论非常切合。衡水二中的学校管理，就其活动过程来看，它表现为真善美三者的统一。求真是主体认识客体，向善是主体改造客体，审美则是主体超越客体。换一个角度看，求真所建构的主客体关系是外在的，向善所建构的主客体关系是内在的，审美活动所建构的主客体关系则是超越于内外的。从秦海地的管理思想中，我们可以分明地看到：求真活动是让主体统一于客体即合规律性，向善活动让客体统一于主体即合目的性，审美活动是主客体的同一——是对合规律性与合目的性的超越。

秦海地的三个核心概念

强烈的主人翁意识，让每一个二中人从"不得不为"到"主动作为"；"超越永无止境"的校训精神，让每一个二中人从"全力以赴"到"全心以赴"；精神与物质的双重激励，让每一个二中人从"工作养家"到"工作悦心"。

秦海地的这段话涉及三个核心概念：人——主人翁；校训——超越性；工作——幸福感。这段话同时勾连起三个概念之间的逻辑关联：人的超越性、工作的幸福感，以及学校发展的没有止境与人成长的无限可能。作为代表性的教育观念，这段话集中反映了秦海地对教育本质的理解、对人性的理解，以及对教育与人的发展关系之理解。由此，我们能感受到这位校长的个性：教育思想的深刻、改革愿望的强烈、不懈努力的执着，以及攻坚克难的乐观主义精神。

在《新人道主义的条件与可能》中，德国存在主义哲学家雅斯贝尔斯强调，人具有最宽广的、尚未成型的可能性，人总是趋向于超越存在的。但由于有自由与超越，人的有限性就不同于其他有限物的有限性，而成为一种特殊的有限性。人有无限发展的可能，但这种可能并非能完全成为现实，因为它受各种条件的限制，因而，人的能力事实上是有限的，并不能为所欲为。教育让人的潜在可能成为现实，没有相应的教育，人潜在的可能就不会成为现实。然而，教育同样不是万能的，无论这教育称之为素质教育，还是应试教育或其他，概莫能外。

人在多大程度上能使潜在的可能成为现实，这是未知的、不可预测的，带有巨大的不确定性。因为不确定，所以样样都有可能。因而，超越——不断从实然世界走向应然世界，这是人之为人的宿命，也是教育的使命；超越——不断摆脱现状和习惯的束缚，摆脱僵化、保守与自满，带领师生不断走向新的天地和境界，这是校长职责之所在,也是理想之所在。人是未完成的,学校也是未完成的,因而教育就是生长,生长之外无目的,超越永远没有止境。秦海地所说的"主人翁",即发展与成长的主体,他们在思考中深化认知,在实践中探索未知,不断体现出创新和创造,这正是教育的人性化和教育的文化自觉。

在现实的社会生活中,在真实的学校教育情境中,教师的工作能否成为一种劳动的自觉,在根本上决定着这所学校的文化境界,制约着这所学校发展所能达到的高度,当然也决定着这所学校教育教学的质量。当下的社会生活中,劳动没有成为人们的自觉需求,更没有成为第一需要,这是一个不争的事实。然而,这并不等于说劳动天然是痛苦的和无奈的。美国哲学家乔姆斯基认为存在着普遍人性,存在着创造工作和自由研究的普遍人类需要。马克思主义认为,人是社会存在物,个人的真正自由取决于在劳动中社会给人提供的实际可能性。人的劳动是自我意识的、自主的、创造性的和社会性的,这些特性体现了人类的特征。那么,学校能否超越世俗成为精神的高地,教育工作能否成为每个教师自觉的文化行为、成为心灵的寄托与理想的载体?秦海地在衡水二中所做的一切努力,对此做了肯定的回答。他将"超越永无止境"作为校训,逐步培育起学校教师宽广的文化视野,渐渐形成一种超越性的生命自觉,使这所学校不断走向理想的前沿,不断攀登教育质量的高峰。人们普遍感慨衡水二中所创造的奇迹,却常常容易忽视它的价值引领以及文化内涵。

"学而时习之,不亦说乎?有朋自远方来,不亦乐乎?人不知而不愠,不亦君子乎?"孔子《论语》开篇这三句话,说的是学习的快乐,其实也隐喻着工作的态度;说的似乎是学生的学习状况,又何尝不指向教师的工作状态?在中国文化的语境里,"学而不厌"与"诲人不倦"紧密关联,都是令人喜悦的,有意趣的。从未知到已知的学习活动,不断提升自己的认知水平和德性修养,无疑是一种令人欣喜的生命体验;育天下之英才、"君子有成人之美",这又何尝不是一种人生的幸福呢?秦海地对衡水二中的打造,他带领教师所创造的奇迹,恰恰是这种精神文化所结出的硕果。所谓"夏虫不可语冰",人与人之间有时很难相互沟通与理解。诸如,对于衡水二中所创造的奇迹,有人偏执地认为来自魔鬼训练,来自大运动量的训练,于是有各种误解和蓄意的攻击。学习怎么可能快乐呢?劳作怎么可能幸福呢?这是他们固执的认知,并自认为是绝对真理,依据他们的逻辑,奋斗不幸福,躺平才是享受。从这种庸人与懦夫的幸福观出发,他们实在不能理解二中教师忘我拼搏的精神,无法理解二中领导班子团结奉献的精神,无法理解秦海地这种魅力校长。

某些专家认为苦不堪言,二中师生恰恰是乐在其中,而这或许正是东西方文化的差异,这些专家大多有点西化,偏偏又有点消化不良。在他们的心目中,亚当和夏娃当初享受的是典型的快乐生活——优哉游哉,没有工作,也没有对未来的打算。因偷吃禁果被赶出伊甸园后,他们及子孙后代都必须辛苦工作,工作从此成了惩罚的标志之一。他们把天堂形容成一个没有困难、没有工作、无须承担责任的地方。中国远古神话是女娲补天、夸父追日、大禹治水、精卫填海,足见中华民族是勤劳勇敢的民族。其实生活在地球上,我们必须工作才会有快乐,我们必须战胜困难才会有幸福,教师的教和学生的学也是如此。秦海地管理衡水二中有一个重要的特点,这就是对中华优秀文化的自觉弘扬,这种弘扬常常表现于苦乐观和事业心,有一种英雄主义的精神。

人们常常把努力与痛苦、休闲与快乐联系在一起,这其实已经干扰了我们对于自身体验的客观认知。当我们开始把工作中的积极体验负面化时,其实也是在限制自己获得幸福的潜力,因为幸福并不仅仅是经历正面情绪,还要重视这个过程中的体验。学校应该是一个我们可以感受正面情绪的地方,李金池校长,这位发现和任用秦海地的伯乐,他有一句名言:"学校应该是激情燃烧的乐园。"这一教育思想在衡水二中得到了发扬光大。对此,国外著名教育家也有相似的论述,教育家帕克·帕尔默提道,"在一个把痛苦和工作绑在一起的文化里,揭示工作最大的特征其实在于深度的幸福感,这是非常具有革命性的"。然而,把工作、努力与痛苦绑在一起的恶习，已经深深地影响了我们在学校和工作中获得幸福感，或许正是在这个意义上，秦海地反复强调"超越永无止境"。为了能让自己在工作和学习中得到更多的快乐，我们首先得改变自己的观点，改变对工作的偏见。某些专家煞有介事地指责衡水二中有违人性，然而他们恰恰是把人性理解为动物性了。"人是目的"，古典哲学创始人康德同时限定知识为信仰留下地盘：理性和信仰可以共存。经过启蒙理性的洗礼，信仰已经不是一种压迫人的异在力量，而成为意志自由的象征，这正是人性的光辉——追求理想，在奋斗中创造，在奉献中实现自身的价值。

秦海地的办学目标

秦海地说过这样一段话："办学校，我们的目标就是对得起孩子，不辜负家长，让学生和家长满意。"这段话很简短，很明晰，也很真诚。作为校长，他知道必须担起这三方面的责任，义不容辞。每一个校长，其实都面对着这三个方面的期盼，问题只在以一种什么样的态度去对待。一位优秀的教师，一位优秀的校长，无论如何都不能回避和淡忘，不得不"才下眉头，又上心头"。

什么是校长？什么是好校长？校长要有爱心，这份爱心就是牵挂；校长要有责任，这份责任就是担当。孩子的前途、家庭的命运、人民群众的期望，这是任何一个校长都必须面对、必须担当的。诚然，不同的校长有不同的境界，因而有程度不同的自觉，于是会有不同的行为，所在学校因而有不同的精神面貌、不同的教育质量。"对得起"，仅三个字，却有沉甸甸的分量。这是一种自信，更是道德自律——发自内心的自我期许和自我警示。务必"对得起孩子"，很朴素的话语，但这是师者的真诚、长者的仁厚，是一位校长可贵的良知。

"不辜负"，这是一份承诺，向公众承诺、向社会承诺，更是向家长承诺。"不辜负家长"，意味着不仅要尽职尽力，作为校长，还要合于家长的期盼，帮助他们将期盼变为现实，给一个个家庭带来更好的命运。"不辜负家长"，这是自加压力，作为校长，这是自明责任，自担风险。然而，正是因为有这种义无反顾，这样的校长才能鼓舞士气，才能带领教师攻坚克难、勇往直前，不达目的誓不罢休。校长办好一所学校，不仅面对着一个个学生、一个个家庭，还必须面向整个社会，面对父老乡亲们，面对更广泛的人民群众，得让他们满意，让他们称道，这就是所谓有口皆碑。

困难，这是不言而喻的；目标，是否定得太高？然而，正因为有着明确的价值目标，有着崇高的精神境界，以及与之相匹配的求真务实的作风，更为重要的是校长本身的率先垂范，才使衡水二中成为一个奇迹，秦海地成为一位闻名全国的高中校长。是什么成就了这所学校？是什么成就了这位校长？学校发展的内驱力、校长成长的精神动力，无论从哪个角度看，都离不开秦海地所提出的这三句话。这三句话无时无刻不在提醒校长和教师，使其警策、自律和奋进。

凌晨，校长每天第一个到校，在校门口等候老师们。学校领导班子以学校为家，从早到晚，全身心扑在学生身上。研究课程，学校教师研究教学，研究学生，心无旁骛，全力以赴。从校长到教师，各司其职、配合默契、相互关爱、体贴入微，这就是衡水二中。"老吾老以及人之老，幼吾幼以及人之幼"，这所学校的尽职和关爱，聚焦于学生，聚焦于学生的身心发展。教育的根本宗旨在立德树人，要求教育者具有一份爱心，并将这爱心转化为一种责任。奥地利哲学学家黎尔说："人尽责并不是因为他生来就有道德，人变得有道德则是因为他尽责。"这一论断，证之于秦海地和衡水二中，实在是非常地恰当。

德国哲学家狄尔泰认为，有责任就意味着"对我们全部的历史承担责任"。责任涵盖了人的生活和存在的全部，因为责任本身就是生命的自我展布方式。责任是一种历史担当，责任是一种人格风范，责任也是一种个性品质，秦海地所提出的三句话，规定了他作为校长的努力方向，成为他独特的生命存在方式、他不同凡响的人生风景。

为什么自觉担起这份责任？为什么自加压力担起全部的责任？在某些人看来，秦海地实在是不明智。负重而攀高，不免有跌下的危险；承诺太多，让自己永远处于背水一战的境地。然而，因为责任，个人的生活才有实质性的内容，个人的生命才获得义无反顾的意义；因为责任，个人才可因此而称得上是人，并且真正成为一个人；因为责任，个人才可能与他者相关联，有生命的意义；因为责任，个体生命才构成人生，才走进历史。作为校长，秦海地因此融入衡水二中的发展史；作为名校长，秦海地在教育同人和民众中有口皆碑；坚持践行这三句话，秦海地将成为从校长队伍中走出来的教育家。

历史地看，责任造就了良德。良德的学校，必定是人人担责的学校，首先是校长的身体力行。学校也是一个社会，对共在互生的师生来讲，不仅仅是只为自己而生存，除了为自己的幸福而生存外，他也为别人的幸福而生存。每个人都有自己需要履行的职责。为了使自己幸福，就必须为自己的幸福所需要的别人的幸福而工作。"君子有成人之美"，教师的职责在成就学生，成就学生生命的美好，也正是通过成就学生，证明自身存在的价值，正所谓"成己达人"。

马克思指出，"每个人是手段同时又是目的，而且只有成为手段才能达到自己的目的，只有把自己当作自我目的的才能成为手段"。秦海地校长、衡水二中的老师们，正是以社会价值的实现程度促成自我价值的确证，实现价值主体与价值客体之间的关系统一。校长或教师，是基于社会性的关系存在，使个体成为有一定社会归属的群体存在，如马克思所言，"人只有为同时代人的完美、为他们的幸福而工作，自己才能达到完美"。无论校长、教师或学生，正如马克思指出的，"人对自身的任何关系，只有通过人对他人的关系才得到实现和表现"。因此，一所学校的发展与兴盛程度，构成了每个人的现实情境，正所谓同舟共济、荣辱与共。马克思指出，"个人的发展取决于和他直接或间接进行交往的其他一切人的发展""只有在共同体中，个人才能获得全面发展其才能的手段，也就是说，只有在共同体中才可能有个人自由"。

"对得起孩子，不辜负家长，让学生和家长满意"，这不仅是一份承诺、一份责任，更为重要的是要落到实处。怎样才能"对得起孩子"？高中学校一份严峻的责任是，不能没有出色的升学率。"对得起"，就要考得好，让学生在当下有更多的选择，让学生在未来有更好的发展。没有升学率，学生不能进入理想的高校，"对得起"就成了空头支票，没有任何积极的意义。怎样才能"对得起孩子"？有人说必须让他成为最好的自己。然而，"最好"并不完全取决于孩子的自我感觉，而必须以时代和社会的尺度来衡量。孩子的兴趣容易变化，他们的心智并不稳定，智力类型往往是隐秘的，他们有待发展并充满变数，而且他们很容易受暗示而从众。因此，教师的专业引导非常重要。高中学生普遍没有社会生活的经历，容易放大自己学业的单调和痛苦，殊不知社会职业的大多数，其身心负担和生活节奏，绝不亚于学校的学习生活。一味地迁就学生，放任学生，所谓的同情学生，恰恰是一种不负责任的态度、沽名钓誉的态度。把体贴关爱和严格要求结合起来，只有这样才是对学生负责，才是"对得起学生"。

"对得起学生"，还必须因材施教，让不同的学生得到不同的发展；"对得起学生"，重在学生的德性培育和全面发展，不应该一味追求升学率。孝敬父母、热爱祖国；勇于任事、积极担当；有爱心、能开拓创新等，这样的人格塑造，其中所包含的意义远远高于考多少分。"养天地之正气，法古今之完人"，这是秦海地对学生人格的期待，这也是他"对得起学生"的价值追求和文化内涵。真正做到"对得起学生"，其实也就意味着"不辜负家长"。不辜负家长的信任，不辜负家长的期望，甚至家长没有想到的学校想到了，家长没有关心到的校长关心到了，家长无能为力的地方学校帮助弥补了、做到了。"不辜负家长"，还意味着比家长站得高，看得远，因为绝大多数家长不是专业教育工作者，帮助孩子成长的教育主要是学校承担。况且，所谓"易子而教"，学校和教师的教育更适合孩子的成长需要。"不辜负家长"，还意味着在感情上把学生当自己的孩子，全方位细致关怀学生的生活与成长。

"对得起孩子，不辜负家长，让学生和家长满意"，衡水二中是这样做的，做到了，也做得好。秦海地的教育理想成为现实，秦海地的爱心与责任担当，让学生得到更好的成长，让学生家长对未来充满希望，由此赢得了学生和家长的广泛赞誉。

天地之间的浩然正气

"理想是'天',是目标,是方向;现实是'地',是基石,是根本。"秦海地的这两句话,或许最能反映他的内心世界,最能反映他的工作作风。因而,也最能说明他为什么这样奋进努力,说明衡水二中为什么能不断超越,教职员工为什么能这样尽心尽力。这两句话,大概也是他的座右铭,年复一年,日复一日,高中校长任上的秦海地,明白自己肩上责任的沉重,因而不能没有如临深渊、如履薄冰的谨慎。每个孩子都是成长着的生命,寄托着家庭的全部希望。在他们的后面,不仅有父母注视的眼光,还牵动着几代人的期盼。一个个依然带着稚气的孩子走进二中,三年后他们将走向哪里? 他们能走多远,他们能飞多高,在很大程度上取决于三年的高中生活。他们在这里所接受的教育,与未来的命运紧紧连在一起,包括他们的专业方向和个性品质。教育天然是神圣的事业,教职天然闪耀着理想的光辉,中国有"天地君亲师"的崇拜,西方有"太阳底下最光辉职业"的赞词,为什么东西方有如此一致的认同? 因为,人只有经受教育,才能成为真正意义上的人;人只有受过教育,才能有属于人的生活。鲁迅将人生归结为"生存、温饱、发展"这六个字,非常简朴,也非常实在;这三个环节,一个都离不开教育。无论古今中外,教育关乎莘莘学子的前途,关乎家庭和民族的命运。因而校长不能没有责任,不能没有理想。然而,担什么样的责任,怀有怎样的理想,做怎样的努力,不同的校长对此有不同的选择,不同的校长创造出不同的业绩、造就出不同的学校。

秦海地的这两句话,贯穿天地,勾连起理想与现实,交织出他近二十年的校长生涯。日月经天,是理想的象征;江河行地,是事业的常态。"天",意味着向上飞扬,是对现象世界的超越,寄托着秦海地的理想追求。"地",意味着立足的根基，是师生成长的文化土壤，也是校长躬耕于此的精神园地。秦海地十多年如一日的奔跑，为什么选择凌晨破晓的时段？是否是因为此时更能感觉到星空的浩渺，感受到日出的辉煌，更能唤起他对天道之思考，对生命之敬畏？人，或许只有知晓自身的渺小，联想到现象世界的局限，才能不断开阔自己的视野，提升自己的境界，努力成就更为崇高的事业。"人，诗意地栖"，在德国诗人柯尔德林的语境里，"诗意"的本义是"劳作"，是对自然的改造，也是对自身能力和价值的确认，因而人才有精神家园的归属。中国有数千年农耕文化的传统，对土地的热爱，对大地的依恋，融在一代代中国人的血液里，塑造了这个民族务实的文化性格。"天行健，君子以自强不息；地势坤，君子以厚德载物。"《易传》中的这两句话，大概最能体现中华文化的精神，或许也是最能诠释秦海地的内心世界。校长需要有崇高的精神境界，校长需要有博大的人文情怀，天与地便是这崇高和博大的象征。校长需要有文化的自觉，校长需要修炼自己的天地境界，冯友兰先生将天地境界视为人生的最高境界。

教师如果没有理想的召唤，校长如果没有理想的追求，一个群体没有对星空的仰望，没有不断超越的文化自觉，这样的学校很难不归于平庸，这里的学生很难有人生的精彩。秦海地将理想视为"天"，"天命之谓性，率性之谓道，修道之谓教。"《中庸》的这段话，揭示了"天"和"教"的关系，同时也让我们领悟到，"天"缘何是秦海地的"理想"，理想的教育合于天道，即合于教育的规律；按教育规律办事，便是天命之所归，因而是教育的"目标"，是办学的方向。天、天道，使任何一个中国人，特别是中国的知识分子，时时刻刻、事事处处，都保持着对自身的提醒。"天道弥远，人道弥近。"天道就是人道，人道必须合于天道，这就是所谓的天理良心。校长，从来是社会贤达、地方名流，表率一所学校，引导一个地方的精神风气，所以不能不将自身的理想寄托于"天"，又不能不立足于现实的土壤。事事以身作则，处处率先垂范，所谓学高于众、行为世范，这是校长对自身的理想要求，因而能带动教师朝着理想学校的目标努力，学校的风貌与教育质量自然也就非同一般。

"形而上者谓之道,形而下者谓之器。""道"必须见之于"器",理想必须见诸现实,扎扎实实的行动、实实在在的成果,这是衡水二中对父老乡亲的回应,是对学生和家长期盼的成全。不仅要让学生考得好,更要让学生身心发育得好,特别是身体的健康和人格的健全。在秦海地的理想中,衡水二中的学生要有五育并举的全面发展,学校教育要真正为他们的终身幸福奠基。理想的教育应该尊重和成全每一个学生,破除生源决定论,是衡水二中的特色,也是秦海地理想教育的应然之义。坦然面对不同个性的学生,容纳不同分数段的学生,让他们得到最好的发展,成为他们最好的自己。衡水二中成就了自身的不平凡,为怎样办好县中树立了一个成功的榜样。"天道"见诸"人道",落地生根于学校教育教学之中,以理想的教育成就学生的理想,是秦海地十数年锲而不舍的奋斗目标。秦海地作为校长,衡水二中有他鲜明的精神印记,他以自己的心血和智慧成就一所学校,铸就了一份无愧使命的人生答卷。

考试、升学与育人

　　"教育不等于考试,然而现实中有谁敢于真正挑战升学率这一'魔鬼'?无法绕过考试,我们就必须征服它,而且是在育人的过程中征服它。"这是秦海地作为校长的心里话,考试、升学与育人,这是学校的中心工作,需要全局在胸、统筹兼顾。考试、升学与育人,这是任何一所学校都无法回避的,任何一个校长都必须严肃面对。如何理解这三者之间的关系,如何处理这三者之间的关系,考验着校长的思想水平和行政能力。秦海地认为考试、升学与育人这三者之间既界限分明,又相互关联,且殊途同归。教育不能离开考试,没有考试的教育是不完整的教育,淡化考试的教育是不真实的教育,这是最为基本的教育常识,任何校长都不能违背这基本常识。

　　考试是学校教育最为日常的行为,作为学校教学活动的必要环节,它既对业已完成的教学行为进行检测,也对后续的教学活动提供启示与导向。通过考试与检测,教师与学生都能有所收获,不断地改进教与学的行为,提高教与学的质量。与日常的水平性考试不同,高校招生考试是一种选拔性考试,筛选是它所履行的重要职能,即通过考试对高中学生进行区分,为高校挑选适合于它们的学生。毋庸置疑,高考在一定程度上决定着学生的命运,牵动学生家长乃至全社会的关注。然而,无论从哪个角度看,也不论是哪一种考试,它们只是学校教育的一个部分;不管它有多么重要,也不管它有多大的权威性,考试只能服务于教育,服务于学生的成长,而不能把它颠倒过来,更不能用它取代教育。

　　"教育不等于考试",对此秦海地有清醒的认识。然而,对于考试之重要,特别是高考的举足轻重,他又有足够的认识——考试"无法绕过",也不应该"绕过"。升学率,是衡量高中学校教学质量的标尺,尽管它不是唯一标尺,但它无疑是最为重要的标尺。作为一所高中学校的校长,倘若挑战高考升学率,则不但是愚蠢的,而且是极为不负责任的。高考制度是国家制度,它充分体现着国家意志,汇集了多方面的智慧与创见。高考制度尽管有它的缺陷,诸如学生的道德水平、创新精神和动手能力等,很难由书面考试来进行检测并做出鉴定。然而,高考制度无疑是一种"最不坏的制度",这意味着没有比它更好的,没有可以取代它的。

更何况,高考制度和方式也在不断改革,让它更适应时代和社会对人才的需求。高考制度并非完全为高校选拔人才所设计,更为重要的是它承担着立德树人的根本宗旨,发挥着社会主义核心价值观的导向功能,同时它促进社会阶层的流动,防止社会阶层的板结,带来社会的活力,体现社会的公平,维护社会的稳定。因此,承认高考制度的权威性,敬畏高考制度所体现的国家意志,根据高考制度的设计与导向,有效组织教学和进行研究,让学生在高考时有好的发挥,未来有更好的发展,这是学校教育的必然选择,也是一位校长明智的选择。

面对各种妖魔化高考的说辞以及各种虚张声势的批判,对各种言不由衷的自欺欺人的所谓理论,秦海地保持着清醒的认识和坚定的立场。坚持高中教育的本分,坚守高中校长的本职,实事求是地面对高考,从学生的发展需要出发应对高考,将高考与育人统一起来,将学生的命运和国家对人才的需求统一起来,这就是秦海地所说的"征服"。高考是对学生学业的检测,也是对学生学习意志的考验,同样是对学校办学水平的检测,也是对校长认识水平和行政能力的考验。办好高中学校的前提,是校长对高考有理性的认识。片面追求升学率、全力以赴于应试训练,这无疑是错误的,错在本末倒置,错在将应试作为学校教育的最高目标,乃至唯一目标,忘却和淡化了学校的育人功能,这是一种方向性和原则性的错误,终究会限制学生的未来发展、阻碍学生的健康成长。

办好高中学校的前提,从根本上说在于校长有一种辩证思维,能恰当处理好考试、升学和育人之间的关系。考试的重要性,这是不言而喻的,高考升学率作为衡量学校整体质量的重要标准,这是无论如何都不能掉以轻心的。考试、升学、育人,有一种正相关的关系,学生考得好,可以进入更好的高校,碰到更好的老师、更优质的资源与更优秀的同学,也就意味着能受到更好的教育,获得更好的发展,能对国家和人民做出更大的贡献。这一切都是显而易见的现实,我们国家高校的分类也是这样体现出来的,因此,高中教育适应不同高校挑选人才的需要,不能简单地称之为"应试"教育。反之,高中教育无视高校的人才需要,淡忘学生的升学期待,将升学与育人对立起来,这才是咄咄怪事,应该纠正与改进。

对高考制度最荒唐的比附,是将它等同于封建社会的科举制度,以为对考试的重视,便是应试教育,便是对人才的埋没、对创新精神的伤害,是对道德教育的背离。然而,即使是旧社会的科举制度,也不能一概否定。当年梁启超创办《时务报》,大声疾呼"废科举",以为现代学校制度一定会让人才辈出,结果却是大失所望。多少年以后,他重新认识到科举作为"官吏出身之制度"的可信和可靠,发现昔日美国用选举官吏之制,不胜其弊,及至1893年,始改用此种试验,开辟了"政治上一新纪元",而且德国和日本也行之大效。梁启超说:"世界万国中,行此法最早者莫如我,此法实我先民千年前之一大发明也。自此法行,而我国贵族寒门之阶级永消灭;自此法行,我国民不待劝而竞于学,此法之造于我国也,大矣。"他甚至悍然宣称要"复科举"。

梁启超从先人而倡"废科举",到先人而倡"复科举",在于重新看到了科举制度曾长久地维系中国人的政治秩序、社会秩序和文化常态的事实,曾被指为"愚其民"的科举制度,因此而被置于一个更宽的背景之中,现出了"此法之造于我国也,大矣"的另一种面目。科举制度诚然有种种弊端乃至黑暗,但它是一种较为公平而有效的选官制度,让儒家思想作为主流意识而深入人心,维持了社会的秩序和稳定,形成了良好的学习风气,促进了社会阶层之间的流动。科举制度诚然是保守的,与之相应的私塾制度是保守且缺失创新精神的。

然而,中国历史上一些著名的思想家、文学家、政治家,几乎都是通过这个渠道培养出来的,近现代的一些名家大师,他们同样不是在现代学校启蒙受教育的,如晚清的状元张謇先生,他不但是近代民族工业的奠基人,而且创办了中国的第一所师范学校,一生创办了300多所学校。北京大学校长蔡元培先生,是晚清的进士并点翰林出身,但并不影响他成为一位大教育家。鲁迅先生同样是下科场并考中的,民国时期的一些著名数学家、科学家、文史学家,他们的启蒙时期都是受的旧教育,但并没有一个个都成了孔乙己。

我们今天有什么理由怀疑和反对考试制度呢?更何况当下的国家考试制度完全不同于封建社会的科举,它的科学性、人文性和人民性是谁都不可否认的。再说,我们曾经试行过取消考试制度,但是否收到如愿的效果呢?考试作为一种制度性设计,基础教育作为养成教育,不可能承担太多的功能、被赋予无限的责任。考试制度需要与时俱进地改革,高中学生从知识学习到创造性突破需要有一个成长的过程,他们的作为更多地体现在未来的岁月里,对此我们要有足够的耐心,不能操之过急和求全责备。在衡水二中,考试和升学带动了育人,使教学得以优化,学生的学习与创新能力得到提升,意志品质和责任意识得以涵养,攻坚克难的拼搏精神得到发扬,这些于学生都是有益于终身的核心素养。

教育的根本宗旨在育人,这也是中华文化的优良传统,考试只是育人的途径和手段。但任何一所学校、任何一个校长都要用好这个手段,尽量拓宽学生成长的道路,在育人的过程中接受高考的挑战,帮助学生坦然接受人生的考验并获得自身的成长,这是高中学校应尽的义务,也是高中校长的职责之所在。马克思说,理论只要彻底就能征服人心。秦海地对考试、升学、育人的辩证关系有清醒的认识,有逻辑自洽的理论思考,有行之有效的实施策略,因而能在学校领导班子中形成共识,能带领全校教职员工朝着共同的目标砥砺前行,衡水二中的办学业绩、在学生和家长中的口碑充分说明了这一点。

秦海地的"内省"和"自律"

一所学校能从低谷崛起，自有它的不凡之处。衡水二中，由边缘化生存走向事业的辉煌，作为校长的秦海地功不可没。这所学校的逆袭和腾飞，为县中如何走出困境提供了一个成功的典范。生源、师资依旧，学校却有了翻天覆地的变化，原因何在？校长的秘诀是什么？这或许是人们普遍关心的，也是校长们最希望得到借鉴的。"形而上者谓之道，形而下者谓之器。"成功地管理一所学校，诚然需要有经验方法和策略，但更为重要的，我认为是需要有一种见识、胸襟和境界。秦海地说："所有的成功者都是自我管理的典范，不是因为他们有多高的水平，而是因为他们深刻地认识到自己所处的地位和身上肩负的责任，再加上他们对未来无限的渴望以及对成功的强烈追求，使得他们非常注重'内省'和'自律'。"在秦海地的一些感言和管理心语中，这几句话，我认为最能显示他的内心世界，而且很好地回答了他因何而努力，为何能成功。

校长，管好学校的前提，是管好自己。严格要求教师的前提，是更为严格地要求自己。校长是一职务，也是责任。当校长意味着承担一种责任，校长是学校的第一责任人。校长明确自己的地位，有勇于任事的责任担当，就能发挥表率的作用，带领教师群体，形成敢担当、能作为的学校风气。秦海地非常明白，校长倘不能自律，就一定不能他律，"其身正，不令而行；其身不正，虽令不从"。校长之所以肯自律，能担当，敢作为，是因为心中有着一种强烈的意愿。于秦海地而言，对学生和教师负责，对党和政府尽职，办一所学生和家长满意放心的学校，办一所高品质示范性高中学校，是他念兹在兹的人生理想。当校长绝不能敷衍塞责，做一天和尚撞一天钟；当校长要以生命的光和热温暖学生，照亮学生前进的路。

秦海地无疑是一位有理想主义色彩的校长，也是一位身体力行的校长。

近代知名实业家、教育家张謇创办了中国第一所师范学校，他在开学演讲中充满激情地说："诸君诸君，须是将'天下一家，中国一人''民吾同胞，物吾与也'之道理，人人胸中，各自理会；须是将先知觉后知、先觉觉后觉之责任，人人担起。肯理会，肯担任，自然不惮烦琐，不逞意气，成己成物，一以贯之。孟子曰：'人皆可以为尧舜。'愿诸君开拓胸襟，立定志愿，求人之长，成己之用。不妄自菲薄，自然不妄自尊大。忠实不欺，坚苦自立，成我通州之学风。庶几实业教育，扩而日新，佐下走不逮，岂惟下走之幸，亦诸君之荣也。"这一番陈词，慷慨激昂，掷地有声。

回望历史，衡水的董仲舒作为汉代儒学的奠基者，也是儒家入世传统的继往开来者，他开创了一种天下己任的文化精神。南通人张謇，状元出身，兴实业、办教育、做公益，一生创办了20多家企业和300多所学校，他积极筹办公益慈善事业，使南通被誉为"中国近代第一城"。先贤董仲舒、张謇正是勇于担当社会责任的典范。显然，所有的成功者都有他的不平凡之处，所有的努力、奋斗和不懈进取都源于一种理想和激情，无论为教师或为校长，都要勇于担当、知行合一，矢志不渝。秦海地的事业诚然不能与张謇相比较，但立德立功、民胞物与，一脉相承。儒学文化对师生的殷切期望，在秦海地身上得到真切的承继，在衡水二中得到了发扬光大。教育是薪火相传的事业，跨越地区，穿越时光。享誉全国的衡水二中，正是由这种理想和精神所造就，一个怀抱理想的校长，一群放飞梦想的教师。

"致天下之治者在人才，成天下之才者在教化。"教育关乎人才的培养，教育维系着民族的振兴和文化的繁荣。教育是志业，也是功德无量的事业——"学而不厌，诲人不倦"。"己欲立而立人，己欲达而达人"。英国教育大臣戈夫说："也许我非常重视教育，因为它给了我很多东西。但是，它对我最大的影响在于它给了我塑造自己命运的机会。在我之前，我们家世世代代都是按既定的模式生活，我们这代人则从特别棒的教师那里学到了知识,从而获得了走自己的路的宝贵自由。"教育改变无数个人与家庭的命运,从这个意义上说,教师是幸福的职业,校长是值得自豪的身份,这也就决定着它是需要彻底奉献和高度自律的职业与身份的。无论是中国传统的"天地君亲师",还是西方的所谓"太阳底下最光辉的职业",校长或教师都要无愧于这一称号,秦海地难能可贵的是对此有一种生命的自觉,这也是文化的自觉。

校长的"内省"与"自律",必然体现于学校管理,迁移于对师生的要求。打破"生源决定论",相信每个孩子都能成才,佐助每个学生走向成功,这是秦海地坚定不移的信念。教育理想伴随着"对未来无限的渴望",贯穿于学校管理的全方位和全过程,秦海地的"强烈追求",既严于"自律",又严肃"他律"。关心学生,期待学生,与严格管理、高标准要求相统一,衡水二中的奇迹让人钦佩,衡水二中的一些做法,却又常常受到误解,乃至攻击。坚信不疑的文化自信、坚定不移的教育理想,让秦海地始终有一种坚守,衡水二中因而有鲜明的文化个性,有不同凡响的管理特色。教育绝不意味放任和迁就。张謇先生说:"诸生知教育何义乎?以教为育,便是干涉,而非放任,放任者,野蛮之事,干涉者,文明之事。……生铁之必数炼而为钢也,生棉之必层制而为布也,此干涉之繁者。反是而思之,孰为野蛮?孰为文明?既干涉便有约束之事,有服从之事。"有教育就有规训,没有规矩不成方圆。

"校长别拿自己当干部,什么时候都不能高高在上,颐指气使,要学会俯下身子走到教师中间,倾听教师的心声,做教师的贴心人,当教师的勤务员。"校长的"内省"首在有自知之明,秦海地的"内省"是基于对校长角色的定位:校长的身份是勤务员,校长的姿态须俯下身子,校长的重要修养在于倾听,校长"内省"的第一要义在于处理好与教师的关系。秦海地清晰地认识到,警惕高高在上的老爷作风,摒弃颐指气使的高傲习气,校长具有亲和力与人格感召力,学校才能营造出民主的作风,校园才能形成和谐奋进的风气。

如果说"内省"重在思想修养，那么"自律"重在行为规范，"内省"必须见诸"自律"。《大学》有言："所谓诚其意者，毋自欺也。""此谓诚于中，形于外，故君子必慎其独也。"要求教师做到的，校长须先做到；要求学生做到的，教师须先做到。"内省"和"自律"，成就了一位校长的个人品格，也成就了一所学校的精神风尚，衡水二中的奇迹正是由此而生发的。

悲天悯人的人文情怀

与秦海地校长交谈,读秦校长的著作,最让我感动的,感受最深的,是他那悲天悯人的人文情怀。校长主政一所学校,面对的是数百位教师及数千名学生。这是一个个鲜活的生命,他们栖息在校园这块土地上,校园应该是他们身心成长的乐园。教师是否有职业的幸福感,学生是否有学习的热情和生命的舒展,学校的生存与发展,师生的喜怒哀乐,无不牵动着校长的心。出任衡水二中的校长,秦海地深深感受到肩上沉甸甸的责任。基础教育是养成教育,为人生奠基,为人的终身发展打下生命的底色。

高中教育是基础教育的最高阶段,它一头连着童年,一头连着成人;一头维系着基础教育,一头指向高等教育,人生的第一粒扣子要在这时扣好,生命的航船从这里定向启航,莘莘学子凭学校这一平台起飞和翱翔。一个孩子能走多远,能飞多高,能有怎样的出息,对这些影响最大的学习时段是高中教育。人生能有几次搏?高考无疑是人生最为关键的一搏。高校既然有双一流院校、普通院校之分,高中学生就面临不同的选择,让学生尽可能考好,能进心仪的大学,这无悖教育的宗旨,也不失良善之品质,这是学校和校长职责之所在。

学校终究不是作秀的演艺场,高中学校寄托着无数家庭的期盼,学生的前途和命运,很大程度上取决于学校教师,取决于教师的专业水平与投入的热忱,取决于学校的管理水平和责任担当,这一切又都聚焦于校长,聚焦于校长的见识、胸怀和境界。校长是学校的灵魂,有怎样的校长,就有怎样的教师群体,就有怎样的教风和校风,于是就有怎样的学风、怎样的教育教学质量以及学生有怎样的成长和出路。

事物的发展总是不平衡的,不同的高中学校有不同的先天条件,包括生源、师资和学校的设施,彼此间的差距很大。对于一所高中学校而言,尤为重要的是生源,所谓"性相近,习相远",随着年龄的增长,学生的可塑性逐渐下降,高中学生不像小学生那样容易改变,这是基本事实,也是必然规律。认命、怨天尤人,这很容易,然而,无助于学校的提升,更无助于学生命运的改变。奇迹恰恰是人创造的,"虽千万人吾往矣",校长需要有勇于担当、志在必胜的气概,努力成就学生的梦想,尽力回应无数家庭的期盼。

当然,一所生源不甚理想的高中学校要在高考上出彩,有出色且上佳的表现,取得优异的成绩,这是非常困难的一件事情。衡水二中建校之初的定位,就是一所拾遗补阙的配套学校,学生录取的起分线是衡水市最低的,即使如此,第一年和第二年的招生指标都没有完成。谁能改变局面?谁来当校长?当时的衡水市教育局局长李金池选中了秦海地。秦海地出任衡水二中校长,多少带有临危受命的色彩,他承载的使命既光荣又艰巨。生源是重要的,但生源不是决定性的因素,破除"生源决定论",践行"原生态教育",力争"低进优出",对于秦海地而言,这既是现实的考量,也是理想的追求,更多的是对学生前途和命运的操心。他旨在走出一条不寻常的路,无论道路有多少坎坷,既然选择了远方,便只顾风雨兼程。

"大学之道,在明明德,在亲民,在止于至善。"学校教育旨在培养学生的德性修养,造就一代新人——融入社会、服务民众的一代。高中教育的着眼点不能局限于升学率,要让每个学生都能发挥自己内在的潜能,得到最好的发展,成为最好的自己,秦海地任校长十数年来,矢志不渝地朝着这个目标前行。此外,校长又要正确理解国家的考试制度,积极应对高考所带来的挑战,以高质量的教育确保学生高水平的发挥。衡水二中的学生大多是寒门子弟,读书改变命运是他们的基本出路,也是一个家庭最为根本的诉求,他们的出路不仅维系着家族的命运,也关联到社会的稳定与正义。

"有教无类",不分高分和低分,不分优生与差生,一视同仁地对待每一个学生,让穷人的孩子也受到最好的教育,这是秦海地最为朴素的理念,也是他主政学校的基本原则,由此形成衡水二中最为基本的教育伦理。"君子有成人之美",所有的教育都须与人为善,体贴学生生存的基本需要,关照学生的情绪,服务学生的成长,回应学生家庭的基本利益诉求。置身事外者,当然可以高谈教育的"应然";作为家长或校长,则不能没有现实的考量、没有利弊的权衡,而功利总是先于审美。作为一名校长,秦海地的不凡就在于达成工具理性与价值理性的一致,将教育的功利诉求导向于立德树人的目标,努力走向人格的完善与审美的境界。

马克思说:"'思想'一旦离开'利益',就一定会使自己出丑。"教育助力贫困家庭脱贫,学生通过读书改变命运,这二者之间是高度契合的,秦海地非常清晰地看到这一点,也清晰地看到自己作为校长职责之所在。让自己的学生于人生之途有更多、更好的选择,这是秦海地锲而不舍办好这所学校的强大精神动力之所在。一所优秀的高中学校不能没有出色的高考升学率,同时,作为未来人才的培养场所,学校处在生活之中,却又要有高于生活的理想情怀。学校不能做社会生态的简单复制品,而应该是一个带有浓厚理想主义色彩的实践场。

教育不是简单教会学生适应生活,而是要教育他们敢于追求和创造更美好的生活,因为他们理应拥有更美好的生活,"如果教育失去理想,人类就会失去未来"。从满足生存的基本需要,走向创造更为美好的生活,学校管理者和教育者需要不断优化学校的精神生态,培养出能够创造中华民族美好未来的新的人才。通过与秦海地的多次交谈,阅读他的文章和著作,特别是那本有关学校管理的专著,我看到了一个广阔而深邃的精神世界,那里充满着理想激情的人文情怀,洋溢着关爱、体贴与奉献的热忱。

人要有基本的物质生活条件,没有温饱就没有做人的尊严。因此,一个社会要关心与解决日常生活中仍陷于贫困的人群之生存问题,学校教育必须回应并关照这样的社会弱势群体,以更多的温情关心他们的孩子的健康成长,助力这些孩子的未来发展。另外,还必须认真地追问:在满足了基本温饱以后,如何享有做人的尊严?享乐主义不能使人获得真正的幸福感,生活的意义不在于消费、享乐,而在于做一个真正的人。作为校长则需要有悲天悯人的人文情怀,将生存层面的关切与生命意义的追问统一起来。

"君子有成人之美",教育让人从沉迷于生活的享受,走向对生命意义的追求。也正是在这个意义上,我们特别要警惕好逸恶劳的毒素对学生的毒害。一切逃避责任、怕苦畏难、消极学习、无所作为的思想都是有害的,无论打出的是"素质教育"或其他什么幌子。学生终究是教育的对象,只有在这一前提条件下,他们才是成长的主体。一味放任学生,这是对他们最大的不负责任,在这大是大非的原则上,必须旗帜鲜明地支持衡水二中,认同并支持秦海地校长。

"宝剑锋从磨砺出,梅花香自苦寒来",这一格言无论在什么时代都不会过期。幸福源自奋斗,英雄主义精神是我们民族宝贵的精神财富,也是一所学校非常珍贵的教育资源。不说大话,不务空谈,"讷于言而敏于行",是秦海地最为鲜明的个性特点。于细致入微的科学管理中渗透人文关切,这种文化精神见诸学校教育与管理的各个环节。"养天地之正气,法古今之完人",衡水二中教学楼的这副对联,是学校精神的最好写照,也是秦海地内心世界的最好表白。

立己达人的文化自觉

如果说悲天悯人的人文情怀，是秦海地最为基本的个性品质，也是衡水二中教师群体最为鲜明的精神风尚，那么立己达人的文化自觉，则体现了秦海地的个人自尊以及二中教师群体的职业尊严，它聚焦于对人、人性特别是师生人格的尊重。

教育是成就人的事业，这是一项道德的事业。"君子有成人之美"，教育成就生命的圆满和人生的幸福，因此，教师必须有一种精神境界，校长需要有一种道德感与使命感，这样才能影响并引领学生。衡水二中是一所不甘平庸的学校，秦海地是一位发愤图强的校长，有明确的目标，有坚定的信仰，有理想情怀，有道德情操，因而能不断地创新和超越，不断地创造奇迹。衡水二中的成功经验告诉我们，教育过程不仅是知识授受的过程、能力培养的过程，更为重要的是道德人格培育与完善的过程。教育以立德树人为宗旨，学生的道德成长，不是对书本知识的接受和消化，而是一个社会化的过程，必须在社会活动中进行，表现为一种师生人格的互塑，即教学相长。

美国心理学家班杜拉的社会学习理论认为，人的精神成长不能缺少楷模的示范，榜样人物的精神境界与道德水准很大程度上决定着后之来者的成长速度以及所能达到的精神高度。从这个意义上说，校长天然应该成为学校的道德表率，这是教育的应然伦理，也是校长职业的必然要求。校长是否有威望，决定学校的兴衰；校长是否有威望，关键在于是否自律。要求师生做到的，校长首先要做到，校长不仅是教师的榜样，更是学生的表率。校长以身作则，这是最好的示范，有最为充分的说服力，所谓"其身正，不令而行"。衡水二中之所以风清气正，首先在于校长秦海地堂堂正正，有一种凛然正气，因而，令行禁止、一丝不苟，上行下效、蔚然成风。衡水二中之所以能创造奇迹，关键在一种不断超越的学校精神，造就了一支高水平高素质的教师队伍，从校长到教师均乐于奉献、勇于拼搏，推动学校高质量、高速度发展。

学校教育之人格互塑，就其本质而言是一种立己达人，即成就自己，也成就别人，这是精神生命的彼此成全。"己欲立而立人，己欲达而达人"，秦海地主政衡水二中近二十年，正是凭借着这样一种文化自觉，营造了学校和谐奋进的精神风貌。一个很显然的道理，校长办好一所学校，既要依靠教师，又要引领教师。校长须有精神境界的高度，有理想追求的执着，有宽容和包容的风度。"己所不欲，勿施于人"，这是伦理的底线，校长要能容人，这是道德的"金律"。"己欲立而立人"，这是教化的目标，也是校长的职责之所在。

孔子曰："吾道一以贯之。"曾子解释说："夫子之道，忠恕而已矣。"忠诚于教育事业，这是校长的必备品格；宽容教师的缺点和过失，这是校长的优良作风，校长必须兼具这二者，才能真正成就一番事业。反之，"己不正，焉能正人？"校长如果没有道德自律，就会失去道德感召力，学校则不能形成良好的精神凝聚力，就不可能产生一种蓬勃向上、努力奋进的学校风气。校长先要"立己"，然后才能有效地"达人"；校长之"立己"，需要通过"达人"来实现和证明。对此，秦海地有非常清醒的认识，这是一以贯之的自觉行为。在衡水二中，校长行为本身是一种无声的命令，也是这所学校蒸蒸日上的根本原因之所在。

衡水二中有数千名学生、数百名教师，这是一所规模很大的学校，秦海地作为校长，了解每一个教师的个性和长处，能很清晰准确地叫出每个教师的名字。他在校园走动，碰到每一个教师，都会笑脸相迎，停下来，嘘寒问暖，这成为教师与校长交往的常态，也是秦海地校长工作的特色。一切都是随机的，校长很随和，教师有什么困难和问题，可以随时向校长反映，困难和问题都会及时得到解决。教育人的前提是尊重人，成就一个人的前提同样是尊重这个人。校长与教师职责有不同，教师与学生水平有高低，但人格都是平等的。泰勒在《自我的根源》

中提出道德价值的"三个轴心"：尊重、完满生活、尊严。任何一所有影响的名校，任何一个有作为的校长，无一不是充分尊重教师、尊重学生的，没有教师的热忱工作，没有学生的努力学习，学校的教育质量就不可能得到保证。

在与秦海地随意的交谈中，在教师座谈会上一再听到的对话，我充分感受到秦海地对教师的尊重，对师生的由衷关切。在事业上成就教师，让教师有职业的自豪感和成就感，在生活上关心教师，解决教师的后顾之忧，让教师有获得感和幸福感，这或许是秦海地在衡水二中有威信、有魅力的重要原因。每个人的自尊感都建立在日常生活基础之上，且能够经常感受到，在这方面二中发生了很多感人的故事。从秦海地身上我们可以看到，当校长诚然要有管理水平，有规划学校发展的战略眼光，有指挥若定的领导气质，但更为重要的是沟通、协调、服务的能力，能把教师和学生的积极性调动起来，增强他们的自信心和责任感，让他们能全力以赴地投入工作和学习。

衡水二中的教师个个精神饱满，这里的学生人人意气风发，校园中洋溢着上进的激情和乐观精神，每一个来衡水二中参观的人，都有这共同的感受，也是最为深刻的印象。这里绝无萎靡、疲沓、百无聊赖。这种精神状态是怎样形成的？这种风尚为什么能够不断地发扬光大呢？究其原因，这是一种文化的自觉，也是一种生命的自觉。在衡水二中，从教师到学生都有一种自信，这种自信基于一种自尊，是对自己人格尊严的一种肯定。"我行，我行，我能行"，这几句话是二中最为流行的口头禅，它对每个学生起到积极的暗示作用，看似很简单，却是一种经常性的提醒，也是一种不断的自我激励。尊严，标示人有尊严地存在，它既标志一个人的实存状况，又直接决定一个人在何种意义上值得别人尊重。

个人尊严的取得，既有赖于社会的制度安排与基本生活条件，更有赖于个体自身的努力。人格及其尊严须通过被尊重得以实现，一个人需要通过自己的行为赢得他人的尊重，这是衡水二中学校文化的鲜明特点，也是秦海地立己达人的基本出发点。衡水二中对教师和学生的要求都很严格，教师的工作和学生的学习也都很刻苦，然而这正是一种生命的自觉，充分体现了个体生命的尊严。秦海地坚定地认为，尊重不同于怜悯，因而要培养一种积极的生活态度——不是展示自己的不幸，以赢得别人的同情，更不是一面放纵自己的行为，一面要让别人能够原谅和接受，而是要通过自律与奋斗证明自身存在的价值。这不仅指有自我尊严意识，更指要努力去做一个值得别人尊重的人。这是一个人因自己的行为、人格而赢得的他人的尊重，它是人们发自内心的情感，这种情感甚至有康德所说"内心不得不"向你致敬的意蕴。

教育的根本宗旨在立德树人，校长和教师的职责在立己达人，对于人的精神成长而言，德性之知总优先于见闻之知，而道德就在日常生活之中，任何宏大叙事均须通过细节而成为具体的。在学校教育中，对师生道德现状的判断，是可以在学校生活中时刻体验到的。师生是否获得了做人的尊严，在何种意义、何种程度上获得了这种尊严；他们是否尊重别人，在何种程度、何种意义上尊重别人；他们是否被尊重，在何种程度、何种意义上被尊重；他们是否有做人的自尊感，在何种程度、何种意义上有这种自尊感，对于这些问题，作为校长尤其需要能够理性、冷静地听从内心的声音，有属于自己的判断。

秦海地认为，一所高中学校如果没有优秀的高考升学率，没有良好的氛围，没有坚定正确的政治方向，没有艰苦奋斗的精神作风，这就不能称之为一所合格的学校。一所高中学校如果人心涣散，精神萎靡不振，形如一盘散沙，那就不可能有高质量的教育，自然也就赢不得社会的尊重；如果挫伤了无数家庭的期盼，学校师生也就很难有自我的尊严。"幸福是奋斗出来的"，因而，对于各种误解，乃至许多无端的攻击，秦海地校长和他的同事总是一笑了之。人是需要教育的，人性是需要提升的，因而所有的迁就和苟且，所有的放任自流，都是一种自欺欺人，是对自我尊严和责任的放弃。

马克思指出，"人们自己创造自己的历史"，但"他们并不是随心所欲地创造，并不是在他们自己选定的条件下创造，而是在直接碰到的、既定的、从过去承继下来的条件下创造"。人的自由是对自然的自由、对社会的自由和对自身的自由的统一，是遵循自然规律、社会规律和人自身的发展规律，去发展自己的环境；去合理地改变社会；去完善自己的"人性和德性"，去自己创造自己的历史。秦海地奉调衡水二中，生源和办学条件均不理想，这是"直接碰到的、既定的、从过去承继下来的"，没有任何讨价还价的余地。通过十多年锲而不舍的努力，穷孩子有了出路，大量低分生走进名牌大学，秦海地的"原生态教育"理念获得巨大的成功，衡水二中不仅有出色的高考升学率，让学生的未来有更多的选择、更好的发展，而且秦海地带出一支高素质的教师队伍，向学生和家长交出了一份满意的答卷。

上善若水的管理艺术

作为校长，无不想把学校办好；校长，无不想得到师生的敬佩和爱戴。一个人能从众多教师中脱颖而出，当上校长，当然是很难的。校长，无不有其过人的才干，有其独特的修养。然而，能把学校办得出类拔萃，这样的校长毕竟不多，能把一所原本薄弱的学校办成全国名校，这样的校长更为稀少。校长工作很累，责任更大，且众口难调，几乎不可能做到人人满意，高中校长尤其如此。秦海地则多少有点例外，衡水二中曾经边缘且薄弱，后来因为这位校长的带领而突围、崛起和腾飞，并以骄人的业绩享誉省内外，前来观摩学习的全国各地教育同行络绎不绝，成为河北教育一道亮丽的文化风景。更为难能可贵的是，秦海地在衡水二中有着崇高的威望，在领导班子中有强大的向心力和凝聚力，在学校管理中淡定从容、不怒而威，赢得全校师生由衷的拥护、信服和爱戴。衡水二中为何能有翻天覆地的变化，校长因何有这样高的威望，秦海地有什么独到之处，有什么成功的秘诀，这是前来参观的教育同行特别是校长们最为关注的，也是我在研究过程中特别想要了解的。

要办好一所学校，特别是高中学校，实在是非常不容易的一件事情。生源、师资、设备、经费缺一不可，而且校际之间相差很大，薄弱学校的振兴尤为艰难。校长每天面对各种日常事务、人际矛盾，处理各种偶发事件，应对各个条目的检查评估等。管理一所数千名学生的高中学校，师生情况各异，诉求种种不同，学校工作千头万绪，"一着不慎，全盘皆输"，一校之长不能不如临深渊，如履薄冰，慎之又慎。事非经过不知难，有专家把办好一所学校看得很容易，以为凭借某先进理念就能无往而不胜，这实在是很大的误会和错位。学校该如何办，学生该如何教,设想可以非常浪漫,殊不知从理想到现实有着非常遥远的路程,需要经过非常艰难的转化,更何况高中学校终究不能回避严峻的高考升学的挑战。一所学校的发展和提升绝非一朝一夕的事,一名校长的成长和成熟需要有刻苦磨炼的过程。一所成功的学校和一位成名的校长,人们容易看到所受的赞扬和拥有的光环,常常忽略他一路走来的艰辛和所付出的心血,于是也就容易习惯性地挑剔他而忽视其中所包含的经验、教训和智慧。

校长工作主要一种教育实践,是一种实践性的管理活动,然而这种实践活动是跟校长的理论思考紧紧联系在一起的。校长并非没有教育思想,当校长必然有他的教育思想,有他的管理思想,这种管理思想和教育思想并不表现为抽象的体系性理论话语,而是贯穿于学校管理过程中,是对所在学校发展的定位,是对课程教学和教师专业成长的独到看法。对于秦海地而言,特别重要的是营造出一种学校文化,锻造一种学校精神,使学校师生有明确的价值目标的追求,在此基础上形成了他个人风格的理论思考和话语系统。中小学校长并非没有教育理论,但他们的理论与高校院所的教育学者的理论有本质的区别,更多地体现实践性、应用性和实用性,更带有个人风格色彩。

校长与校长的不同,学校与学校的不同,看似教学实践的业绩不同,其实更为本质的是校长之间的理论修养、文化视野、理想情怀和个人才干的差异,这些在很大程度上决定着学校的办学业绩、办学水平和学校形象。正是从这个意义上说,衡水二中奇迹的创造,这所学校翻天覆地的变化,能由河北的衡水市走向全国,享誉全国,跻身全国名校的行列,最为根本的原因是,作为校长的秦海地有成熟的教育理论修养,有独到的文化视野,他对中华传统文化尤有研究,并且能融会贯通,自如地运用于学校管理中。中华优秀传统文化,作为衡水二中学校文化精神的源头,也给予秦海地卓越的管理智慧和不竭的精神动力。

在与秦海地的多次交谈中,我关注到交往过程的一些细节,感受最为深刻的,感到他与很多校长不同的,是他喜欢读书,尤其喜欢读中国古代文史哲的经典之作。联系他每天凌晨不懈地长途奔跑，是不是隐含着一种心愿——如明末清初思想家顾炎武所说的"读万卷书，行万里路"？这或许是一种自觉的"苦其心志"，或"虽千万人，吾往矣"的自律和自许？这所学校处处可见中华优秀传统文化典籍中的一些名言名句，可见作为校长的他对中国优秀传统文化爱好之深，因而他的思想很有深度，"讷于言而敏于行"，则成为他鲜明的个人风格。他话语不多，但每句都有分量。作为特级教师、数学学科的正高级教师，却对中国古代文化典籍很是熟悉、喜好，这样文理兼通的校长不多见。经典文献及一些名言警句，不仅是对全校师生的警醒提示，也在塑造秦海地的精神世界。

读《道德经》，并且把它背下来，说明对道家哲学感兴趣，情有独钟，进而有研究，这也体现在衡水二中的学校管理过程中，秦海地的学校管理思想和教育哲学深深地打有道家哲学智慧的印记。"道可道，非常道。"教育，无论学校管理或学科教学都多少带有一些神秘的色彩，其中的奥妙不是一下子能够说明白说清晰的。反之，那些说得头头是道的偏偏在实践中并不出彩。当教师也好，当校长也好，都需要有一种悟性，有一种直觉，这也是中国传统文化的一个鲜明的特征。"美言不信""智者不辩"，来自《道德经》的名言，很能体现秦海地的个性，或许也体现着他的内省与自律——不喜欢夸夸其谈，更不愿意显摆自己。"上善若水""居下利物"，道家的一些格言很能体现秦海地的管理风格，所谓"上善若水。水善利万物而不争，处众人之所恶，故几于道"。《道德经》对于水的赞美，首先阐明了水的两大德性："利万物""不争"，仅此两点，就足以使水"几于道"，也即接近于"道"，这体现事物发展的规律。倘若对道家哲学有所理解，对"上善若水"的境界有所把握，我们就能大体读懂衡水二中的变化和发展，领会秦海地学校管理的特色、风格和价值追求。

老子以"水"喻人的各种德性：居处善于像水那样安于低洼之地，心胸善于像水那样虚静深沉，交友善于像水那样随和柔性，教育善于像水那样润物无声，为政善于像水那样精简清明，处事善于像水那样随机处置，行动善于像水那样顺时变化。所有这些，何尝不是衡水二中文化精神的概括？是秦海地学校管理思想的形象说明？这些恰恰也是秦海地努力追求和认真实践的生活态度，是学校管理中德性和智慧的呈现。地处低洼，这是衡水二中当年地位的真实写照，秦海地随遇而安，不焦虑，不急躁，不怨天尤人，是谓"不争"。具体而言，"不争"生源，"不争"待遇，争也无用，秦海地看得很明白，行为也就很明智。然而，"不争"与"争"是辩证的统一，俗话说"不蒸馒头争口气"——地位可以低，精神境界不能低；教育设施可以差，教育质量不能差。水性趋低，却又志在"利万物"，得让低分学生有尊严，有出路，才能在逆境中逆袭，让所有的学生都有更好的发展，更多的选择。成就学生的同时也成就了一所学校，这是秦海地理想之所在。

　　"上善若水。"水无色无味，高明的学校管理犹如水之自然质朴。《道德经》说："道常无名，朴虽小，天下莫能臣。"在《道德经》看来，"朴"是一种没有任何人工痕迹、淳朴本真的状态，也是人生最为理想的境界，故而要求人将这种淳朴本真状态转换成一种精神，以规范自我行为。秦海地是名校长，然而他随和且本色，是其所是，非其所非，绝无文过饰非，不喜颐指气使，因此能给学校师生以自尊和安全感。居处低，接地气，亲近师生，关心他们的痛痒，和他们同呼吸、共命运，秦海地营造了衡水二中民主的作风、和谐的氛围和朴实的人际关系。"上善若水。"水性平，《道德经》认为，宇宙不仅好生万物，而且没有丝毫偏爱之心。"天地相合，以降甘露，民莫之令而自均。"肥己损人、厚亲薄疏，道家认为是最违背自然天性的，也是最应该得到纠正的。秦海地之所以得人心，衡水二中之所以能行稳致远，重要的一点在于公平公正。所谓"公生明，廉生威"，这在秦海地身上有很好的体现，而且十多年如一日。制度面前人人平等，让每个教师都看到事实上的公平和公正，由此带来学校领导班子和教师群体的精诚团结与努力奋斗。

　　"水性虚而沦漪结"，地位不高但上进心强，是衡水二中当年处境的写照；"海纳百川,有容乃大",是秦海地用人之长、容人之短的气度和作风;"积水成渊,蛟龙生焉""虚静深沉"的领导作风,带来衡水二中的名师辈出;风行水上,自然成文,这很能体现秦海地精简清明的个人风格;顺时变化,运用之妙、存乎一心,则充分体现了秦海地的管理智慧。"夫唯不争,故无尤","水"有"上善"之"厚德",因而也就无往而不胜,这给秦海地以启迪与顿悟,带来了衡水二中的腾飞和奇迹的创造。

图书在版编目（CIP）数据

　　奔跑的校长 / 叶水涛著. —— 上海：上海教育出版
社, 2022.12
　　ISBN 978-7-5720-1812-1

　　Ⅰ.①奔… Ⅱ.①叶… Ⅲ.①高中 - 办学经验 Ⅳ.
①G637

　　中国版本图书馆CIP数据核字(2022)第236494号

策划编辑　庄晓明
责任编辑　姜一宁　李清奇

奔跑的校长
叶水涛　　著

出版发行　上海教育出版社有限公司
官　　网　www.seph.com.cn
地　　址　上海市闵行区号景路159弄C座
邮　　编　201101
印　　刷　上海普顺印刷包装有限公司
开　　本　700×1000　1/16　印张 16
字　　数　218 千字
版　　次　2022年12月第1版
印　　次　2022年12月第1次印刷
书　　号　ISBN 978-7-5720-1812-1/G·1654
定　　价　68.00 元

如发现质量问题，读者可向本社调换　电话:021-64373213